Educação Física, Currículo e Cultura

Instituto Phorte Educação
Phorte Editora

Diretor-Presidente
Fabio Mazzonetto

Diretora Executiva
Vânia M. V. Mazzonetto

Editor Executivo
Tulio Loyelo

Esta obra é recomendada pelo Conselho Editorial da Phorte Editora Ltda.
Para verificação da composição, regulamentação e ato constitutivo acesse
www.phorte.com/conselho

EDUCAÇÃO FÍSICA, CURRÍCULO E CULTURA

Marcos Garcia Neira | Mário Luiz Ferrari Nunes

São Paulo, 2009

Educação Física, Currículo e Cultura
Copyright © 2009 by Phorte Editora

Rua Treze de Maio, 596
CEP: 01327-000
Bela Vista – São Paulo – SP
Tel./fax: (11) 3141-1033
Site: www.phorte.com   *E-mail*: phorte@phorte.com

Nenhuma parte deste livro pode ser reproduzida ou transmitida de qualquer forma ou por quaisquer meios eletrônico, mecânico, fotocopiado, gravado ou outro, sem autorização prévia por escrito da Phorte Editora Ltda.

CIP-BRASIL. CATALOGAÇÃO-NA-FONTE
SINDICATO NACIONAL DOS EDITORES DE LIVROS, RJ

N334p

Neira, Marcos Garcia, 1967-
   Educação física, currículo e cultura / Marcos Garcia Neira, Mário Luiz Ferrari Nunes. - São Paulo : Phorte, 2009.
   288p.

   Inclui bibliografia
   ISBN 978-85-7655-237-6

   1. Educação física - Estudo e ensino. 2. Pedagogia crítica. 3. Educação física - Currículos. I. Nunes, Mário Luiz Ferrari. II. Título.

09-2864.   CDD: 613.7
                        CDU: 613.7

16.06.09   19.06.09   013247

Impresso no Brasil
Printed in Brazil

Para Papá
Tu estás em mi pensamiento todos los dias.
Marcos

Para Nena e Gabriel
Meus amores e aventureiros na arte de ser e viver.
Mário

Agradecemos àqueles que questionam, se incomodam, se desassossegam... discutem, enfrentam e transformam pelo incentivo para enveredar por novos mapas da prática pedagógica da Educação Física.

Ao Conselho Nacional de Desenvolvimento Científico e Tecnológico (CNPq) - Brasil, pelo apoio financeiro concedido.

À Profª Mônica Fogaça, cujas sugestões rigorosas contribuíram significativamente para a tessitura do debate pós-crítico.

APRESENTAÇÃO

Iniciando a conversa, a leitura, a escritura...

> O caminho para a mudança começa com um simples
> passo em uma paisagem ainda familiar. (John Willinsky)

O que é familiar no que se refere à Educação Física, currículo e cultura? Ora, poderá pensar o leitor, Educação Física são as aulas com movimento, alegria e saúde; currículo é o programa de ensino com especificação de objetivos, de conteúdos, de métodos e instrumentos de avaliação e cultura são os utensílios, a linguagem, a gastronomia e as demais produções de um povo.

Essas têm sido as respostas com maior incidência, quando se interpelam educadores pelo Brasil afora. Essas representações, germinadas no solo da modernidade, adubadas pelas pedagogias não críticas, seguem florescendo, apesar dos tempos pós-modernos em que circulam a Educação Física, o currículo e a cultura.

Esta obra procurou discuti-las de forma radical, desconstruindo os fatores que contribuíram para sua consolidação e, em certo sentido, sugeriu que outras representações são necessárias se o que se pretende é construir uma sociedade na qual seja melhor viver. Ao iniciar a caminhada por uma paisagem familiar, a maioria dos profissionais da educação enveredou por trilhas e terrenos obscuros, ainda pouco explorados pelas investigações da área. É por isso que as lanternas que iluminaram a primeira etapa do percurso foram emprestadas por estudiosos da teorização crítica que, incomodados com o conforto das pedagogias tecnicistas, nelas se embrenharam para denunciar suas falsas promessas. O legado desses primeiros desbravadores pode ser resumido nas suas ferramentas de análise. Se outrora professores de todas as estirpes se vangloriaram do rigor do método com que desenvolviam suas aulas, da validade e impacto dos seus conteúdos, mediante a teorização crítica, foram desveladas as armadilhas ideológicas de tal pedagogia. O currículo não crítico muito ensinava, mas o seu ensino só fazia reproduzir as diferenças sociais.

Com o tempo, a bússola crítica mostrou indícios de exaustão diante da problemática apresentada pela escola democrática contemporânea. Novos expedicionários, dessa vez, munidos de referenciais da teorização pós-crítica, traçaram caminhos mais sinuosos. Vão e voltam inúmeras vezes. Diferentemente dos seus antecessores, os teóricos pós-críticos não se preocupam em descobrir o melhor percurso. Para eles, muitas são as possibilidades. Sem querer alcançar objetivos, preocupam-se com aqueles que andam ao seu lado, com quem eles são, com o que pensam. Dedicam uma atenção especial aos efeitos da trajetória nas pessoas que a percorrem. A todo tempo se perguntam: e os sujeitos da educação, quem estão se tornando? Por vezes, sobem em árvores ou empunham seus binóculos para ver melhor, para ver de outro modo e ampliar suas interpretações. É impossível descrever a herança que estão deixando. Primeiro, porque a caminhada ainda não terminou e, segundo, porque não é do feitio deles guiar ninguém.

Muito embora as veredas e marcas desses caminhantes tenham facilitado a jornada descrita nestas páginas, é importante assegurar que a rota que conduziu às análises do currículo da Educação Física não estava no mapa. Afinal, tanto os teóricos críticos quanto os pós-críticos preocuparam-se com o terreno curricular de forma abrangente, deixando as especificidades de um componente, para caminhantes menos preparados. Assume-se, portanto, toda a responsabilidade pela cartografia aqui realizada.

No avanço pela paisagem pouco familiar, mais uma vez, outros elementos vieram em auxílio e contribuíram para o invento da mudança. Configurando novos mapas, destacam-se as análises e experiências pedagógicas desenvolvidas pelos membros do Grupo de Pesquisas em Educação Física Escolar da Faculdade de Educação da Universidade de São Paulo. Professores que, empunhando pás e facões, coletivizaram suas experiências e reescreveram os trajetos curriculares das escolas onde atuam.

Imprescindíveis também foram as pesquisas desenvolvidas no seio do grupo. Tomando como ponto de partida as análises pós-críticas, que incluem as críticas, acerca do contexto escolar, multiplicaram os enfoques e facilitaram a travessia do pântano pedagógico que, com frequência, persiste em ocultar as alternativas de diálogo entre a teorização curricular e a Educação Física.

O equipamento necessário para melhor explorar a paisagem inaugurada contou também com as nutritivas discussões travadas no âmbito da disciplina Educação Física, Currículo e Cultura, componente do Programa de Pós-graduação da mesma instituição. Se, por um lado, os embates que invadiam a noite subtraíam o tempo necessário para o descanso dos caminhantes, por outro, indicaram os perigos do novo território, recomendando um maior cuidado na seleção dos elementos que compuseram a bagagem necessária.

Cumprida a tarefa, é obrigação de todo viajante apontar suas principais descobertas visando orientar as futuras expedições. Nesse caso, não há territórios conquistados, tampouco bandeiras a sinalizar montanhas. Não se batizaram rios, vales ou picos. Se existe alguma contribuição para caminhantes vindouros, pode resumir-se na abertura para outras formas de interpretação do mapa curricular da Educação Física.

Por tudo isso, caros leitores, ao engendrar nas seções a seguir, desfrutem também da condição de viajante. Partindo de uma paisagem familiar, vão, lentamente, reunindo o instrumental necessário para uma leitura mais crítica do panorama educacional atual. Lembrem-se, no entanto, que a sensação de estar perdido, o cansaço, os escorregões, a sede e a vontade de desistir assolam qualquer aventureiro. Certamente, quando alcançarem as páginas finais e olharem ao redor, verificarão que aquela paisagem inicial é passível de outras e renovadas leituras, cada qual mais instigante. Finda a leitura, deixem-se envolver pela escritura do desconhecido. Vivam novas aventuras, novas escritas no território da educação, pois são elas que fazem o mundo acontecer.

Marcos Garcia Neira e Mário Luiz Ferrari Nunes
São Paulo, dezembro de 2008.

Sumário

Introdução	15
1 - As transformações sociais e seus reflexos na educação	**21**
Função social da escola	37
A escola como local de conflitos	44
2 - Teorização curricular e Educação Física	**55**
Primeiro momento: tradição e modernidade	61
Segundo momento: industrialização e tecnicismos	70
Terceiro momento: democracia e crítica social	79
Quarto momento: globalização e mercado	83
Quinto momento: o currículo – território de confronto	89
3 - Teorias críticas e seu impacto no currículo da Educação Física	**93**
Pressupostos	96
Os principais legados da teorização crítica	107
4 - Teorias pós-críticas: a discussão contemporânea e suas contribuições para a construção do currículo da Educação Física	**133**
Pressupostos	135
Contexto	141
Escola, currículo e a sociedade contemporânea	153
O pós-modernismo	156
Pós-modernidade e educação: novos caminhos, novas possibilidades	166
A identidade e a diferença têm de ser representadas	181

O pós-estruturalismo e as suas contribuições para o currículo pós-crítico   184

Os Estudos Culturais   186

Olhando para além das fronteiras da escola e do currículo   203

O multiculturalismo, o pós-colonialismo e outras ferramentas de análise   208

5 - O currículo e a pedagogia pós-crítica da Educação Física: agindo para transformar   225

Subsídios para uma prática pedagógica pós-crítica da Educação Física   234

Sugerindo caminhos   241

Os conteúdos de ensino na perspectiva pós-crítica   257

A seleção das manifestações corporais a serem tematizadas no currículo   261

Considerações   271

Referências   279

Introdução

Escrevendo...

Diante do atual debate a respeito das transformações sociais e da percepção da crescente ênfase na centralidade da cultura como base para a análise deste momento socio-histórico, este livro lança o foco sobre o currículo da Educação Física, incorporando-o à discussão mais ampla. O tema em questão é a contradição entre a função social da escola na sociedade contemporânea – como formadora para a inserção em um mercado de trabalho marcado pela preocupação com o imediatismo das respostas às demandas provindas de diversos setores e obcecado pelo acúmulo de capital – e a formação dos cidadãos voltada para uma inserção crítica na vida pública, de forma a contribuir com a transformação das desigualdades que habitam esta sociedade democrática.

Essas desigualdades, segundo Paulo Freire, caminham em direção a algo drástico: os seres humanos estão cada vez menos semelhantes, não por conta da riqueza da sua multiplicidade cultural, mas, sim, pela diferença no acesso aos bens e serviços engendrados na modernidade. Cada vez mais, tem-se uma pequena parcela da população desfrutando daquilo que é construído por todos, o que, de certa forma, torna os privilegiados "mais humanos". Simultaneamente, a grande maioria, diferenciada de maneira radical, experimenta condições deploráveis de existência, aproximando-se da construção de um "ser desumano". A promessa que acompanhou a instauração do atual modo de vida – urbano, pós-industrial, escolarizado, com grande tecnologia e circulação de conhecimentos – parece não ter se concretizado. Os meios empregados falharam na promessa de proporcionar uma sociedade "evoluída", na qual todos pudessem desfrutar de uma "boa vida". Em seu lugar, sem qualquer disfarce, o que se constata é o aumento desenfreado da polarização social, política e econômica. Será que as tentativas homogeneizantes do mercado operam sob a lógica da exclusão ou planejam um bem comum? Será que a democracia é um mito ou fizemos dela uma interpretação equivocada?

Essas questões se ampliam quando se focaliza a formação dos "ainda humanos". Sendo a escola um espaço de longa jornada de convivência, que busca melhor compreender a realidade, formar para o presente e o futuro, questiona-se qual contribuição vem auferindo para a caminhada histórica da humanidade.

Nas últimas décadas, a escola tem sido assolada por reformas constantes que tencionam adequá-la às transformações econômicas e sociais atuais, pois, filha privilegiada do Iluminismo, foi pensada por um pequeno grupo de intelectuais para garantir às gerações futuras melhores condições de vida e universalizar os conhecimentos e valores da elite e, por meio dela, validá-los. Essa condição fez e continua fazendo da instituição educativa um espaço poderoso de exercício e afirmação etnocêntrica da civilização ocidental e dos ideais econômicos da burguesia. No lugar da razão e do progresso, o que se vê é o paradoxo que marca a função da escola atual: ao mesmo tempo em que a sociedade torna-se mais escolarizada, os problemas de ordem social e ambiental crescem em progressão geométrica.

As reformas em curso para modificar esse quadro situam-se em dois polos. Se, por um lado, as mudanças são impulsionadas pelos aspectos globais que abordam questões políticas, econômicas e sociais, conferindo destaque à promoção de políticas educacionais e diretrizes curriculares que incidem na gestão do ensino, por outro, são priorizadas modificações de característica local, centradas nos objetivos, conteúdos de ensino, métodos, avaliação, controle disciplinar, ou seja, nas questões que envolvem os processos internos da escolarização.

Muitas vezes, tais encaminhamentos apresentam-se fragmentados. A análise de caráter global desconsidera as particularidades da sala de aula, da vida dos seus protagonistas e das condições de trabalho, enquanto a descentralizada, fechada em si mesma, não costuma relevar os determinantes sociais e culturais que constituem qualquer instituição social. O resultado dessa compartimentalização tem acarretado um prejuízo significativo a quem a escola deveria atender, ou seja, à sociedade em geral.

Seguindo essa argumentação e tomando como referências as teorias educacionais e culturais atuais, compreende-se que a realização de qualquer análise crítica acerca da escola deva efetuar-se por meio da relação entre seus determinantes sociais, históricos e culturais e as questões didáticas e pedagógicas que efetivamente ocorrem no interior da cultura escolar, ou seja, em todas as instâncias que compõem seu currículo – o que acontece nas salas de aula, os conteúdos ensinados, os conhecimentos aprendidos, as práticas sociais desenvolvidas, os momentos de trabalho e não trabalho, as decisões administrativas, enfim, o universo das experiências vividas com base na escola. Há, portanto, pontos de convergência entre os aspectos que influem nas transformações das políticas educacionais e da sala de aula.

A crescente diversidade cultural que habita a sala de aula contemporânea, além de constituir-se obstáculo à implantação de determinadas políticas educacionais, polemiza o coletivo docente. As iniciativas homogeneizadoras presentes nas tradicionais propostas de unificação curricular, a avaliação controladora e os conteúdos extraídos da cultura hegemônica incomodam tanto quanto a tentativa de inclusão e valorização de todos na escolarização, sem que sejam consideradas suas diferenças éticas e sociais.

No atual momento, mais do que a defesa de uma cultura comum, as políticas educacionais articulam-se aos interesses de mercado, influenciadas pelo enfoque global. Embora a legislação e a produção acadêmica mais recente tenham apontado a presença da diversidade cultural na escola, os currículos oficiais, em geral, reconhecem que a formação do cidadão deva ser pautada na lógica do domínio dos conhecimentos denominados universais, o alentado currículo comum. Essa visão se justifica no pressuposto de que, para ser cidadão em um mundo globalizado, é necessário uma educação que garanta a inserção do educando no mercado produtivo, quer assuma a condição de trabalhador ou consumidor. O saber universal, portanto, nada mais é do que o saber requerido pelo mercado, mais incisivamente, o saber acumulado pela burguesia. Talvez caiba substituir a expressão saber universal por saber transnacional.

Quanto ao enfoque local, este, muitas vezes, cristaliza as diferenças em uma perspectiva individualizante: ora determinadas posturas pedagógicas são adotadas com referência às condições socioeconômicas desfavoráveis, ora apelam para distúrbios de aprendizagem, deficiências físicas, comportamento ou outras características que menosprezam os estudantes oriundos de comunidades minoritárias. Nesses casos, as dificuldades das práticas educativas associam-se aos problemas pessoais dos alunos e não aos desafios que as equipes pedagógicas devam enfrentar para minimizar os índices negativos da educação brasileira. Em raríssimas ocasiões, os saberes que alunos e professores trazem para a escola são reconhecidos e assumidos como aspecto central do currículo. Mesmo nesses casos, o repertório inicialmente disponível é, quase sempre, tido como ponto de partida para a sistematização da aprendizagem dos saberes científicos ou universais que, lentamente, suplantarão os conhecimentos de chegada. À moda da escola universalizante, os saberes da cultura a qual pertencem as crianças, jovens e professores são vistos como ingênuos ou inválidos para a compreensão da realidade, daí a intenção explícita de substituí-los por outros, legitimados socialmente. No linguajar docente, esses saberes, ou, para muitos, preconcepções, servem para contextualizar os conteúdos de ensino dominantes na história da escolarização.

Diante do panorama de políticas públicas e práticas docentes *versus* a presença da multiplicidade cultural na escola, com todos os problemas e conflitos que o caracterizam, o que se nota é a crescente tensão entre a cultura veiculada pela escola, a cultura midiática e o patrimônio e as práticas culturais apresentados pelos seus *novos* frequentadores. Em razão dos desafios lançados por esse quadro, o currículo vem assumindo a posição central nos debates escolares, acadêmicos e governamentais, mesmo que, cada setor, ao seu modo, defenda posições distintas.

Nesse sentido, uma série de modificações curriculares tem sido implementada, visando incluir o Outro no projeto educativo das instituições escolares que, cada vez mais, por força de lei, pressões econômicas e conquistas sociais por parte dos grupos historicamente desprovidos de poder, veem-se obrigadas a acolhê-los. Apesar da tentativa de imposição de um currículo comum pelo Estado, com reflexos nas propostas estaduais, municipais e privadas, é possível observar que essas políticas não se consolidam em práticas homogêneas. Afinal, os processos internos de cada escola transcendem a esfera do Estado, de seus propositores e dos seus interlocutores, pois dependem das lutas internas e das interpretações que cada um dos envolvidos confere às demandas e contradições da sociedade contemporânea.

Contribui, sobremaneira, para ressignificar o currículo oficial, o reconhecimento da presença escolar de outros grupos identitários historicamente sem poder, tais como, as meninas, as diversas sexualidades, as minorias étnicas e religiosas, os desfavorecidos economicamente, sem falar nas subculturas que caracterizam a juventude. Os diversos grupos culturais que até recentemente se encontravam alheados da escola ou não eram nela reconhecidos, nela adentraram-se. Num ambiente marcado pela tradição cultural elitizante, "os diferentes" tentam afirmar suas identidades, porém, deparam-se com discursos provindos de setores privilegiados que lhes conferem estigmas e estereótipos pejorativos.

Entre as inúmeras linguagens, as diferenças culturais manifestam-se intensamente nos "textos" produzidos pelas manifestações da cultura corporal. Nem sempre o repertório de gestos e práticas corporais cultivados na comunidade escolar é valorizado pela instituição educativa. Tal contexto ocasiona descompasso, afastamento e resistência por parte dos alunos ou, o pior, a fixação propositada e distorcida de signos de classe, etnia, gênero, idade etc., presentes nas manifestações corporais da cultura dominante. Urge, portanto, uma democratização curricular da Educação Física, dado seu *status* de componente curricular que trata pedagogicamente o patrimônio da cultura corporal da humanidade.

Nesta obra entende-se que o movimento humano, como linguagem, veicula significados culturais. Portanto, o que se propõe é uma concepção de Educação Física que ofereça a oportunidade do diálogo por meio do encontro das diversas culturas, proporcionando aproximação, interação, experimentação, análise crítica e valorização das diversas formas de produção e expressão corporal presentes na sociedade, para que os educandos possam reafirmar sua identidade e reconhecer a legitimidade de outras. O que se pretende é a afirmação da dignidade das várias culturas, por meio da vivência, partilha e do respeito pela diversidade das manifestações corporais que nelas se originam.

Sem perder o foco nas demandas que interpelam a instituição educativa, neste livro, as propostas da Educação Física em vigor foram contextualizadas e confrontadas com a teorização curricular mais recente. Aquelas concepções da área naturalizadas, sem questionamento e, em geral, vistas como eficientes, necessárias e inofensivas à formação dos estudantes, quando analisadas criteriosamente, revelaram que, no fundo, conduzem à reprodução e até à produção cultural e social da opressão e desigualdade. Em contrapartida, sem tencionar o estabelecimento de caminhos definitivos, alguns elementos aqui discutidos sustentam uma perspectiva para a transformação da prática pedagógica da Educação Física, em consonância com a problemática suscitada pela presença da multiplicidade cultural no ambiente educativo e a mudança das funções sociais atribuídas à escola na sociedade contemporânea.

1

As transformações sociais e seus reflexos na educação

É possível dizer que a educação, em sentido amplo, existiu desde sempre. A família e o grupo de iguais responsabilizavam-se por transmitir às gerações mais novas os conhecimentos necessários para a sobrevivência, seus ritos e práticas sociais. As crianças e os jovens aprendiam a caçar, pescar, cozinhar, rezar, cantar, falar etc. e, ao tornarem-se adultos, também transmitiam seus conhecimentos, reproduzindo o ciclo. A perpetuação dos saberes necessários à vida, garantida por essa via, gerava as condições necessárias para a continuidade de cada sociedade.

Dotados de herança cultural, os diversos grupos enfrentavam e resolviam os problemas que se apresentavam no tempo e no espaço, reconstruindo o que dispunham inicialmente e ampliando o patrimônio da humanidade. À dinâmica empreendida, denominou-se progresso. De modo geral, lenta ou rapidamente, todos os grupos sociais apresentam percursos de educação e progresso. Sem qualquer intenção de aprofundar conceitos mais particulares ou seus efeitos, educação e progresso implicam numa concepção de acúmulo dos conhecimentos produzidos que conduzem cada cultura a estágios diferentes dos anteriores com relação ao bem-estar social.

A mudança dos modos de produção de alguns grupos estimulou tanto a diversificação das funções sociais dos membros de cada comunidade como seu aumento populacional. Com o incremento da complexidade das sociedades, o acúmulo e as novas demandas de conhecimentos, surgiram, desde os primórdios da história, diferentes formas de transmissão dos conhecimentos, ocasionando a especialização e a seleção do que deveria ser ensinado, bem como quem seria privilegiado pelos processos de educação, e por que não dizer, pela "condução e usufruto" dos benefícios do progresso.

Todavia, a concepção de educação quando referida ao trabalho escolar necessita de esclarecimento. Segundo Paro (2008), o senso comum tem concebido a educação como um encontro de indivíduos em que o primeiro, o professor, transmite conhecimentos ao segundo, o aluno. Em substituição a essa ideia corrente, o autor sugere a adoção de uma visão científica e rigorosa de educação. Em um primeiro momento e de forma ampla, a educação pode ser vista como apropriação, reconstrução e produção de cultura.

Aqui convém uma explicação. Muito embora na contemporaneidade convivam diversas interpretações para o termo *cultura*, a concepção adotada nestas páginas buscou inspiração na teorização pós-crítica.[1] Nessa construção teórica, segundo Moreira e Candau (2007), cultura refere-se à dimensão simbólica presente nos significados compartilhados por determinado grupo. Concebe-se, assim, a cultura como prática social, não como coisa ou estado de ser. Nesse enfoque, coisas e eventos do mundo natural existem, mas não apresentam sentidos intrínsecos: os significados são atribuídos com base na linguagem. "Quando um grupo compartilha uma cultura, compartilha um conjunto de significados, construídos, ensinados e aprendidos nas práticas de utilização da linguagem" (p. 27).

Considerado esse entendimento acerca da cultura, será correto afirmar que todas as pessoas são sujeitos históricos inseridos em determinados grupos sociais, que pelo seu intermédio, interagem de diversas maneiras, produzindo significados com base nas condições e nos percursos de vida, experiências de classe, etnia, gênero, local de moradia, ocupações profissionais, religião e demais marcadores que configuram uma comunidade específica.

Ao valer-se dessa noção de cultura, pode-se afirmar que a escola é o cenário em que diversas culturas entram em conflito tendo em vista a veiculação de seus distintos significados. Qualquer estudante ou docente irá se defrontar com produções simbólicas que ora lhes são familiares, ora lhes são estranhas. Atuar sobre elas ou com base nelas, fará com que os significados inicialmente disponíveis sejam reconstruídos, alcançando a produção de novas significações.

Todavia, essa noção de escola não existiu desde sempre. A análise histórica empreendida por Esteve (2004), com a qual se desenvolveu o debate ao longo desta seção, revela que a escola, como instituição dedicada especificamente a ensinar, parece ter surgido no Egito do Antigo Império, por volta de 2.500 a.C., quando, amparadas pelos templos, criaram-se Casas de Instrução e, na corte do faraó, estabeleceram-se escolas de escribas. Em ambas as instituições transmitiam-se os segredos da escrita, considerada um instrumento divino. O processo educacional era reservado à elite sacerdotal e à administração do Estado, pois a essa parcela da população atribuía-se o exercício das atividades intelectuais e delegava-se as demais, de aspecto meramente prático, ao restante da população. Entre os ocupantes das atividades mais nobres, encontravam-se os escribas. Indivíduos escolarizados e responsáveis pela condução dos negócios governamentais, função de importância destacada naqueles tempos.

---

[1] O conjunto das teorias pós-críticas será apresentado e discutido em seção subsequente.

Ao longo do tempo e em distintas sociedades, explica o autor, surgiram escolas organizadas pelas comunidades, pelas cidades, pelos monastérios medievais, pelas igrejas ou pelos templos, todas elas com alguns aspectos em comum dos quais dois se destacam: primeiro, é visível a transmissão dos saberes acumulados pelos grupos para a sua consequente conservação e, em segundo plano, a constituição e manutenção dessas instituições dependiam da iniciativa particular de pessoas e entidades que se ocupavam unicamente das próprias unidades, sem qualquer ambição de construir um sistema escolar coordenado que desse cobertura ao conjunto da população.

No que tange ao trabalho escolar, com o decorrer da história, diversos acontecimentos contribuíram para que as tarefas repetitivas e extenuantes que caracterizaram os primórdios da pedagogia fossem modificadas. Entre os fatores mais marcantes, é possível mencionar a invenção da imprensa, que modificou profundamente os sistemas de aprendizagem, e a difusão das novas descobertas em todos os campos do conhecimento, que alterou significativamente aquilo que era ensinado nas escolas.

Diante das mudanças ocasionadas pelo Renascimento, a transição da Idade Média para a Idade Moderna fomentou as concepções de pedagogos e filósofos ilustres, transformando definitivamente o que acontecia no interior das escolas. Consolidaram-se os movimentos de renovação com o advento do Humanismo Renascentista, a Reforma Protestante e a Contrarreforma, pelo favorecimento do raciocínio para a instituição de conclusões no lugar dos métodos dedutivos medievais. A escola, nesse momento, sucumbiu às influências religiosas – jesuíta e luterana – e aos ideais de pensadores, como Erasmo de Roterdã, Juan Luís Vives, Thomas More e Michel de Montaigne. No entanto, essas iniciativas ficaram restritas ao âmbito privado, limitadas a poucas instituições particulares, ao patrocínio mutável do "padrinho" do momento, ou à ação individual de um grande educador e seus discípulos.

O movimento da Reforma Protestante foi pioneiro ao tentar implementar a escola primária para todos. Nascido em Eisleben, na Saxônia (Alemanha), Martinho Lutero (1483-1546), um dos idealizadores da Reforma, defendia a educação universal e pública como dever do Estado. Não foi à toa que os reinos germânicos foram os primeiros a promover projetos de educação pública e obrigatoriedade escolar para todas as crianças de 6 a 12 anos. Com a presença de religiosos no ensino, esses projetos pioneiros visavam propagar a fé religiosa e opor-se ao ensino jesuíta, tradicionalmente centrado no ensino superior, logo, elitista. Ainda nos reinos germânicos, mais especificamente na Prússia do século XVIII, institui-se o primeiro sistema totalmente público de ensino, mediante a retirada do clero da administração das escolas e a instalação de um ministério da educação que, com tal finalidade, dispunha de escritórios e inspetores que administravam e fiscalizavam todas as escolas primárias. O trabalho de Esteve (2004) sinaliza esse momento como o período do resgate da educação escolar da aleatoriedade das iniciativas privadas e o comprometimento e responsabilização do Estado na criação e manutenção de um sistema coordenado de escolas, para que todas as crianças tivessem o acesso garantido. A responsabilização do Estado pela educação escolar, visando o alcance de toda a população infantil, ocupa a história da educação dos séculos XIX e XX, e ainda pode ser considerada incompleta em inúmeros países.

Vale ressaltar que o modelo e a instauração de sistemas públicos de ensino, conforme o autor, são frutos das mudanças econômicas e sociais em voga na Europa da época. Resumidamente, as revoluções burguesas ocorridas a partir do fim da Idade Média promoveram mudanças econômicas – da riqueza pela posse hereditária das terras à acumulação de capital por meio da atividade produtiva; no controle social – do direito divino dos reis ao contrato do pacto social; nas formas de governo – do fim do poder da nobreza à criação dos Estados-Nação; da ênfase na fé aos princípios da racionalidade. Ao mesmo tempo que crescia o poder da burguesia, as teorias do liberalismo econômico e político ganharam força. Pautado no ideal de democracia, o pensamento liberal afirmava o poder político por meio do voto e não mais nas condições de origem. Contraditoriamente, a teoria liberal reforçava ideias elitistas, atendendo aos interesses da burguesia, pois somente poderiam participar da vida pública e exercer a cidadania aqueles que acumularam capital. Essa perspectiva elitista viria a marcar e definir as metas e reflexões acerca da educação.

De modo geral, essas transformações tiveram seu ápice com as Revoluções Francesa e Industrial. Recorrendo a Hobsbawn (1982), verifica-se que "a grande revolução de 1789-1848" não foi a vitória da produção industrial sob a produção agrária, mas a da indústria capitalista. Não fora também o triunfo dos ideais de liberdade e de igualdade, e, sim, o triunfo da burguesia liberal, não da economia moderna, mas a consagração das economias e Estados de uma pequena parte do globo. Essas mudanças culminaram com a formação de uma nova classe dominante, a burguesia, e de uma nova classe dominada, o proletariado. Surgia, assim, um novo trabalhador – o assalariado, que, desprovido de sua própria produção, venderia o único bem que lhe restava: a energia de seus músculos.

Deslocados do campo para as cidades, esses trabalhadores formaram um grande contingente necessitado e disponível que se sujeitava aos mecanismos do capitalismo, que, visando a um maior acúmulo de capital, tendiam à exploração proletária para o aumento dos lucros. Em virtude dos vários movimentos sociais de revolta com relação às condições de vida da classe proletária, a partir de 1848 (a era do capital),[2] tiveram início diversas reformas sociais que tencionavam defender os interesses da burguesia, em razão da necessidade de dirigir e controlar as massas e traduzir suas reivindicações em termos adequados à ordem social existente.

Na segunda metade do século XIX, o capitalismo liberal estende-se para um capitalismo monopolista. O resultado foi a divisão do mundo em vencedores e fracassados, tanto nos limites internos como nos internacionais, consolidando a distinção entre ricos e pobres. Além disso, esse período marcou a contradição do apogeu da burguesia com a segregação cada vez maior do trabalhador braçal. No entanto, na política, manteve-se a crença de uma sociedade igualitária. É nesse bojo que frutificam as discussões acadêmicas no campo das Ciências Humanas com o propósito de explicar essas diferenças.

Aos processos desencadeados pelas revoluções, soma-se o advento dos sistemas nacionais de ensino, cujos propósitos estão fundamentados em três princípios: a crença no poder da razão e da ciência; a afirmação do projeto liberal no qual a igualdade de oportunidades suplantaria as desigualdades geradas pela herança familiar, e, por fim, a consolidação dos Estados-Nação. Mais do que os dois primeiros, a implantação das redes públicas primou pela consolidação do terceiro, isto é, o nacionalismo em detrimento da igualdade e do conhecimento.

Para garantir a soberania nacional era necessária a transformação do súdito feudal em cidadão. É aí que a escola recebe um papel de destaque. O ensino universal e obrigatório promovido por um sistema nacional seria a garantia para a construção da unidade em uma sociedade marcada pela

---

[2] Para melhor compreensão destas transformações sociais, sugere-se a leitura de Hobsbawn (1979 e 1982).

divisão de classes. A instalação das escolas públicas sedimentaria a ideia de uma sociedade igualitária e justa. Contudo, nesse período, tanto a constituição quanto a propagação dos sistemas públicos de ensino encontravam-se mais na órbita das intenções da classe dominante do que na realidade. Nesse contexto, a nacionalização tampouco se concretizava. Como convencer as massas trabalhadoras ao sacrifício laboral e mantê-las submetidas às condições degradantes de vida e trabalho?

A rápida mecanização e a sofisticação do processo fabril, a pressão pela iminente perda de emprego e o risco do retorno às condições de miséria e fome geradas pelo ritmo crescente do processo de urbanização estimularam a normatização dos comportamentos. Cada trabalhador via-se impelido a dar tudo de si, mantendo alta a sua produtividade.

Se, no princípio da industrialização, a importância da escola não tomou grandes proporções, pois a adequação das pessoas ao novo modo de produção era simples, a partir da segunda metade do século XIX, nos países que apresentavam uma economia estável e mediante as pressões pelo aumento da eficiência em prol do maior acúmulo de capital e progresso, a escola adquire funções diferentes para os diversos segmentos de uma sociedade estratificada. Para os empresários, seria o meio de formar aqueles que pudessem racionalizar e acelerar a produção. Para as classes médias e emergentes, era a oportunidade de ascensão social pela ocupação de postos de trabalho mais qualificados. Para a classe trabalhadora, o sonho de superação das adversidades impostas pelas condições precárias de vida.

Nesse ambiente, gradativamente, a escola investiu-se do papel de redentora da humanidade, pois, na ótica das classes dominantes, a escolarização afastaria a ignorância que vitimizava os membros das camadas populares, que, somente por meio da escola, poderiam ter acesso ao que as classes mais abastadas produziam. A criação dos sistemas nacionais de ensino contribuiu para a formação da concepção de "alta cultura e baixa cultura". Vale ressaltar que, para consolidar seu projeto social, coube à burguesia o fomento de preconceitos de grupo (nação, racial, étnico, gênero e social). Essas práticas discursivas contribuíam para afirmar a Ciência Moderna em detrimento de outras ciências e consolidar o estilo de vida burguês como o melhor modo de ser. Heller (apud Patto, 1996) afirma que os preconceitos têm a função de manter a ordem e estabilizar a coesão da integração social, sobretudo em uma sociedade de classes. A socióloga adverte que em nenhum outro momento da história se produziu tanto preconceito quanto na sociedade burguesa, visto que é nela que a coesão social se mostra extremamente instável. Observa-se, portanto, que os princípios que alicerçaram os sistemas nacionais de ensino contribuíram de forma incisiva para tornar o mundo um lugar seguro para o modelo capitalista. Diante disso, é possível contestar qualquer ideia de neutralidade no processo de escolarização.

No Brasil, a escolarização ficou limitada a restritos segmentos da sociedade dirigente até o início do século XX. A escola, voltada apenas para as elites, visava preparar os homens para a ocupação de cargos governamentais ou posições de mando na incipiente indústria, para o clero, para o poder judiciário etc. e, isso era possível, sobretudo, pela passagem pelos bancos universitários – ambiente restrito até mesmo para alguns representantes da elite econômica. Assim como na Europa, no Brasil, o avanço do capitalismo e a consolidação das políticas liberais fomentaram uma maior demanda na produção e, por conseguinte, na mão de obra qualificada. Ao longo dessa trajetória, surgiram novos postos de serviço que requisitavam conhecimentos especializados. Para atender às mudanças, o ensino técnico foi incrementado com a fundação de escolas profissionais, inicialmente no interior das indústrias, mas que, com o tempo, passaram a configurar unidades independentes pertencentes às redes públicas ou privadas de ensino. O ensino técnico possibilitava uma melhora de vida para os filhos da classe trabalhadora. Quando mais tarde passou também a proporcionar a certificação necessária para o ingresso na universidade, suas vagas tornaram-se disputadas entre os filhos dos representantes das camadas mais privilegiadas economicamente. Basta verificar que atualmente o ensino técnico atende, em sua maioria, setores da classe média, cujos objetivos voltam-se para uma carreira universitária.

A análise do processo de expansão da escola empreendida por Esteve (2004) permitiu-lhe verificar que, conforme proliferava o número de instituições, ampliavam-se as oposições. Em diversas localidades, elevaram-se vozes temerosas dos efeitos da instrução dos operários e camponeses, que podem ser traduzidas no medo pela perda do controle social ou no aumento da competição pelas oportunidades sociais de destaque. No entanto, apesar de tudo, o Estado envolveu-se na tarefa convencido dos benefícios de estender a educação, ao menos o Ensino Fundamental, a todos os cidadãos e cidadãs. Para explicar esse fenômeno, no início da década de 1960, surgiu a Teoria do Capital Humano (TCH) para referir-se ao ativo econômico como impulsionador de avanços técnicos e científicos daqueles países que dispõem de uma massa crítica de pessoas com altos níveis de formação. Influenciados pela ideia de qualificar a força de trabalho mediante formação escolar, seus propositores[3] acreditavam que as escolas poderiam ser concebidas como empresas especializadas em produzir instrução, ou seja, disseminar comportamentos e conhecimentos objetivos. Daí se destaca a alocação da formação pessoal e humana em segundo plano, sendo, portanto, mais um exemplo das concepções que traduzem os benefícios da educação em termos econômicos. Na mesma linha, encontram-se aqueles argumentos que exigem maiores níveis de educação para manter níveis mínimos de coesão social. Esse embate fica claro quando se percebe que a sinergia entre conhecimento e enriquecimento não atinge todos, pois, cada vez mais, o acesso aos recursos tecnológicos desenvolvidos fica restrito a uma pequena parcela da população, os setores privilegiados. Consequentemente, a violência e as condições insalubres de vida para aqueles que estão à margem dos benefícios do projeto da modernidade só podem crescer.

A aceitação da responsabilidade do Estado sobre a educação não foi suficiente para contornar a estruturação de certo dualismo: enquanto a ação oficial limitou-se ao Ensino Fundamental, preferivelmente, à alfabetização, ao domínio das operações matemáticas elementares e à obediência moral para as camadas populares no âmbito de uma escola pública deficitária, as classes mais elevadas viram-se contempladas por escolas elitistas, cujos diplomas permitiram exercer determinadas carreiras civis ou ter acesso aos altos cargos da administração reservados aos diplomados (Esteve, 2004). Para os sociólogos da educação Claude Baudelot e Roger Establet (1990), apesar de suas propostas unificadoras, pautadas por um currículo comum, a escola era dividida em duas grandes redes, as quais corresponderiam à divisão da sociedade capitalista – escola para os burgueses e escola para o proletariado.

Nos países de maior poder econômico, o processo de incorporação de todas as crianças ao Ensino Fundamental não se completou, efetivamente, até a segunda metade do século XX. Apesar disso, houve um importante desenvolvimento no Ensino Médio e nas escolas profissionalizantes, cujo acesso foi

---

[3] A TCH foi desenvolvida pela Escola de Chicago, sobretudo pelo economista estadunidense Theodore Schultz na obra intitulada *O valor econômico da educação*.

estendido às novas profissões dos setores médios emergentes. Ainda nesse período, a educação escolar era entendida como um privilégio e todas as etapas dos sistemas educacionais aceitavam com naturalidade o exercício de um papel seletivo, pois, se as vagas eram tão escassas, deveriam ser reservadas aos melhores, não mais em razão da nobreza do sangue, mas aos mais inteligentes, aos mais dotados, aos mais esforçados, supostamente sem relação com suas origens sociais. A escola daquele período era marcada por uma certeza social: fornecer as bases de inserção dos cidadãos na divisão social do trabalho.

Após a Segunda Guerra Mundial, o movimento de escolarização transita de uma concepção elitista para uma escola de massas e passa da certeza à promessa de uma vida melhor. O otimismo assentava-se na ideia de desenvolvimento e mobilidade social. Desse modo, na ótica de Esteve (2004), a maioria dos adultos dos dias atuais foi educada em um sistema educacional seletivo baseado na pedagogia da exclusão e assentado em uma estrutura piramidal que excluía os alunos e alunas conforme avançavam nos diversos níveis. A ideia de que o Estado não deveria gastar seus escassos recursos financeiros mantendo nas poucas vagas escolares mal-educados ou desprovidos de capacidade para o estudo fazia parte, sem causar estranheza, dos princípios transmitidos à maioria dos alunos que atualmente são adultos.

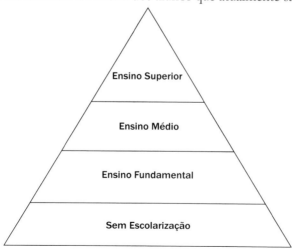

Com esse espírito, explica o autor, as escolas eram valorizadas socialmente pelo percentual final de aprovação nas provas oficiais, o que servia para avalizar a eficácia da instituição. Esse era um dado que permitia fazer comparações supostamente "objetivas" entre as escolas de cada cidade. Entretanto, prevendo que determinados alunos pudessem comprometer suas estatísticas de aprovados nos exames oficiais, as escolas estabeleciam um mecanismo contínuo de seleção que funcionava em seu próprio interesse: se fosse permitido a todos prosseguir nos estudos, os mais fracos comprometeriam o percentual final de aprovados. Portanto, para se manter como um colégio de elite ou de qualidade, era preciso que os alunos passassem, anualmente, por um crivo, tendo direito a continuar sua trajetória escolar apenas aqueles que ofereciam uma razoável esperança de aprovação. Por essa razão, a cada ano, ao acabar o curso, os pais dos estudantes com maiores dificuldades eram convidados, cortesmente, a retirar os seus filhos da escola. O mesmo sucedia com aqueles que manifestavam no interior da instituição qualquer comportamento de rejeição pelas suas normas de conduta e disciplina. Mediante esse "método", os poucos que atingiam os últimos anos da escolarização eram dotados de uma enorme capacidade de adaptação ao sistema ou, o que queremos ressaltar, eram os legítimos portadores dos conhecimentos e modos de proceder valorizados pela educação escolar. Em um sistema como esse, nunca é demais relembrar que os estudantes originários das camadas mais humildes da população, dos setores economicamente desprivilegiados ou os representantes de outros grupos sociais não tinham a menor chance. O malogro da promessa da escola de massas como fator de superação das injustiças sociais frustrou expectativas e, na verdade, evidenciou seu papel reprodutor das desigualdades. A escola prometida, paradoxalmente, ampliou as desigualdades e mergulhou no espectro da incerteza.

As pessoas que se recordam desse sistema educacional com certa nostalgia precisariam refletir melhor para verbalizar qualquer defesa dessa política baseada na exclusão permanente dos alunos menos adaptados. Obviamente, se voltássemos a conceituar a educação como um privilégio, em vez de considerá-la um direito, e deixássemos que os professores estabelecessem mecanismos seletivos, o clima das salas de aula melhoraria extraordinariamente. O problema, ressalta Esteve (2004), é que sob uma perspectiva social, e ainda mais nos termos economicistas, um país que pretenda voltar à pedagogia da exclusão vai piorar sua coesão social e frear notavelmente sua capacidade de progresso, distanciando-se de quaisquer objetivos desenvolvimentistas. Mas, evidentemente, sob as perspectivas dos docentes e de alguns pais dos "bons alunos", voltar a implantar mecanismos seletivos melhorará a qualidade de suas vidas na sala de aula, embora, provavelmente, não melhore a qualidade da educação, pois, no momento atual, um novo problema educacional surgiria: o que fazer com esse percentual de alunos excluídos?

Naturalmente, prossegue o autor, durante um longo período do século XX, esse problema não existia, pois, mesmo muito jovens, os excluídos eram absorvidos pelo mercado de trabalho cujas estruturas produtivas não atribuíam um grande valor ao nível de formação e absorviam uma importante massa de mão de obra não qualificada. Sem uma formação adequada e de forma rudimentar, esse *exército industrial de reserva*[4] aprendia um ofício *in loco* e passava a vida toda sem qualquer acesso aos bens que hoje consideramos indispensáveis. Já os diplomados do Ensino Médio nos anos 1950, 1960 e 1970 eram tão poucos que terminavam por encontrar ocupações profissionais cujos benefícios mostravam-se bem mais atrativos ou, conforme os recursos e desempenho escolar, rumavam às raríssimas vagas do sistema universitário e às ocupações profissionais de grande prestígio. Grosso modo, essa política educacional prejudicou apenas as crianças filhas de pessoas oriundas das camadas mais pobres da população. Essas crianças aprenderam desde cedo a falhar e perpetuar um ciclo de pobreza e de posição social.

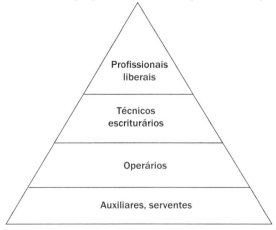

---

[4] Em seu tempo, Marx denominava *exército industrial de reserva* o grande contingente de pessoas oriundas do campo que ficava à espera de qualquer oportunidade de emprego, independentemente de qualificação, condições de trabalho e remuneração. Transpusemos essa denominação para aqueles que, por falta de oportunidade na vida escolar, ocupavam os postos de trabalho em acordo com o seu tempo de presença nos bancos escolares.

O percurso traçado até aqui demonstra que por muito tempo a escola apresentou características que apenas ultimamente têm sido questionadas: a educação escolar como uma experiência reservada a uma minoria de eleitos; outorga de privilégios garantidos pelo alcance de posições sociais escolarizadas; assunção de determinadas funções na sociedade e retribuições econômicas de acordo com o nível de escolarização alcançado.

É lícito que as ideias correntes no pensamento pedagógico brasileiro a respeito das dificuldades presentes no processo de escolarização têm uma história, sobretudo quando estão em pauta as dificuldades de aprendizagem, a qualidade de ensino e as metas da escolarização. Isso indica que, para compreendermos ou questionarmos o momento atual, necessitamos entender o modo hegemônico de se pensar a educação e como ele foi instaurado na sociedade brasileira contemporânea.

Valendo-se disso, pode-se classificar como "radicalmente injusta qualquer comparação entre os êxitos escolares de um sistema que trabalha com alunos da elite, com os resultados obtidos por um sistema escolar que admite todas as crianças" (Esteve, 2004, p. 34). Nas palavras do autor, essa é a linha de argumentação dos nostálgicos, muitas vezes camuflados por discursos neoliberais que defendem uma escola que seja eficaz para alimentar o mercado de trabalho cada vez mais exigente e sedento de cérebros e cansado dos braços. Os arautos do neoliberalismo saem em defesa de um sistema educacional seletivo semelhante àquele que precedeu as tentativas de extensão universal da escolaridade, pois acreditam que os estudantes obtinham melhores resultados e inexistiam problemas de conduta. No entanto, não param para pensar, ou muitas vezes desconhecem os dados referentes à frequência e evasão escolar. Aqui, vale lembrar os estudos de Patto (1996) que indicam que, na década de 1950, de cada 1.000 crianças que ingressavam na primeira série, apenas 53 atingiam os oito anos de escolarização. Na década de 1970, de cada 1.000 ingressantes na primeira série, 180 concluíam a oitava série. Outros indicadores sociais posteriores apontam que há 15 anos apenas 75% das crianças com 7 anos estavam matriculadas no primeiro ano do Ensino Fundamental (1º Grau à época) e destas, somente 12% alcançavam o terceiro ano do Ensino Médio (antigo 2º Grau).[5] Os dados atuais mostram

---

[5] Dados oficiais disponíveis em www.inep.gov.br.

uma situação mais animadora, pois contamos com 97% da população de 7 a 14 anos matriculada na escola, apesar de ser ínfimo o montante de matrículas nos últimos anos do Ensino Superior, sobretudo quando se miram os setores mais humildes da sociedade.

A linha de argumentação desenvolvida por Esteve (2004) quando analisa a realidade europeia cabe também ao contexto brasileiro. Da mesma forma que lá, aqui, o esforço empreendido atualmente pela sociedade para matricular todas as crianças na escola e garantir a sua permanência na instituição até o final da Educação Básica, concebendo a educação escolar como um direito sem exclusões, é interpretado como um fracasso, e não como um êxito.

A situação atual sem qualquer precedente, afirma o autor, supõe o fim de um sistema educacional baseado na exclusão e configura uma nova concepção de educação escolar ainda não avaliada em justa medida, porque todos fomos educados no sistema anterior e, na falta de outras referências, tende-se, inevitavelmente, a comparar os problemas atuais com situações anteriores, sem entender que a generalização do ensino para 100% da população supõe uma mudança de objetivos, formas de trabalho e da própria essência do sistema educacional.

Essa mudança radical nos sistemas educacionais, imposta pelas transformações sociais, explica por que motivo, apesar de contarmos com uma organização melhor, professores com formações mais longas, dotações financeiras e materiais impensáveis até pouco tempo atrás, predomina um sentimento de crise e uma desorientação generalizada entre os docentes, alunos e familiares, mediante a constatação de desvalorização do sistema educacional (Esteve, 2004). Para desfazer esse paradoxo, o professor espanhol considera ser necessário escapar da tendência a julgar o novo sistema de ensino com a mentalidade e os critérios do antigo ensino seletivo, ou seja, superar a inclinação ainda presente em aplicar à situação atual os parâmetros do quadro anterior, no qual a pedagogia da exclusão expulsava anualmente os alunos que não se enquadravam.

Na perspectiva do autor, quando se critica o fracasso escolar de uma porcentagem dos estudantes, não se atenta que sua escolarização é um êxito, porque, ainda que seu nível seja baixo, antes sequer permaneciam na escola. Muitas vezes, não se percebe que esses estudantes constituem a primeira geração que se escolariza em suas famílias, porque seus pais ou avós, quando tiveram acesso à escola, fizeram-no apenas pelo tempo suficiente para dela acumular lembranças negativas, aprender sobre sua própria incapacidade ou, diante disso, estabelecer uma cumplicidade ingênua com o sistema, acreditando que o modelo em que fracassaram seja o melhor para seus filhos. Dizem que o nível educacional está baixo quando, na realidade, sobe, tanto o nível geral da população quanto o nível individual dos alunos como demonstram os dados oficiais.

É verdade, afirma Esteve (2004), que no sistema de ensino existem alunos com aprendizados bem aquém do desejado, mesmo assim, é um êxito que estejam na escola, porque antes estavam de fora e, de qualquer maneira, o sistema de ensino tem proporcionado um percentual maior de alunos com níveis melhores do que aqueles dos melhores alunos do passado.

O elemento fundamental da mudança, a transformação mais substancial que permite falar de melhoria, no entendimento do autor, baseia-se no fato de que, "pela primeira vez na história, a pedagogia da exclusão está sendo enfrentada e lentamente superada, pois, milhares de crianças que anteriormente eram eliminadas hoje frequentam as instituições educacionais e convivem com alunos de excelente nível" (p. 37).

Com base nos argumentos apresentados, é possível sugerir dois encaminhamentos tendo em vista a construção de uma experiência escolar transformadora. O primeiro consiste em aceitar os ganhos da democratização do acesso à escola, mesmo que isso signifique a permanência de todos os alunos que de forma insistente e cotidiana se negam a aceitar passivamente a escolarização e tudo o que ela significa. O segundo passo é a construção de novos paradigmas para a educação, rompendo, sobretudo, com a perspectiva da escola dual. Reitera-se que a incerteza que invade a escola é fruto da tentativa de manter seus propósitos anteriores em tempos em que os empregos, para os quais a escola de massa se voltava, sofrem uma crise estrutural sem precedentes na história. O resultado da escola prometida é a incerteza da precariedade dos trabalhos e a desvalorização dos diplomas fornecidos.

A escola democrática da contemporaneidade delineia-se como um campo em que os objetivos, currículos, conteúdos[6] e métodos an-

---

[6] Conforme explica Popkewitz (1987), o conteúdo do ensino é uma construção social, sem significado estático ou universal. Para Gimeno Sacristán (2000), os conteúdos compreendem todas as aprendizagens que os alunos devem alcançar para progredir nas direções que marcam os fins da educação numa etapa de escolarização.

teriormente em vigor necessitam de revisão e superação para que a desejada convergência com o direito de todos à educação seja finalmente alcançada. Obviamente, este quadro oferece novos desafios a serem enfrentados diariamente por todos os envolvidos na tarefa educativa. A reforma tão propagada não se fará sem compromisso coletivo e busca incessante por novas formas de conceber a prática pedagógica. Do mesmo modo, a sociedade precisa contestar certos mitos e suposições acerca da educação, principalmente aqueles que indicam que os fracassados na escola são os responsáveis pelas mazelas sociais ou pelo atraso no desenvolvimento da nação. Enquanto a escola estiver mitificada sob a luz da noção de igualdade e como grande agente equalizador das desvantagens sociais, apagando as condições nas quais opera, conforme denuncia McLaren (1997), será difícil encontrar maneiras para que os estudantes aprendam a utilizar diversos instrumentos para o controle de seu destino, ao invés de estarem presos ao *status* social, reproduzindo ou, muitas vezes, produzindo as desigualdades e sua decorrente violência simbólica e real.

Apesar de tudo, a escola é sinônimo de esperança. É justamente isso o que tem estimulado inúmeros educadores a prosseguir na análise e interpretação da realidade, experimentando alternativas e socializando suas descobertas.

FUNÇÃO SOCIAL DA ESCOLA

O raciocínio estabelecido nas páginas anteriores revela certa sintonia entre a ampliação dos sistemas escolares e a complexa função que a escola assumiu na sociedade capitalista, seja por preparar os alunos para sua incorporação ao mundo do trabalho, seja por qualificação mediante a aprendizagem de certas habilidades, ou por inculcação ideológica. Nesse ponto, concordam diversas correntes teóricas.

Nas análises empreendidas por Pérez Gómez (2000), sobre as quais esta seção se debruçou, eventuais discrepâncias surgem quando se tenta definir o que significa a preparação para o mundo do trabalho, como se realiza esse processo, quais as consequências na promoção da igualdade de oportunidades e na mobilidade social, ou para reproduzir e reafirmar as diferenças sociais de origem dos indivíduos e grupos. Afinal,

> não é fácil definir o que significa, em termos de conhecimentos, disposições, habilidades e atitudes, a preparação dos estudantes para sua incorporação não conflitante no universo profissional, especialmente nas atuais sociedades pós-industriais, onde emergem diferentes postos de trabalho autônomos ou assalariados e o desenvolvimento econômico requer mudanças aceleradas nas características do mercado de trabalho. (p. 15)

Nessa sociedade pós-industrial e globalizada, a nova economia difere drasticamente da antiga organização nacional. As economias nacionais eram baseadas na produção padronizada em massa. Sua gestão era realizada por poucas pessoas que controlavam o processo "por cima" da produção e um grande número de operários acatava as ordens. Esse modelo piramidal se manteve enquanto a economia conseguia controlar seus custos de produção e adequar-se, com certa rapidez, às novas demandas, que, diga-se de passagem, eram poucas e estáveis. No entanto, o avanço nas telecomunicações, nas tecnologias de transporte e produção e o aumento do setor de serviços suscitaram a fragmentação da produção pelo globo. O quadro atual apresenta uma economia mais fluida e flexível, cujo modelo produtivo assemelha-se a uma teia de aranha, na qual existem múltiplas linhas de poder e mecanismos de tomadas de decisão.

Essas transformações na economia mundial incidem na educação. Se, anteriormente, o sistema de ensino público priorizava a formação de uma força-trabalho disciplinada e confiável, a nova ordem capitalista exige trabalhadores com capacidade de aprender rapidamente, trabalhar em equipe de maneira criativa e confiável, tornando o setor produtivo algo mais dinâmico e adaptado às rápidas transformações e às possíveis novas demandas.

Em meio a esse "novo" quadro social, Pérez Gómez (2000) salienta que uma segunda e ainda mais importante função do processo de escolarização é a formação de cidadãos para sua intervenção na vida pública. A escola deve preparar os indivíduos para a devida incorporação na esfera social mais

ampla, de modo que se possa manter a dinâmica e o equilíbrio nas instituições, bem como as normas de convivência que compõem o tecido social.

A função socializadora da escola torna-a mais complexa e totalizante, pois a escolarização incorpora demandas recentes que outrora foram desempenhadas pela família, igreja e as diversas associações que dividiam a responsabilidade educativa. Atualmente, ao menos nos centros urbanos, seus frequentadores passam por uma jornada de maior permanência nos espaços escolares, o que faz aumentar o compromisso da escola com a formação dos educandos. Sem dúvida, isso incide no desenvolvimento de outros saberes e aptidões. Tal concepção totalizante faz da escolarização um processo de capacitação para a inserção pessoal dos sujeitos da educação na sociedade. No entanto, a nova economia gerou novas relações de interdependência e integração, aproximando grupos sociais anteriormente afastados tanto da convivência, quanto do acesso aos bens sociais. O resultado tem sido a aceleração de antagonismos e desigualdades, muitas vezes declinando para a violência e o fundamentalismo, fruto da polarização de grupos, classes, etnias, culturas, empregos e minorias sem poder.

Nessa configuração, a escola deve preconizar a importância da preparação dos alunos para que possam compreender a vida real e se posicionarem diante dela de maneira crítica e autônoma. Para Torres Santomé (1998), a construção de uma sociedade democrática e solidária somente é possível mediante uma escolarização que contribua para a formação de cidadãos similares.

Preparar para a vida pública nas sociedades politicamente democráticas, mas governadas pelas leis do mercado, na visão de Pérez Gómez (2000), implica necessariamente a assunção, pela escola, das contradições que marcam as sociedades contemporâneas desenvolvidas. O mundo da economia, governado pela lei da oferta e procura e pela estrutura hierárquica das relações de trabalho, bem como pelas evidentes diferenças individuais e grupais, impõe exigências contraditórias à função social da escola. O mundo da economia parece requerer, tanto na formação de ideias como no desenvolvimento de disposições e condutas, exigências diferentes daquelas provenientes da esfera política em uma sociedade formalmente democrática na qual todos os indivíduos, por direito, são iguais perante a lei e as instituições.

É com base nessas considerações que o autor sinaliza uma contradição. Se, na esfera política, todas as pessoas têm, em princípio, os mesmos direitos e certos deveres, o que as insere na coletividade, na esfera econômica, a primazia não diz respeito aos direitos e deveres das pessoas, mas da propriedade, alocando-as na individualidade. A escola defronta-se com um paradoxo quando observada do ponto de vista da sua função social. Se, por um lado, deve provocar o desenvolvimento dos conhecimentos que permitam a incorporação eficaz dos alunos ao mundo das relações, no âmbito da liberdade de consumo e escolha, da participação política, e da responsabilidade social e familiar, por outro, solicita-se uma incorporação submissa e disciplinada da maioria, no mundo do trabalho assalariado, ou, no caso das elites que ocuparão posições sociais privilegiadas, a garantia da manutenção da sua condição de acúmulo dos dividendos extraídos da força de trabalho dos menos favorecidos.

Nesse sentido, a escola camufla a relação entre conhecimento e ideologia. Validada pela sociedade capitalista por meio do seu projeto de igualdade e percurso histórico, a escola, ao ensinar certos conhecimentos e negar outros, age de forma a torná-los inquestionáveis e importantes para a vida em sociedade. Pelas suas práticas, métodos, seleção de conteúdos, formas de avaliação etc., ou seja, pelo seu currículo, transmite e consolida, algumas vezes de forma explícita e outras implicitamente, uma ideologia cujos valores consistem em individualismo, competitividade, falta de solidariedade, igualdade formal de oportunidades e desigualdade de resultados em razão de capacidades e esforços individuais. Assume-se a ideia de que a escola é igual para todos e de que, portanto, cada um chega onde suas capacidades e seu trabalho pessoal lhe permitem. Impõe-se a ideologia aparentemente contraditória do individualismo e do conformismo social, ou seja, a análise da escola do século XXI revela a permanência dos mesmos princípios que a nortearam durante os séculos XVIII, XIX e XX.

Há muito que a escola alimenta o processo de exclusão social. Mesmo para aqueles que concluíram o percurso curricular, os ganhos têm sido quase nulos. Se antes o diploma conferia o *status* de "bom cidadão", agora a "inflação" de cursos e certificados é responsabilizada pela desvalorização da formação ofertada. A escola vem perdendo seu pretenso papel de equalizadora social e, ao invés disso, perpetua a subordinação à racionalidade econômica que, desde a ascensão da burguesia ao poder, está no cerne dos graves problemas sociais.

Em função disso, Pérez Gómez (2000) deflagra:

> aceitam-se as características de uma sociedade desigual e discriminatória, pois aparecem como resultado natural e inevitável das diferenças individuais atribuídas a capacidades e esforços. A ênfase no individualismo, na promoção da autonomia individual, no respeito à liberdade de cada um para conseguir, mediante a concorrência com os demais, o máximo de suas possibilidades, justifica as desigualdades de resultados, de aquisições e, portanto, reforça a divisão do trabalho e a configuração hierárquica das relações sociais. (p. 16)

Ainda, segundo o autor, o caráter aberto da estrutura social para a mobilidade individual oculta a determinação social do desenvolvimento do sujeito como consequência das profundas diferenças de origem que se introjetam nas formas de conhecer, sentir, esperar e atuar dos indivíduos. Esse processo vai minando progressivamente as possibilidades dos mais desfavorecidos social e economicamente, em particular em um meio que estimula a competitividade em detrimento da solidariedade, desde os primeiros momentos da aprendizagem escolar. Para agravar, a raridade das oportunidades de trabalho associada à desvalorização dos diplomas torna o processo de escolarização ainda mais imprescindível e muito menos rentável ao sujeito. O sucesso pessoal, em um mundo cada vez mais especializado, só pode ser obtido à custa da exclusão de muitos.

Interessante notar que a escola, constantemente, reprime e costuma negar, por meio de suas práticas pedagógicas, qualquer ideia de sofrimento humano, porém não possibilita o surgimento de iniciativas contrárias. Nela, reproduzem-se discursos sobre a igualdade e a inclusão, sem explicitar ou compreender o que isso significa. Nessa ótica, prossegue Pérez Gómez (2000) com sua crítica, como a instituição educativa não proporciona momentos para investigar sua própria ação e as relações sociais que constrói e ajuda a manter e não se articula como constituinte das formas de exploração humana, corrobora na formação de cidadãos que aceitam como natural a arbitrariedade cultural que impõe uma formação social contingente e histórica. Ao legitimar a ordem existente, a escola converte-se em válvula de escape das contradições e desajustes sociais, tal qual pontuaram Bourdieu e Passeron (1975), funcionando como um lugar que produz noções particulares de mundo, visões universais de homem, cultura e sociedade. Contudo, esse processo de reprodução da arbitrariedade cultural implícita na ideologia dominante nem é linear, nem automático, nem isento de contradições e resistências.

O doutrinamento ideológico e a inculcação de representações particulares e ideias dominantes, sobretudo nas sociedades democráticas, ocorrem de forma sutil, sinuosa e subterrânea. Isso ocorre, conforme Pérez Gómez (2000), para fazer frente às contradições crescentes entre seus objetivos político-sociais e os estritamente econômicos.

Segundo o autor, se por um lado, a atenção exclusiva por parte de determinados setores à transmissão de conteúdos e ao intercâmbio de ideias supôs um corte na concepção e no trabalho pedagógico induzido pela primazia da filosofia idealista e da psicologia cognitiva como bases prioritárias da teoria e prática pedagógicas, aludindo a uma pretensa neutralidade da ação educativa, por outro lado,

> a influência crescente da sociologia da educação e da psicologia social no terreno pedagógico provocou a ampliação do foco de análise e a compreensão que as aprendizagens que ocorrem na escola acontecem também como consequência das práticas e relações sociais que se estabelecem e se desenvolvem naquele cenário institucional. (Pérez Gómez, 2000, p. 17)

Neste sentido, a educação é concebida como uma prática política.

O estudioso espanhol destaca que, na escola, os alunos aprendem e assimilam teorias, disposições e condutas não apenas como consequência da transmissão e intercâmbio de ideias e conhecimentos explícitos no currículo escrito, mas também e principalmente como consequência das interações sociais de todo tipo que ocorrem na escola, na aula ou para além dela. No entanto, o conteúdo oficial do currículo imposto externamente, com frequência, representa apenas os conhecimentos e os valores de determinado grupo social que pretende validá-lo a todo custo. No mesmo sentido, o êxito na complexa vida acadêmica requer a aprendizagem de mecanismos, estratégias, normas e valores de interação social. A escola vai induzindo, assim, uma forma de ser, pensar e agir, tanto mais válida e sutil quanto mais intensas forem as semelhanças entre a vida social do seu interior e as relações sociais no mundo do trabalho ou da vida pública que se quer consolidar. Se quisermos compreender os efeitos do processo de escolarização sobre os alunos, ou seja, a sua formação, será necessário analisar muito além dos conteúdos explícitos no currículo. A análise de todas as inter-relações alocadas na cultura escolar permitirá observar de que modo o conhecimento veiculado e seus meios de transmissão mobilizam ou silenciam, fortalecem ou enfraquecem os sujeitos da educação.

Em obra mais recente, Perez Gómez (2001) concebe a vida escolar como um cenário de entrelaçamento de culturas, em que um intenso fluxo promove a influência de umas sobre as outras. A cultura escolar é composta pela cultura crítica, alocada nas disciplinas científicas, artísticas e filosóficas; a cultura acadêmica que se reflete na organização dos conteúdos; a cultura social, constituída pelos valores hegemônicos do contexto mais amplo; a cultura institucional, presente nas normas e rituais de cada instituição e a cultura experiencial, expressa pela aquisição individual do aluno por meio de suas experiências com seu meio de convivência, tanto na vida paralela à escola quanto em seu interior.

Como se pode notar, a formação obtida é fruto das influências, contradições e resistências desencadeadas pelo cruzamento entre as tarefas acadêmicas propostas nas aulas e em outros espaços escolares e as relações sociais da escola e das aulas. Convém não esquecer que ambos os componentes relativos ao cotidiano escolar encontram-se inter-relacionados, de modo que a maneira de conceber determinada atividade requer uma estrutura de relações sociais compatíveis e convergentes. Inversamente, uma forma de organizar as relações sociais e a participação dos indivíduos e dos grupos exige e favorece determinadas concepções alusivas às atividades acadêmicas.

É por isso que a educação escolar tem sido vista como terreno no qual se exerce uma força poderosa sobre o que os alunos pensam a respeito deles mesmos, dos outros e da sociedade. A formação dos indivíduos pela escolarização abarca, obrigatoriamente, os fatores correspondentes ao grau de participação e domínio dos próprios estudantes sobre o processo de trabalho e os modos de convivência moldados pelas atividades de ensino, o que permite conhecer o grau de alienação ou autonomia dos alunos quanto a seus próprios processos de produção e intercâmbio no âmbito escolar. Somente assim, poderá ser vislumbrada uma real contribuição da escola para a sociedade.

A ESCOLA COMO LOCAL DE CONFLITOS

Com base na argumentação desenvolvida por Pérez Gómez (2000), a concepção de educação escolar como reprodução da arbitrariedade cultural dominante, preparação para o mundo do trabalho e para a participação na vida pública não pode ser compreendida como um processo linear e mecânico, muito menos reduzida à elaboração de propostas curriculares que visem formatar os indivíduos para assumir determinados papéis na sociedade. Pelo contrário, trata-se de um processo complexo e sutil marcado por profundas contradições e inevitáveis resistências individuais e grupais.

Com esse enfoque, a escola e mais especificamente cada aula passam a ser vistas como cenários vivos de interações em que se intercambiam explícita ou tacitamente ideias, valores e interesses diferentes e seguidamente enfrentados. O que ali acontece é o resultado de um processo de negociação informal que se situa em algum lugar intermediário e intricado entre o contexto em que as políticas públicas foram formuladas, as formatações das propostas curriculares pensadas, em geral, por pessoas distantes da realidade local de cada escola, o que o corpo docente, na particularidade de cada professor, entende por educação e como desenvolve sua tarefa pedagógica, a maneira como a instituição escolar responde às pressões sociais das mais diversas ordens e o que os alunos estão dispostos a fazer. Nesses espaços, acontece, de forma clara ou dissimulada, uma série de negociações relaxadas ou tensas, abertamente desenvolvidas ou permeadas por resistências não confessadas (Pérez Gómez, 2000). Até mesmo nas aulas em que reina uma aparente disciplina e ordem impostas unilateralmente pela figura docente, persiste um potente e cego movimento de resistências que minam todos os processos de aprendizagem pretendidos, provocando, a médio e longo prazo, no pensamento e na conduta dos alunos, os efeitos contrários aos pretendidos. Portanto, pode-se afirmar que na escola existem espaços de relativa autonomia constantemente utilizados para desequilibrar a evidente tendência à reprodução conservadora do *status quo*.

Outro fator que merece consideração é a característica plural do mundo do trabalho. Ao mesmo tempo que se amplia a globalização, crescem as fusões de empresas, novas tecnologias são desenvolvidas e, por conseguinte, iniciativas radicais para gerenciar os custos e a produção são efetivadas. Dessa forma, os empregos tornam-se mais cambiantes, resultando na ampliação das exigências para a admissão profissional. Fatos que, sem dúvida, impactam de forma mais intensa na escolarização pública, restringindo o acesso desses estudantes aos trabalhos melhor remunerados. A elaboração de currículos baseados na preparação para a natureza mutável do mundo do trabalho na sociedade pós-industrial, suas características especializadas e heterogêneas empurrarão a escola para uma postura visivelmente contraditória. Uma escola homogênea em sua estrutura, em seus propósitos e em sua forma de funcionar dificilmente provocará o desenvolvimento de ideias, atitudes e comportamentos tão diferenciados para satisfazer as exigências de ocupações assalariadas e burocráticas por um lado e, por outro lado, autônomas, diversas e repletas de riscos. Surge, então, com muita força, o rompimento da inércia que configura as relações sociais no interior da instituição, pressionando-a para a adoção de uma nova formatação das relações humanas que melhor contribuirão para as posições emergentes no mundo da economia.

Pérez Gómez (2000) aponta ainda a contradição evidenciada entre as exigências das diferentes esferas da sociedade quando se comprova que a postura democrática é frisada apenas como discurso e no campo das aparências ou, em outras palavras, quando os mecanismos formais de participação são empregados como garantia suficiente para manter, por um tempo, o equilíbrio de uma comunidade social instável assolada pela desigualdade e pela injustiça. Apesar do tom enfático e repetitivo dos discursos democráticos, em uma sociedade globalizada é permanente a ameaça aos aspectos que priorizam a vida pública organizada diante das tentativas de controle social elaboradas pelos ideais de privatização e mercantilização dos bens públicos, entre estes e com excessivo destaque nos últimos anos, situa-se a educação.

Aceitar a contradição entre a aparência e a realidade, denuncia o autor, faz parte do próprio processo de escolarização, no qual,

> sob a ideologia da igualdade de oportunidades numa escola comum para todos, se desenvolvem lenta, mas decisivamente, a classificação, a hierarquização, a exclusão das minorias e os encaminhamentos diferenciados entre formar para o trabalho e para a participação social. (p. 21)

Diante das perenes tentativas empresariais de encampar a educação, seja na defesa de sua privatização, na propagação de discursos que denunciam uma possível incompetência dos professores ou na transformação dos estudantes em consumidores, emerge a contradição entre a transformação da escola em centro de treinamento de mão de obra descartável e o esforço para torná-la um espaço de luta coletiva pelos direitos públicos e pela participação coletiva nas tomadas de decisão acerca do social.

Para Pérez Gómez (2000), a função compensatória da escola com relação às diferenças sociais de origem dilui-se no terreno das declarações de princípios, pois, por causa de sua orientação homogeneizadora, ao invés de suprimir as diferenças, as confirma e legitima, transformando-as de coletivas em individuais.

> Diferenças no domínio da linguagem, nas características culturais, expectativas sociais e nas atitudes e apoios familiares entre grupos e classes sociais, transformam-se, na escola uniforme, em barreiras e obstáculos intransponíveis para aqueles grupos distanciados socialmente das exigências cognitivas, instrumentais e de atitudes que caracterizam a cultura e o cotidiano escolar. As diferenças de origem consagram-se como empecilhos ao cumprimento da educação escolar que transforma a origem social em responsabilidade individual. (p. 21)

Assim, a escola oculta de forma contundente o modo pelo qual reifica as hierarquias mais tradicionais de classe, gênero e etnia.

Quando as análises permanecem superficiais, aceitam-se, sem quaisquer questionamentos, as aparências de um currículo que homogeneíza a experiência dos alunos e torna palatável a ideologia da igualdade de oportunidades, confundindo as causas com os efeitos e aceitando a classificação social como consequência das diferenças individuais em capacidades e esforços.

As experiências de diferenciação, discriminação e classificação – consequências dos diferentes graus de dificuldade que marcam cada grupo social quando enfrenta uma cultura escolar que advoga o manto da igualdade de oportunidades, mas recorre a uma ideologia competitiva e meritocrática – terminam por educar as novas gerações para a passividade diante da desigualdade de oportunidades. Por essa via, todos aceitarão e assumirão a legitimidade das diferenças sociais e econômicas, o mero formalismo do discurso democrático, a utilidade do individualismo para manutenção dessa condição, a concorrência injusta e a falta de solidariedade.

Apesar das contradições presentes no universo escolar, caracterizadas pelo conflito delimitado entre a reprodução e a resistência, algumas correntes renovadoras impulsionam a mudança, o progresso e a transformação. Como condição de sobrevivência e enriquecimento cultural, a função educativa da escola, ao apoiar-se na cultura pública, superará a função reprodutora e provocará o desenvolvimento do conhecimento de cada um dos estudantes. A utilização do conhecimento público, da experiência e da reflexão da comunidade social ao longo da história poderá introduzir um instrumento que quebra o processo puramente reprodutor. A vinculação própria da escola com a cultura experiencial exige de todos os sujeitos da educação a identificação e o desvelo do caráter reprodutor das influências que a própria instituição exerce sobre todos os indivíduos, bem como os conteúdos transmitidos e as experiências e relações organizadas pela cultura escolar. Entre os estudiosos do tema, Apple (1999), por exemplo, rejeita qualquer modelo de educação que não se fundamente nas vidas e histórias pessoais de professores, alunos e membros da comunidade escolar reais. Apoiados nas ideias de Bhabha e Hall, autores como McLaren, Giroux, entre outros, entendem que a cultura é o espaço contingencial e indeterminado no qual as identidades são formadas e o protagonismo é desenvolvido. Desse modo, a escola somente terá sentido revolucionário quando oferecer oportunidades para que os seus sujeitos se tornem capazes de nomear suas próprias experiências e se afirmarem como agentes com vontade própria, a fim de transformar o sentido de suas experiências por meio de uma análise crítica dos discursos sobre os quais tais experiências são construídas, negadas ou validadas.

Assim, as influências que a comunidade exerce sobre a escola e sobre o processo educativo das novas gerações devem sofrer a mediação crítica da utilização do conhecimento formal e não formal, em virtude de suas exigências e necessidades econômicas, políticas e sociais. Os educadores podem utilizar esse novo conhecimento produzido criticamente para compreender as origens dessas influências, seus mecanismos, intenções e consequências, e oferecer para debate público e aberto os efeitos da cultura dominante expressa pelo currículo.

Concordando com essa possibilidade, Pérez Gómez (2000) destaca que a função educativa da escola, imersa na tensão entre reprodução e mudança, oferece como contribuição a utilização do conhecimento social e historicamente construído e condicionado como ferramenta de análise para compreender as forças que levam não somente à aceitação passiva do *status quo,* como também para manter certa cumplicidade com ele e com os mecanismos utilizados na escola e na sociedade para sua perpetuação. Desse modo, explicitando as influências que cada aluno recebe da sociedade pela imposição da cultura dominante, a escola pode oferecer espaços de relativa autonomia para construção do indivíduo como ser coletivo.

A escola poderá alcançar esse objetivo, caso se comprometa a desconstruir os discursos que legitimam a atual configuração social, por meio de uma crítica radical às estratégias de dominação presentes na sociedade (e na escola), considerando e reconhecendo as desigualdades de origem, mediante a atenção e o respeito pela diversidade. Para tanto, convém provocar e facilitar a reconstrução dos conhecimentos dos alunos, fruto das experiências culturais anteriores e paralelas à escola, preparando-os para pensar criticamente e agir democraticamente em uma sociedade não democrática. Há de se destacar que o sentido aqui proposto de desconstrução não é o da destruição. Com base no filósofo e linguista Jacques Derrida, desconstruir é desmontar os processos que estabeleceram as práticas sociais, reconhecendo as formas de regulação pelas quais as verdades foram estabelecidas, tornaram-se hegemônicas, validaram certos modos de ser, pensar e agir e negaram outros.

Com esse objetivo, deve-se substituir a lógica da uniformidade e da estreita relação entre a escola e as necessidades e objetivos econômicos que têm caracterizado os currículos ao longo dos anos com diferentes matizes, impulsionando uma configuração que atenda à diversidade. A intervenção didática pode revestir-se de um modelo flexível e plural que permita atender as diferenças de origem, de modo que o acesso à cultura pública se acomode às exigências de interesses, ritmos, motivações e capacidades iniciais dos que se encontram mais distantes dos códigos e características expressados pela instituição escolar.

A lógica da uniformidade curricular, conforme observa Pérez Gómez (2000), encontra-se presente nos ritmos, métodos e experiências didáticas, favorece os grupos que, precisamente, menos necessitam da escola para o desenvolvimento de habilidades instrumentais que a sociedade atual requer: aqueles grupos que, em seu ambiente familiar e social, movem-se em uma cultura próxima àquela com a qual trabalha a escola ou, por cumplicidade, buscam adequar-se rapidamente às suas exigências, e que, por isso mesmo, nas atividades propostas durante as aulas consolidam e reafirmam os mecanismos, capacidades, atitudes e comportamentos valorizados e aprendidos em seu ambiente.

Inversamente, para aqueles grupos sociais cuja cultura é bem diferente daquela prestigiada nos currículos escolares, a homogeneidade só pode desencadear a discriminação de fato. Para esses estudantes, ensina o autor, o trato de igualdade nas aulas supõe a ratificação de um atraso imediato e de um fracasso anunciado a médio prazo, já que possuem códigos de comunicação e intercâmbio bem diferentes dos requeridos pela escola. Manifestam diferenças bem claras na linguagem e na lógica do discurso racional, assim como no domínio dos conteúdos que a cultura dominante solicita, não dispondo de apoio familiar nem quanto às expectativas sociais e profissionais oferecidas pela escola, nem quanto ao clima de interesses pelo mundo da cultura dominante. Tal *modus operandi* torna a escola um sistema totalizante e opressivo.

Qualquer movimento no sentido de contemplar esses grupos requererá a lógica da multiplicidade pedagógica dentro do marco da escola contemporânea, compreensiva e comum para todos. As diferenças de partida devem ser enfrentadas como um desafio pedagógico dentro das responsabilidades habituais do profissional docente. A escola obrigatória que forma o cidadão não pode se dar ao luxo do insucesso. Procurando contornar qualquer indício de fracasso, a organização das atividades escolares e a formação profissional dos docentes devem garantir o tratamento educativo das diferenças, trabalhando com cada aluno e aluna em sua situação real, e não no nível homogêneo da suposta maioria do grupo que compõe cada turma.

Considera-se como o grande desafio da escola contemporânea, atenuar, em parte, os efeitos da desigualdade, pois, assim como na família, a escola não contempla plenamente a formação do ser humano. Dado que a luta pela igualdade ocorre em outras frentes sociais, é função da escola também preparar os indivíduos, como grupo, para lutar e se defender nas melhores condições possíveis no cenário social. Em razão disso, o conceito de igualdade deve abranger tanto quem tem sua origem nas classes sociais marginalizadas quanto aqueles que apresentam dificuldades de qualquer espécie. Para todos eles, somente a lógica de uma pedagogia diversificada no marco de uma escola concretamente democrática tem a chance de provocar e favorecer o desenvolvimento até o máximo de suas sempre indefinidas possibilidades.

Com isso, não se quer afirmar que deva existir uma escola para os desfavorecidos e uma para os esforçados e capazes. Pelo contrário, o reconhecimento da diversidade cultural não pode ser concebido como um obstáculo. A eficácia da luta por igualdade de oportunidades pressupõe a compensação das desvantagens a serem recuperadas. Isso somente será possível se não forem erguidos muros que isolem os membros da comunidade estudantil, quer da vida fora da escola, quer no seu interior, por meio de categorias de rendimento, comportamento, práticas sociais etc., de forma visível ou velada. A escolarização deve, a todo custo, manter afastados os procedimentos hierarquizadores e meritocráticos, para dar lugar às ações de aproveitamento das possibilidades de cada estudante, o que implica a diversificação curricular no que se refere a práticas sociais, conteúdos, métodos e instrumentos de avaliação. Ou seja, entender justiça como igualdade passa, necessariamente, pela compreensão de que a sociedade é, antes de tudo, multicultural.

Cabe fomentar, então, a pluralidade de formas de viver, pensar e sentir, estimular a multiplicidade e cultivar a originalidade das diferenças individuais como a expressão mais genuína da riqueza da sociedade. Assim, influenciado pelas ideias deweyanas, Pérez Gómez (2000) concebe esse ambiente democrático mais como um estilo de vida e uma ideia moral do que como uma mera forma de governo, em que os indivíduos, respeitando seus diferentes pontos de vista e projetos vitais, esforçam-se por meio do debate e da ação política, da participação e cooperação ativa, para criar um clima de entendimento e solidariedade, em que os conflitos inevitáveis se ofereçam abertamente ao debate público. Todavia, ressalta o autor, "na situação atual, a divisão do trabalho e sua consequente hierarquização numa sociedade de mercado provocam uma diferente valorização social dos efeitos da diversidade" (p. 24).

Muitas vezes, o reconhecimento da diversidade é traduzido em fragmentação política. Por isso, é delicado encontrar qualquer equilíbrio entre um currículo comum que exija o mesmo de todos e estratégias didáticas voltadas para a diversidade no cotidiano escolar. Deve-se atentar para que os sentimentos de justiça e igualdade não anulem os de reconhecimento. Se o que se pretende é evitar, na medida do possível, os efeitos causados por esse choque, é urgente provocar e facilitar a reconstrução dos conhecimentos, atitudes e formas de conduta que os alunos e alunas assimilam direta e acriticamente nas práticas sociais de sua vida anterior e paralela à escola que, geralmente, contribuem para obstruir o sentido de justiça que se deseja enfatizar.

Na sociedade contemporânea, os meios de comunicação de massa, especialmente a televisão, inserem a maioria das pessoas em um universo fragmentário de informações aparentemente sem conexão que se confrontam com suas experiências e interações sociais. Esse emaranhado cultural vai criando, de modo sutil, incipientes, mas arraigadas concepções ideológicas, empregadas para explicar e interpretar a realidade cotidiana e para tomar decisões quanto ao seu modo de intervir e reagir. Os alunos, como sói acontecer, chegam à escola com um abundante capital cultural e com poderosos e diferenciados modos de compreensão acerca dos múltiplos âmbitos da realidade.

É de se esperar que os meios de comunicação, por estarem nas mãos de poucos grupos, cumpram uma função mais próxima da reprodução da cultura dominante do que provoquem uma reelaboração crítica e reflexiva dessa cultura. Já a cultura familiar, às vezes mais próxima da cultura popular, oscila entre a resistência à força avassaladora dos códigos reprodutivistas e a constituição de conhecimentos e formas próprias de ver e sentir o mundo, haja vista, a manutenção de crenças populares ou religiosas em meio à veiculação constante de outros valores pela mídia.

Em meio a esse confronto, não é possível esperar que as organizações políticas, sindicais, religiosas ou o âmbito da empresa, mercado e propaganda, estejam interessados em oferecer aos cidadãos condições para um debate aberto que permita opções relativamente autônomas a respeito da vida econômica, política ou social. Seus interesses orientam-se mais para a inculcação, persuasão e sedução do indivíduo do que para a reflexão e comparação crítica do universo de saberes disponível.

Cabe à escolarização o cumprimento dessa função. Para desenvolver esse complexo e conflitante objetivo, Pérez Gómez (2000) busca apoio de Bernstein (1998) quando propõe que a escola da diversidade comece por diagnosticar os saberes e interesses com que os diferentes grupos de alunos interpretam a realidade e decidem a sua prática e, simultaneamente, ofereça o conhecimento público como ferramenta inestimável de análise para facilitar que cada um questione, compare, desconstrua e reconstrua suas formas de interpretar a realidade, seus interesses e comportamentos induzidos pelo marco de seus intercâmbios e relações sociais.

A escola deve, ainda segundo o autor, transformar-se em uma comunidade de vida, e a educação deve ser concebida como uma contínua reconstrução da experiência, tomando como referência o diálogo, a comparação e o respeito real pelas diferenças individuais, sobre cuja aceitação pode se assentar um entendimento mútuo, o acordo e os projetos solidários, pois o interesse comum somente é descoberto e criado na batalha política democrática e permanece, ao mesmo tempo, tão contestado quanto compartilhado.

Isso não significa que os conhecimentos reconstruídos pelos estudantes se encontrem livres de condicionamento e contaminação. São, na visão de Pérez Gómez, o resultado, também condicionado, dos novos intercâmbios simbólicos e das novas relações sociais. A relevância desses procedimentos se encontra no fato de que os alunos tenham a oportunidade de conhecer os fatores e as influências que condicionam seu desenvolvimento, de comparar diferentes propostas e modos de pensar e fazer, de descentrar e ampliar sua esfera de experiências e conhecimento, para que, enriquecidos pela comparação e análise, possam chegar a reflexões e posições provisórias. Enfim, a escola, ao provocar a reconstrução dos saberes originais, facilita o processo de aprendizagem permanente, ajuda o indivíduo a compreender que todo conhecimento é fruto do contexto e, portanto, requer a comparação com representações alheias, assim como a transformação de si mesmo e do próprio contexto.

Entretanto, conforme o autor, essa reconstrução não se dá como fruto direto do intercâmbio ou transmissão de novas ideias. Ela ocorre mediante a vivência de relações sociais na escola, de experiências de aprendizagem, trocas e atuação que justifiquem e solicitem novos modos de pensar e fazer. Requerem-se, portanto, outras formas de organizar o cenário educacional, transformando a escola de maneira que se possam vivenciar práticas sociais e experiências acadêmicas que induzam à solidariedade, à colaboração, à experimentação compartilhada, assim como a um tipo de relações com o conhecimento e a cultura que estimulem a busca, a comparação, a crítica, a iniciativa e a criação. Apenas vivendo em uma escola democrática, o indivíduo pode sentir-se em uma sociedade baseada na soberania popular, construindo e respeitando o delicado equilíbrio entre a esfera dos interesses e necessidades individuais e as exigências da coletividade. Essa transformação radical da prática pedagógica e do currículo deverá adotar como princípio básico a facilitação e o estímulo à participação ativa e crítica dos alunos nas diferentes tarefas desenvolvidas no espaço escolar, bem como o contato e a análise de outras formas de ser e saber presentes na sociedade.

Parafraseando Paulo Freire, a educação não deve estar ligada à esperança de algum momento do futuro, mas, sim, a um processo de construção assentado em uma *práxis* revolucionária presente e concreta.

2

Teorização curricular e Educação Física

As discussões travadas na seção anterior permitem concluir que, na sociedade contemporânea, a escola alcançará seus objetivos ao promover a análise, a crítica e a superação dos modos de comportamento, conhecimentos e atitudes presentes na comunidade social. Obviamente, isso implica a assunção de novas atribuições pela educação escolar. É por essa razão que, na atualidade, notam-se intensas e significativas reformas curriculares em diferentes níveis de ensino e em diversos países. O cerne da questão é o consenso em torno do qual giram os debates e as discussões a respeito do currículo, conferindo-lhe a responsabilidade pelo desenvolvimento de estratégias de conservação e transformação dos conhecimentos historicamente acumulados, bem como a promoção da socialização das crianças e jovens de uma sociedade em acordo com os valores tidos como desejáveis. Em síntese, mediante o conhecimento escolar e as experiências de aprendizagem, o currículo contribui para moldar as pessoas de forma a construir os cidadãos almejados pelo projeto social.

Com Goodson (2002), o currículo passou a ser entendido como um artefato social e cultural constituído por determinações históricas e pressões sociais. Essa constatação permitiu asseverar sua não neutralidade, apesar de algumas correntes defenderem posições contrárias. Opondo-se a qualquer ideia de imparcialidade, Silva (2003, 2007) deflagra que por meio do currículo legitimam-se visões particulares do sujeito, da sociedade e da escola. De certa forma, o currículo vincula as formas de falar e raciocinar de determinado grupo aos conhecimentos nele divulgados e ao modo como se organizam para a nossa compreensão. A seleção e hierarquização dos seus conteúdos são feitas por alguém ou por um grupo de pessoas, fato que evidencia a maneira com que seus propositores concebem o que venha a ser conhecimento e o que deve ser aprendido, ou seja, aquilo que se tenciona ensinar. É por isso que o currículo, conforme explica Silva (2003, 2007), tem sido associado às formas de controle e regulação social. O currículo é a maneira pela qual as instituições escolares transmitem a cultura de uma sociedade; é o conteúdo vivo da experiência escolar. Retomando a noção de que a escola é considerada uma instituição de vital importância para o desenvolvimento econômico das nações, será mais fácil entender os motivos que transformam o currículo no alvo de todas as forças sociais que possam, de alguma forma, influir na sua construção e elaboração. O currículo, como explica o autor, é fruto de inúmeras lutas; nele entrecruzam-se práticas de significação, de identidade social, poder e hegemonia.

Partindo do entendimento de que o currículo está encapsulado em um limite de espaço-tempo, ao elaborar uma proposta curricular, torna-se necessário selecionar uma parcela do capital cultural disponível na sociedade para ser partilhado e socializado com o público escolar. O que isso representa? Quem está autorizado a fazer essa seleção? Quais são as suas consequências?

Essa parcela da cultura, presa em um currículo, é mais do que uma seleção. Ela é organizada e apresentada de forma singular. Como seleção de cultura, o currículo serve a uma sociedade, reforçando determinada visão de como ela deve ser. Por sua vez, a sociedade é construída e reconstruída sob as investidas de condicionantes econômicos e políticos, pressões de diversos grupos sociais, entre outros. Esses fatores incidem em algumas ideias correntes acerca do valor de tal seleção para o desenvolvimento dos sujeitos da educação e da coletividade em geral. É o que leva os indivíduos a acreditarem que o conteúdo presente no currículo é legítimo, uma vez que foi socialmente avalizado por aqueles que determinaram seu valor. Logo, inexistem critérios técnicos para definir quais os conteúdos que irão compor o currículo, o que permite afirmar que o currículo sempre se coaduna com os setores da sociedade que, em dado momento e contexto histórico, dispõem de condições para influir e fazer valer modos específicos de ler e interpretar o mundo.

Os critérios de seleção dos conteúdos culturais que comporão o currículo são justapostos da maneira com que os grupos em vantagem nas relações sociais entendem como a mais apropriada, para que sua apreensão desencadeie as modificações esperadas nos alunos, conforme o nível de ensino. O formato do currículo é resultante da tecnificação pedagógica de que tem sido objeto. Para Gimeno Sacristán (2000), tal formatação atua na distribuição de conteúdos, práticas e códigos. Os códigos são os elementos que atribuem um caráter pedagógico aos conteúdos e atuam sobre estudantes e docentes e, de algum modo, modelam e sustentam as práticas. Os códigos, por intervirem na seleção, organização e instrumentalização dos currículos, interferem nas mensagens explícitas ou implícitas transmitidas. Atento a esse fato, Nunes (2007) convida a indagar: quais códigos serão aprendidos diante da valorização da cultura intelectual em detrimento da cultura manual ou motora? Ou, quais códigos são internalizados diante do *status* de cada ciclo de ensino ou em relação à carga horária distribuída para cada área do conhecimento? Em virtude dessas e de outras indagações cabíveis, o significado dos conteúdos do currículo ultrapassam os limites da simples transmissão de parcela da cultura visando à aprendizagem pessoal e incorporam os efeitos que derivam dessa transmissão.

Mas, ao mesmo tempo que o currículo ensina certos códigos, a escolha e validação de seus conteúdos fazem com que a instituição escolar assimile lentamente a função socializadora da educação. Quais valores, atitudes e conhecimentos estão implicados nessas escolhas? Afinal, sem conteúdo, não há ensino. Se o conteúdo do currículo é importante, é lícito questionar: quem está autorizado a participar das decisões sobre os conteúdos a serem ensinados pelo currículo? Esses conteúdos servem a quais interesses? O que é considerado conhecimento válido ou importante para a formação das identidades sociais? Quais identidades sociais o currículo forma? Essas perguntas, repetidas à exaustão pelos curriculistas, são um indicativo de que o currículo mantém um vínculo estreito com o poder, pois quem participa da decisão sobre a escolha dos conteúdos detém o poder sobre o processo de ensino. Percebe-se, então, que essas questões encontram-se intimamente relacionadas à política, ética e formação humana.

Pode-se afirmar, por meio da teorização curricular empreendida por Silva (2007), que a seleção e a organização de experiências de aprendizagem visam produzir certos homens e certas mulheres, certos professores e certas professoras. O currículo serve, em síntese, para formar quem são seus sujeitos, quem são os outros e quem eles não são. Ao abordar a importância do currículo na formação, cabe pensar, neste momento, quem está sendo formado tanto nas escolas como nos cursos de formação de professores. Cabe pensar quais conteúdos são empregados para construir essas pessoas. Quem deve compor o contexto sócio-histórico (os bem-sucedidos no currículo) e quem será excluído (os malsucedidos no currículo). Cabe pensar como os códigos transmitidos pelos conteúdos adquirem uma invisibilidade tal que transforma o currículo e suas pretensões em algo difuso e complexo.

A presente seção enfoca essa questão. Sem pretender esgotá-la, o debate será estendido e direcionado ao campo curricular da Educação Física escolar, para que, assim, sejam oferecidos alguns subsídios que fomentem reflexões a respeito da prática pedagógica do componente, tendo em vista os projetos sociais aos quais a escola se vinculou e ajudou a construir.

Há certo consenso em torno da configuração atual da escola como um sistema complexo frequentado por pessoas oriundas de culturas diversas. Em relação a isso e às consequências que sua ação social pode ocasionar, ela se organiza de modo que tanto o controle quanto a regulação tendam a ser inevitáveis. Qualquer proposta curricular enfrenta o problema prático de como intervir para provocar determinada forma de ser, aprender, sentir e agir. Seus objetivos abrangem como potenciar uma forma de ser e de aprender que foi, até o presente momento histórico, semelhante aos modos induzidos espontaneamente pelas tendências dominantes na sociedade. Por essa razão, a finalidade da escola na contemporaneidade tem sido objeto de debate e confronto. Se o que se propõe é a liberdade e a autonomia do indivíduo como pretensão básica da prática educativa, é razoável afirmar que tal desejo contradiz as intenções de uma sociedade cada vez mais homogênea. A normatização didática que busca a formação para uma cidadania livre e crítica se encontra carregada de uma radical indeterminação: quanto mais eficaz e rico for o processo de intervenção, mais imprevisíveis serão seus resultados. Emergem daí seu caráter controlador e a preocupação com o percurso de escolarização ao qual os sujeitos da educação estarão submetidos durante um longo período de sua existência. Em suma, o currículo corporifica uma organização particular do conhecimento e faz que os indivíduos aprendam a regular e a disciplinar a si mesmos.

A teorização curricular propõe-se a explicar os meandros da prática pedagógica e a debater as intenções, propor, experimentar e avaliar fórmulas de transformação do real dentro do âmbito do possível, e também provocar a construção da nova realidade, respeitando no processo os princípios que os valores debatidos e propostos realizam. Na análise dos objetivos do ensino, dos conteúdos ensinados, dos métodos empregados e dos instrumentos de avaliação, tomam-se como referência tanto os valores veiculados quanto os procedimentos empregados para sua discussão e aceitação democráticas, ou seja, a sua configuração.

Sem a pretensão de aprofundar a trajetória histórica do ensino da Educação Física na escola, neste livro se traça um paralelo entre as transformações sociais, as modificações nas correntes didáticas e seus reflexos na ação pedagógica do componente. Com isso, oferecem-se elementos para refletir acerca das características que serão necessárias para a construção de um desenho curricular da Educação Física que se articule com um projeto pedagógico voltado para uma escola compulsória, imersa em uma sociedade pautada pela heterogeneidade e pela luta por democracia e justiça social.

A temática eleita para o debate abre-se a um vasto campo de discussões e reflexões, mas optou-se por uma abordagem limitada à retomada de algumas noções históricas e a um breve relato das passagens didáticas mais significativas para a formação da sociedade atual e suas influências sobre os currículos da Educação Física. Cabe destacar que essa abordagem refere-se à construção da sociedade moderna europeia, cujos efeitos estão fortemente enraizados no modo ocidental de pensar e fazer educação.

Assim, ganha força a ideia de que determinada concepção didática surge e se estabelece em meio à fertilidade proporcionada pelo contexto histórico, pelas relações sociais e pela produção científica disponível, sendo essa conjunção de fatores (concepções didáticas e sociais) o elemento desencadeante da configuração de desenhos curriculares diferentes para os diversos componentes, entre eles, a Educação Física.

PRIMEIRO MOMENTO: TRADIÇÃO E MODERNIDADE

Embora as situações de ensino e aprendizagem formalizadas sejam conhecidas desde a Antiguidade, a ideia de didática como tentativa de agrupamento dos conhecimentos científicos sobre a pedagogia pode ser atribuída a Comênio,[1] no século XVII, revelando desde então seu caráter revolucionário mediante a contestação do ensino propagado pela Igreja Católica.

Desde a Reforma Protestante, as escolas foram compreendidas como elo entre o Estado, a autoridade civil e religiosa e a disciplina moral. Também há de se destacar que, em vista do movimento da Contrarreforma, cuja intenção era evitar a propagação da dissidência religiosa representada pelo protestantismo, os jesuítas cumpriram uma função relevante. Isso demonstra que o papel importante e contestado do currículo não se trata de invenção recente. Veja-se, por exemplo, o caso brasileiro. A predominância da educação

---

[1] Educador e pastor protestante nascido na Morávia, região que à época pertencia ao reino germânico da Boêmia, atual República Tcheca, e é conhecido como o "pai" da Didática Moderna.

jesuítica de 1549 a 1759, quando a ordem foi expulsa como decorrência das reformas pombalinas[2], simultaneamente, desfrutou de condições privilegiadas para socialização de conhecimentos e valores particulares e dificultou a circulação de posicionamentos distintos.

No contexto de uma sociedade de economia agrário-exportadora dependente, explorada pela metrópole, a educação escolar no Brasil colonial não era considerada um valor social importante. A tarefa educativa voltou-se para a catequese, a instrução dos indígenas e a educação dos filhos dos colonos.

À elite era reservado um outro currículo, cujo plano de instrução consubstanciado no *Ratio Studiorum*[3], elegia como ideal a formação do homem universal e cristão, visava ao ensino humanista de cultura geral e enciclopédico, detentor de uma concepção aristotélica-tomista[4] e alheio à realidade da vida na colônia. Esses são os alicerces da Pedagogia Tradicional na vertente religiosa, profundamente marcada por uma visão essencialista de homem, isto é, o homem constituído por uma essência universal imutável e considerado, tão-somente, criação divina.

Apesar de enfatizar o humanismo, a ação pedagógica dos jesuítas foi marcada pelas formas dogmáticas de pensamento, contrárias a qualquer posicionamento crítico. Privilegiavam o exercício da memória e o desenvolvimento do raciocínio; dedicavam atenção ao preparo dos padres-mestres, dando ênfase à formação do caráter e sua formação psicológica para conhecimento de si mesmo e do aluno.[5] Dessa forma, não se poderia pensar em uma prática pedagógica e, muito menos, em uma didática que buscasse uma perspectiva transformadora na educação.

Os pressupostos didáticos diluídos no *Ratio* enfocavam instrumentos e regras metodológicas, compreendendo o estudo privado, em que o mestre

---

[2] Sebastião José de Carvalho e Melo, o Marquês de Pombal, primeiro-ministro de Portugal de 1750 a 1777.

[3] Documento com regras práticas acerca da ação pedagógica, oriundo da expressão em latim *Ratio atque Institutio Studorium* que significa "Organização e plano de estudos". Nesse plano, definia-se também a hierarquia desde o provincial, o reitor até o aluno, o bedel e o corretor.

[4] Os jesuítas divulgavam os clássicos gregos, principalmente as obras do filósofo Aristóteles. Porém, omitiam ou traduziam qualquer ideia que viesse a desestabilizar os dogmas da fé cristã e das ideias de São Tomás de Aquino, até então, o pensador de maior influência da igreja ocidental.

[5] À época, a educação escolar era restrita aos homens.

prescrevia o método de estudo, a matéria e o horário; as aulas, ministradas de forma expositiva; a repetição, visando decorar e expor em aula os conteúdos lecionados; o desafio, estimulando a competição entre classes e indivíduos; a disputa. Os exames eram orais e escritos, tendo em vista a avaliação do aproveitamento do aluno. Outra característica de destaque do ensino jesuítico era a valorização pública dos alunos que mais se destacavam mediante premiações outorgadas em solenidades pomposas com a presença de todos os membros do colégio, a família e autoridades eclesiásticas e civis.

Após os jesuítas, não ocorreram no Brasil grandes movimentos pedagógicos, como também foram poucas as mudanças sociais na transição Império/Primeira República. No entanto, mesmo contando com o trabalho dos jesuítas e outras ordens religiosas, a fim de contribuir para manter as concepções de mundo predominantes até então, novas teorias sobre educação e ensino foram elaboradas para atender aos diferentes momentos do avanço capitalista na Europa e América do Norte. Desde o Renascimento, pensadores como Erasmo, Montaigne, Locke, Hume, Lutero, Comênio e Fenelon anunciavam novas perspectivas para a educação. A partir do século XVII, a Europa transitava entre a visão aristocrática feudal e os valores da ascendente classe dos burgueses. Na educação, as mudanças refletiram, por um lado, na tentativa de imposição de uma cultura universal e, por outro, na manutenção de um ensino conservador. Daí resultou a formação do homem gentil e do cortesão, ou melhor, de uma nobreza aburguesada e de um burguês com pretensões à fidalguia. Na verdade, estava plantado o gérmen da educação dual que marcaria os séculos seguintes. Na transição do século XVII para o XVIII, mediante a constituição dos Estados nacionais e a Modernidade, a educação escolar foi valorizada e passou a receber os incentivos necessários para sua ampliação. A educação, então, foi vista como uma defesa dos interesses da criança, que passou a ser a peça importante da nova sociedade, a sociedade reformada. No final do século XVIII, a Europa assistia ao ocaso do feudalismo e da monarquia absoluta e à consolidação de outro modo de produção, o capitalismo, e à outra forma de governo, o Estado-Nação.

Nesse período de transição, apesar de suas particularidades, as ideias de Pestalozzi, Kant, Basedow, Diderot, Froebel, Herbart e, sobretudo, Rousseau, fortaleceram os ideais Iluministas de educação. Na lógica dos pensadores do momento, já não cabia uma educação atrelada à religião, mas, sim, uma escola leiga (não religiosa) e livre dos privilégios de classe. Esses filósofos e filantropos[6] representaram um pensamento, uma necessidade, um momento histórico. É possível compreender a diferença dessas posições com relação às concepções anteriores, pois, na nova visão, o homem, como agente social, ao produzir um conhecimento, uma explicação sistemática sobre o mundo, o faz com base em determinada forma de compreender a relação entre a prática específica, objeto de sua investigação, e a prática social global, que a fundamenta. Mediante o racionalismo emergente, a educação distanciou-se dos pressupostos humanistas.

Nesse contexto de revolução e mudança, ressurge[7] a Educação Física na escola, integrando-se à Educação Moral e à Educação Intelectual como bases para a Educação Integral do homem moderno. Visando às finalidades fundacionais da escola moderna – a razão, a igualdade e o nacionalismo –, a Educação Física tencionava educar os corpos rebeldes das crianças e jovens, buscando, para além dos muros escolares, práticas corporais que efetivassem os mesmos propósitos. Em virtude da necessidade de sistematizar essas práticas e conferir-lhes um aspecto mais organizado e científico, surgiram os Métodos Ginásticos com base nas propostas que procuravam valorizar a imagem da ginástica para a sociedade mais ampla.

É somente na segunda metade do século XIX que a Educação Física adentrou ao ainda incipiente sistema de ensino brasileiro. Precedida por uma trajetória irregular em terras europeias, a educação corporal buscava legitimar-se como saber pedagógico de tipo novo, moderno, experimental e científico. Sua principal preocupação voltava-se para a ortopedia como arte da correção das deformações que assombravam setores privilegiados da sociedade. Além disso, sua prática tinha a finalidade de inibir a possibilidade dos filhos das classes dirigentes de contrair doenças infecciosas ou adquirir os

---

[6] Do grego *philos,* amigo e *antropos,* homem, o filantropismo foi um movimento pedagógico alemão que estimulava a razão em detrimento da memorização. O filantropismo dava à Educação Física o mesmo grau de importância que outras disciplinas na formação dos jovens. Enfatizavam-se os valores da prática de exercícios físicos como forma de controlar os corpos e, assim, interferir na formação da personalidade do homem, logo, práticas essenciais para o currículo escolar. Essas ideias fundaram os movimentos ginásticos europeus.

[7] Sempre é bom lembrar que a prática da Educação Física como experiência educacional remonta à Antiguidade grega.

vícios decorrentes da crescente urbanização das cidades. Seus objetivos eram, portanto, profiláticos e corretivos. Para tanto, fez-se uso de princípios que remontavam ao século XVIII, defendidos por fisiologistas, educadores e outros filantropos. Sua constituição foi fortemente influenciada, a princípio, pela instituição militar e, a partir da segunda metade do século XIX, pela medicina.

Desde seu início, os conteúdos de ensino, selecionados com base em justificativas científicas, marcavam a distinção social. Muitos dos jovens que frequentavam a escola eram oriundos da oligarquia agrária e, portanto, apresentavam características da cultura rural, que logo foram rejeitadas pela sociedade urbanizada. Para que os jovens das elites rurais e urbanas estivessem aptos a assumir os principais postos da sociedade, seria necessário educar seus corpos rudes, preguiçosos e portadores de maus hábitos. A futura classe dirigente deveria seguir os padrões europeus de retidão corporal, afirmando certo ar de requinte, elegância e um aspecto saudável. A prática da atividade física deveria ser regrada para que se evitassem quaisquer alusões aos exercícios físicos característicos do trabalho braçal.

A concepção curricular dominante nesses primórdios baseava-se na perspectiva higienista. Nela, a preocupação central abrangia hábitos de higiene e saúde, valorizando a disciplina, o desenvolvimento físico e moral, tomando como base fundamental a prática de exercícios físicos. A fim de concretizar seus objetivos formativos, a ginástica escolar deveria ser simples, de fácil execução, sem grandes despesas e, por conta disso, dispensava a presença de um mestre com habilitação especial. O governo fornecia manuais para que os professores aplicassem as atividades nas aulas, visando garantir a educação dos corpos como forma de controle social e afirmação de um modelo societário.[8] Apenas à época da expansão cafeeira e da passagem de um modelo agrário-exportador para um urbano-comercial-exportador, o Brasil viveu seu período iluminista, tomando corpo, cada vez mais, os movimentos de independência da influência religiosa. Ideias positivistas[9] adentraram na escola com a reforma de Benjamin Constant, quando se buscou disseminar

---

[8] Para maiores esclarecimentos em relação à questão higiênica no Brasil, ver Soares (1994).

[9] Resumidamente, o positivismo consiste em uma doutrina criada pelo francês Augusto Comte (1798-1857), para quem toda a atividade filosófica e científica deve pautar-se pela verificação das experiências, limitando-se os homens à elaboração de leis para explicar os fenômenos observados. O Positivismo aplica às Ciências Sociais os métodos empregados na Matemática para formular leis que regem o desenvolvimento das sociedades.

uma visão burguesa de mundo e sociedade, tendo em vista a consolidação do pensamento liberal e da burguesia industrial como classe dominante.

Nesse ambiente, o cotidiano da sala de aula foi invadido pela Pedagogia Tradicional divulgada por Herbart (1776-1841) no início do século XIX, na sua vertente leiga, que consistia em: manutenção da visão essencialista de homem, não mais como criação divina, mas aliada à natureza humana racional; ênfase no ensino humanístico de cultura geral e centrado no professor, que transmitia a todos os alunos, indistintamente, a verdade universal e enciclopédica; e uma relação pedagógica que se desenvolvia de forma hierarquizada e vertical, na qual o aluno era educado e treinado para seguir atentamente a exposição do professor.

O ensino no século XIX oscila entre dois modos de interpretar a relação didática: ênfase no sujeito, que seria induzido, e talvez "seduzido", a aprender pelo caminho com curiosidade e motivação, ou ênfase no método, como caminho que conduz do não saber ao saber, caminho formal descoberto pela razão humana. Nessa lógica, aos professores bastava dominar um conjunto de regras constituído por orientações das condutas em sala de aula. A atividade docente era entendida como inteiramente autônoma em relação à política, ou seja, dissociavam-se as questões escolares das sociais.

Na transição do século XIX para o XX, a sociedade brasileira assumia gradativamente um novo desenho social, ao incorporar a população negra pós-abolição e as diversas etnias imigrantes que desembarcavam em número crescente. Em consonância com as transformações sociais, os objetivos da Educação Física na escola vincularam-se às ideias propaladas pela elite republicana que pretendia o aperfeiçoamento de uma suposta "raça brasileira". A modernização do País e a sua consequente urbanização inclinaram os objetivos educacionais para a formação de uma geração capaz de suportar o trabalho extenuante exigido pelo processo crescente de industrialização, trabalhar sem queixar-se, isto é, suportar e obedecer. Em razão disso, era importante selecionar os indivíduos "perfeitos" fisicamente e excluir os incapacitados, ou seja, propunha-se a eugenização do povo brasileiro.

Considerada disciplina essencialmente prática, a Educação Física buscava fundamentação nas Ciências Biológicas, mais especificamente na Fisiologia e Cinesiologia que, naquele momento, gozavam de grande prestígio e se pautavam por princípios filosóficos positivistas (Bracht, 1999). O objetivo primordial do componente era formar cidadãos conscientes dos seus deveres e obrigações para com a sociedade e o Estado legitimamente constituído, a fim de que respeitassem as autoridades de forma disciplinada e obediente, policiando-se contra o desleixo, a descompostura e a desordem.

Não é coincidência que a era do liberalismo e do capitalismo, da industrialização e urbanização tenha exigido novos rumos da prática escolar. Tal qual assinalado em seção anterior, a burguesia dominante e enriquecida exerceu uma grande influência nos rumos da escolarização, influenciando o pensamento pedagógico com seus ideais de liberdade, atividade e nacionalismo. É preciso considerar, no entanto, que já se iniciavam as novas doutrinas socialistas, que, no final do século XIX, se fundamentavam nas ideias marxianas. Na prática, a passagem do século XIX para o XX assiste ao despontar dos poderes públicos com relação à escola popular, os debates entre a escola laica e a confessional e as lutas entre orientações católicas e protestantes em diversos países.

A lenta descoberta da natureza da criança, que a Psicologia do final do século XIX começou a desvendar, sustentava uma atenção maior aos aspectos intrínsecos e subjetivos do processo didático. Em uma relação que só pode ser plenamente compreendida como de reciprocidade, uma nova onda de pensamento e ação fez o pêndulo oscilar para o lado do sujeito da educação.

Esse movimento doutrinário e ideológico emergiu das críticas formuladas à Pedagogia Tradicional e caracterizou-se por sua denominação mais comum: Escola Nova, também Renovada, Ativa ou Progressista, conforme as vertentes de sua atuação. Contrapunha-se, pois, às concepções consideradas antigas, tradicionais, voltadas para o passado. Seus propositores mantinham a crença de que a escola poderia equalizar os problemas sociais decorrentes do sistema capitalista.

A educação brasileira no período de 1930 a 1945 foi marcada, surpreendentemente, pelo equilíbrio entre as influências da concepção humanista tradicional (representada pelos católicos) e humanista moderna (representada pelos pioneiros da Escola Nova). A concepção humanista moderna buscou suas bases em uma visão de homem centrada na existência, na vida, na atividade em que predominou o aspecto psicológico sobre o lógico. O escolanovismo propôs um novo tipo de homem e defendeu os princípios democráticos, isto é, todos têm direitos a se desenvolverem.

Assentado nesses pressupostos, o movimento escolanovista objetivava a superação do caráter discriminatório da escola de então, na qual o aluno que não acompanhasse o ensino era desqualificado, evidenciando um caráter essencialista de incapacidade mental. Defendia também a educação obrigatória, laica, gratuita, a coeducação dos sexos e atribuição de Estado. Entre as suas preocupações, descreve Aranha (2006), constava a necessidade de valorizar as crianças, compreendendo seus comportamentos por meio da Biologia, da Psicologia Social, da Psicologia Evolutiva, da Sociologia e da Filosofia.

É importante destacar que os principais inspiradores da Escola Nova converteram-se à pedagogia por conta das preocupações com as crianças concebidas como "anormais". As pesquisas de John Dewey, nos Estados Unidos, e Maria Montessori, na Itália, contribuíram decisivamente para que as dificuldades de aprendizagem não fossem entendidas como algo apenas inato, mas, sim, pela rejeição por parte da sociedade. Esses estudos induziram procedimentos didáticos que compreendiam as diferenças individuais como ponto de partida para que a escola adaptasse os indivíduos antes marginalizados pela sociedade. Assim, em meio a um contexto social marcado pela divisão de classes com diferenças evidentes, segundo Saviani (1992), nascia o conceito da biopsicologização, ou seja, aos aspectos neurofisiológicos acrescentava-se a ideia de anormalidade psíquica. Como se verá, alusões a essas questões confundem a pedagogia, mesmo em pleno século XXI.

A característica mais marcante do escolanovismo era a valorização da criança, vista como ser dotado de poderes individuais, cuja liberdade, iniciativa, autonomia e interesses deveriam ser respeitados. O movimento escolanovista preconizava a solução de problemas educacionais em uma perspectiva interna à escola, sem considerar a realidade brasileira nos seus aspectos político, econômico e social. O problema educacional passou a ser uma questão escolar e técnica. A ênfase recaiu no ensinar bem, mesmo que para uma minoria.

Em razão da predominância da influência da Pedagogia Nova na legislação educacional e nos cursos de formação do Magistério, os docentes absorveram o seu ideário. Como era de se esperar, a prática pedagógica também foi influenciada, passando a acentuar um caráter prático-técnico do processo ensino-aprendizagem, no qual teoria e prática foram justapostas.

Entre os métodos e as técnicas mais difundidos pela educação renovada, destacam-se os centros de interesse, estudo dirigido, unidades didáticas, método dos projetos, fichas didáticas, contrato de ensino etc. Como decorrência, o ensino foi entendido como um conjunto de ações e métodos, privilegiando a dimensão técnica do processo, fundamentada nos pressupostos psicológicos, psicopedagógicos[10] e experimentais, cientificamente validados na experiência e constituídos por teorias que ignoravam o contexto sociopolítico e histórico.

A consolidação da sociedade industrial e a ascensão das teorias psicológicas nas primeiras décadas do século XX fizeram-se sentir também no discurso da Educação Física, que passou a ser vista e defendida como um meio de educação, dada a necessidade crescente da adoção de um *corpus* teórico que rompesse com o dualismo corpo/mente e promovesse a tão propagada educação integral. Uma nova prática visualizada por uma pedagogia ativa assumiu o espaço predominante no currículo – o jogo –, que entrou em cena redefinindo princípios, objetivos, livrando-se dos limites impostos pelo cientificismo biológico e se apresentando otimista com relação ao poder da educação. As novas posições abandonaram a racionalidade e passaram a ser mediatizadas pela ciência psicológica, inspiradas nos ares da vida moderna e do novo cidadão industrial e tecnológico, ou seja, os pressupostos que fundavam a função e ação do componente correspondiam plenamente à lógica capitalista e à busca pelo desenvolvimento.

Assim, as inovações que essa pedagogia lançou sobre o currículo passaram a produzir novas sensibilidades e novos ritmos na sociedade, os quais faziam entrever, por exemplo, modalidades inéditas na intervenção disciplinar. Ao professor cabia "guiar a liberdade" dos estudantes de modo a garantir que o "máximo de frutos" fosse obtido com um mínimo de esforço e tempo, o que resulta em eficiência. Desse modo, disciplinar não era mais prevenir, e, sim, moldar.

O currículo da Educação Física incorporou essas influências e redefiniu seus objetivos no campo educacional, superando a antiga concepção ortopédica e projetando a eficiência. Concretizou-se, assim, como uma disciplina equivalente às demais. Convém ressaltar que o movimento da Escola Nova foi o primeiro a atribuir uma participação importante e sistematizada

---

[10] Tanto na Europa como nos Estados Unidos, inicialmente, e no Brasil no período subsequente, a Psicopedagogia foi configurada como uma medicina pedagógica, devido à sua base psicológica predominantemente funcionalista.

à Educação Física no currículo escolar. Suas metas visavam uma educação integral do aluno pela adequação dos seus métodos e conteúdos às fases do crescimento do ser humano, além de ter como objetivo garantir melhores condições de higiene e saúde aos escolares.

Segundo momento: industrialização e tecnicismos

As lutas sindicais, no início do século passado, dirigidas contra as políticas trabalhistas e produtivistas planejadas sob os ideais de Frederick Wislow Taylor (taylorismo), coincidiram com as lutas de movimentos ideológicos de pedagogos escolanovistas, como John Dewey e William H. Kilpatrick, que ansiavam por uma maior democratização da sociedade e reestruturação tanto da função social da escola como da prática educativa. Os pressupostos tayloristas acentuavam a divisão social e técnica do trabalho, separando o labor manual do intelectual. Seus princípios de organização proporcionaram uma nova revolução na indústria do início do século XX. As mudanças decorrentes ampliaram o sistema de produção que possibilitou um maior acúmulo e concentração de capital e dos meios de produção. Entre seus métodos, destacava-se o barateamento da mão de obra e, concomitantemente, a desapropriação dos conhecimentos dos trabalhadores. O trabalho era realizado em linhas de produção decompostas em operações automáticas de fácil manuseio. Esses procedimentos foram acompanhados da centralização de decisões, afastando qualquer possibilidade de participação do operariado tanto na gestão quanto nos planejamentos decisórios e controle empresarial. Nessa lógica, adverte Torres Santomé (1998), as pessoas deveriam ser preparadas para ocupar seu lugar em um dos dois grupos: de um lado, aqueles que pensam e decidem e, do outro, os que obedecem e executam.

Na onda do desenvolvimento, Henry Ford criou a organização e a distribuição de tarefas em uma esteira transportadora, efetivando a linha de montagem na indústria automobilística.[11] Os modelos de administração e produção recém-inventados contribuíram ainda mais para a desqualificação e desvalorização da classe trabalhadora e a mecanização homogeneizante do trabalho. Com as esteiras, o operariado não precisava sair do lugar de

---

[11] Decorre daí o termo "fordismo", empregado para nomear esse sistema de trabalho.

ação, pois o mecanismo aproximava as peças a serem montadas, obtendo-se, assim, uma grande redução do tempo para a realização das tarefas. Essa lógica favoreceu a divisão social e a técnica do trabalho, pois entender todos os passos da produção e o que a motivou era atributo de pouquíssimos especialistas. O desenvolvimento cada vez maior de novas tecnologias reduziu gradativamente a ação trabalhadora às atividades mais simples e rotineiras.

Com a organização das formas de trabalho preestabelecida por um grupo reduzido de especialistas, a desapropriação gradativa do conhecimento da classe operária e a sua crescente substituição pela tecnologia, os trabalhadores foram definitivamente afastados da democratização dos processos de produção. Sem a necessidade de uma formação especializada, qualquer pessoa poderia ocupar um posto de trabalho. Qualquer operário qualificado como improdutivo ou "incômodo" poderia ser demitido que, prontamente, outro ocuparia seu lugar sem causar dano algum ao processo de produção. Desse modo, os interesses do capital ancoraram-se na desqualificação do trabalhador. Assim, os modelos taylorista e fordista incrementaram o sistema piramidal e hierárquico da autoridade, onde, no topo, encontram-se aqueles que detêm o poder e prestígio fornecidos pelos conhecimentos necessários e validados socialmente pelo mesmo grupo no qual foram gestados, em um sistema contínuo de retroalimentação. Os demais estratos, ao mesmo tempo que se aproximam da base da pirâmide, aumentam o contingente daqueles desprovidos de iniciativas para apresentar quaisquer propostas passíveis de aprovação. Essas estratégias de organização do trabalho destinavam-se também a privar a classe operária de sua capacidade de decisão tanto no que se refere ao ambiente profissional quanto ao processo e à sua produção final.

Na primeira metade do século XX, a escola foi chamada a contribuir com a ideia da sociedade produtivista. Por essa razão, o processo de atomização gerado na esfera trabalhista foi reproduzido no âmbito escolar. À época, o currículo foi idealizado com base nas concepções de Bobbitt, cuja obra basilar, *The curriculum* (1918), referenciava-se nas teorias da eficiência social. A taylorização no processo de escolarização impedia que docentes e estudantes pudessem atuar em direção a uma reflexão crítica sobre a realidade. A educação pareceu atender apenas às tarefas que conduziam ao aprendizado da obediência e da submissão tanto ao sistema quanto àqueles que estavam nos patamares hierárquicos superiores. Os meios utilizados baseavam-se, por exemplo, no isolamento das disciplinas escolares, descontextualizando-as e distanciando-as da possibilidade de proporcionar aos alunos elementos para contextualização e análise com base em seu mundo experiencial. Conforme os estudantes avançavam na escolarização, cada vez mais eram criados obstáculos que impediam a compreensão dos significados dos processos de ensino e aprendizagem, reproduzindo na escola a mesma fragmentação e distorção que caracterizam as linhas fabris de produção. Ou seja, poucas pessoas necessitavam compreender a educação no seu todo e nas suas intenções. Como na indústria, alguns poucos especialistas eram responsáveis pelo processo, elaboravam as diretrizes curriculares, os livros e os manuais didáticos. Para a maioria, estudantes e docentes inclusive, cabia tão-somente cumprir as orientações sem, no entanto, compreendê-las, nem sequer o que as motivava (Nunes, 2007).

A taylorização do ensino promoveu alterações na finalidade da escolarização e da educação. Naquele contexto, os docentes preocupavam-se mais em garantir o controle e a obediência do alunado, enquanto os discentes elaboravam estratégias para sobreviver aos ditames educacionais: memorizavam, caprichavam nas aparências dos exercícios, mantinham-se em filas etc. Naquele contexto, o importante eram as notas escolares que funcionavam tal e qual o salário do operariado. Na lógica operacional, salienta o autor, a importância do processo dava espaço para a valorização do rendimento. Sendo assim, apesar dos objetivos educacionais pretenderem vincular a aprendizagem à prática cotidiana, o que se viu, mediante o vigor dos princípios industriais, foi o distanciamento desses ideais da realidade escolar.

Esse momento histórico fez frutificar uma fortíssima concepção pedagógica, a tecnicista, centrada nos métodos e técnicas para ensinar com o máximo de eficácia possível. Influenciado por essa perspectiva, o campo do currículo direcionou-se para a formação de indivíduos aptos a alimentar os postos de trabalho da sociedade industrial por meio de uma lógica social distributiva, econômica e política. Na primeira, o lugar do indivíduo no mundo do trabalho seria determinado pela sua experiência na escolarização (tempo de presença nos bancos escolares, nível de ensino, tipo de curso etc.). Na segunda, a sua experiência escolar determinaria seus ganhos financeiros (quanto mais elevada fosse a formação, maior a remuneração). A lógica da terceira referia-se ao fato de o currículo contribuir para a aprendizagem da estrutura política da sociedade, isto é, a convivência por um longo período da vida na escola, diante de certa forma organizativa, tinha por meta fazer com que os sujeitos da educação assimilassem a estrutura social mais ampla. No fim das contas, inculcava-se a noção de que aqueles que não estavam em acordo com o sistema social eram os responsáveis por qualquer disfunção e perturbação da ordem vigente.

O tecnicismo fomentou uma nova organização social, na qual a base da pirâmide seria ocupada pelo grande contingente que, no máximo, completou o processo de alfabetização primária – "os colarinhos azuis". Aqueles que completassem o antigo primeiro grau (realizavam-se, inclusive, cerimônias de formatura que homenageavam os concluintes dessa etapa da escolarização) poderiam ocupar cargos de controle ou chefia. Os patamares superiores da produção – supervisão, gerência, direção e presidência –, ou seja, os cargos de "colarinhos brancos"[12], seriam preenchidos por quem percorresse uma trajetória escolar ainda maior. Estruturava-se, portanto, a escola da esperança mencionada nas seções anteriores.

O modelo tecnicista de ensino ganhou forças no Brasil com as ideias de desenvolvimento propagadas no Pós-Guerra, mediante uma renovação no pensamento educacional, em que o professor não mais detém a iniciativa como elemento principal do processo (Pedagogia Tradicional), nem tampouco é o aluno o centro (Escola Nova), mas os objetivos e a "organização racional dos meios" passariam a direcionar o processo, colocando docentes e discentes na posição de meros executantes de um projeto educacional mecanizado e concebido por especialistas capacitados e imparciais.

A educação escolar modificou-se à mercê dos conceitos de organização e desenvolvimento característicos da industrialização sob os auspícios da melhoria da produtividade. Assim, os objetivos educacionais deveriam ser claramente definidos, estabelecidos e formulados no que se refere a comportamentos explícitos. Uma formulação precisa, detalhada e comportamental dos objetivos permitiria programar atividades de ensino, selecionando adequadamente os conteúdos, tempos, métodos, estratégias e formas de avaliação da aprendizagem.

---

[12] Denominação de cunho popular referente aos uniformes utilizados pelo operariado (macacão azul) e pelos profissionais do escritório (paletó, camisa branca e gravata) das indústrias. Colarinhos azuis e brancos funcionavam como marcas identitárias desses grupos.

Esse modelo de escolarização estava em consonância com o fordismo e as suas ideias de produção em massa e neutralização das forças populares. O tecnicismo mostrava sintonia com as novas necessidades sociais. Apesar do processo de neutralidade, o currículo sob a influência tecnicista também objetivava formar pessoas com iniciativa e criatividade para a construção de um ideal de nação, sem que, no entanto, fosse necessário compreender a dinâmica social. Para tal, requeria-se à escola a realização de atividades com essas finalidades. Pela sua peculiaridade de atividade física regrada, com regulamentos, especialização de papéis, competição, meritocracia e por apresentar condições para medir, quantificar e comparar resultados, além da crescente valorização de sua espetacularização fomentada pelos meios de comunicação, o esporte tornou-se o meio reconhecidamente eficaz de preparar o homem para um sistema de hierarquização, em que os melhores – aqueles que alcançam o topo da pirâmide – deveriam comandar as camadas subsequentes e subalternas, compostas por aqueles que não conseguiam apresentar resultados similares. A Educação Física, em íntima consonância com a pedagogia da época, funcionou como processo de seleção social.

Com o término da Segunda Grande Guerra e a polarização política que marcou esse novo tempo, o desenvolvimento das nações sofreu grandes impulsos com a tecnologia crescente. O novo contexto requeria homens de iniciativa, vivos, criativos e criteriosos. Para tanto, seria necessário alinhar os objetivos educacionais a esses propósitos e empregar atividades que desenvolvessem as qualidades exigidas pela alta tecnologia. Assim, os programas educativos procuraram corresponder aos objetivos desenvolvimentistas, o que possibilitou a definição clara de conteúdos, métodos e instrumentos avaliativos em razão da sua utilidade no mundo do trabalho. Para o pensamento de então, a objetividade contida nos esportes mostrava-se coerente com as necessidades de formação para a sociedade em franco desenvolvimento.

Considerando a importância que os resultados exitosos adquirem na prática esportiva, a introdução maciça do ensino dessas manifestações no currículo pautava-se na crença de que sua prática ensinaria o homem e a mulher a viverem da melhor maneira possível, fazendo com que a educação dos seus hábitos contribuísse para o aumento da sua eficácia na sociedade. Convém ressaltar que o currículo esportivo alinhava-se plenamente aos princípios fabris do taylorismo e do fordismo.

O ensino dos esportes, pautado por uma metodologia da divisão e repetição de fundamentos, prevaleceu no Brasil por um longo tempo. A política educacional dos anos da ditadura militar contribuiu para tamanha presença por causa de preocupações com a ocupação útil do tempo livre, com a educação integral dos alunos e com os valores morais de um mundo em crise. Em razão disso, fez-se a apologia da técnica e da ciência em nome de um desenvolvimento aceito como legítimo e desejado ao espírito nacional.

Dada a "essência" do regime autoritário daquele contexto, o currículo esportivo da Educação Física foi concebido na perspectiva do controle social, confundindo-se novamente com formação moral. Com base em prerrogativas oficiais (Decreto 69.450/71), o ensino esportivo desfrutou de exclusividade na Educação Física escolar, por traduzir toda a simbologia de perseverança, luta e vitória. O programa, então, potencializaria o desenvolvimento de homens e mulheres ativos e atuantes, dinâmicos e versáteis, respeitadores de regras e princípios morais universais, prontos para resolver problemas de todo o tipo e donos de uma enorme capacidade física e psíquica para enfrentar desafios movidos pelo melhor espírito competitivo.

Tal qual a sociedade, a educação escolar, nessa fase, também se inspirava no liberalismo e no pragmatismo, acentuando a predominância dos processos metodológicos em detrimento da aquisição de conhecimentos, visando à construção de um posicionamento crítico mediante a desigualdade que esse currículo fazia reproduzir (hábeis se opondo aos inábeis/fortes se opondo aos fracos/líderes em oposição aos comandados). A prática escolar prosseguia sem considerar o contexto sociopolítico, o que fez reforçar o enfoque renovador-tecnicista na esteira do movimento escolanovista.

Com a implantação do regime militar, o modelo político-econômico era fundamentado em um projeto desenvolvimentista, que buscava acelerar o crescimento socioeconômico do País. A educação desempenhava importante papel na preparação adequada dos recursos humanos necessários ao incremento do crescimento econômico e tecnológico da sociedade, em íntimo acordo com uma concepção economicista dos serviços educacionais.

O currículo, sob promessas da Pedagogia Tecnicista, procurava desenvolver uma alternativa não psicológica, situando-se no âmbito da tecnologia educacional e tendo como preocupação básica a eficácia e a eficiência de um processo verificável por meio da aferição de resultados. Essa concepção possuía como pano de fundo uma perspectiva realmente ingênua de neutralidade científica.

Nesse enfoque, a preocupação dos professores centrou-se na organização racional do processo de ensino, isto é, no planejamento didático formal. A outros especialistas caberia a função de elaborar materiais institucionais, livros didáticos, telecursos e apostilas. Na Educação Física, esse momento ficou caracterizado pela proliferação de obras e manuais que apresentavam, passo a passo, as aulas prontas, restando ao professor o papel de minimizar os problemas disciplinares ou estruturais e "colocar em prática" o currículo ideal.

O processo definia o que professores e alunos deveriam fazer, quando e como o fariam. O professor tornou-se mero executor de objetivos instrucionais, de estratégias de ensino e avaliação. Acentuou-se o formalismo didático por meio dos planos elaborados segundo normas prefixadas. O planejamento educacional propunha uma forma de organização que evitasse ao máximo qualquer interferência subjetiva que viesse a desestabilizar o processo. Com os objetivos preestabelecidos, bastava operacionalizar a ação didática de forma mecânica, a fim de evitar qualquer risco. Aqueles que pudessem ser sinalizados como perigosos ao êxito dessa maquinaria eram reprimidos ou excluídos do processo, fossem alunos ou, até mesmo, professores. A prática pedagógica foi concebida, simplesmente, como estratégia para alcançar os produtos previstos, traduzidos comumente em comportamentos desejáveis.

Nas décadas posteriores, uma série de eventos alimentaria o questionamento acerca dos "benefícios" do tecnicismo educacional. A crise mundial do petróleo, os movimentos estudantis, a consolidação da descolonização dos países da África e Ásia, a abertura democrática no Brasil, entre outros acontecimentos, anunciaram novas mudanças no cenário mundial. Por sua vez, na escola, o modelo tecnicista de ensino, já considerado anacrônico, foi amplamente combatido à medida que educadores verificavam a não concretização das antigas promessas desenvolvimentistas. Seus métodos sofreram represálias mediante o alto índice de fracasso escolar. Buscando alternativas para contornar as dificuldades, o currículo tecnicista recorreu à teorização advinda da psicologia cognitivista, propondo novos métodos de aprendizagem sem, no entanto, modificar a essência dos conteúdos. Com o apoio de Silva (1996), é possível afirmar que a incorporação inconteste da pedagogia construtivista pelos sistemas de educação manteve a análise sociológica do currículo a uma distância "segura" da comunidade escolar, dando continuidade aos serviços prestados pela instituição educativa em uma sociedade pseudodemocrática.

Sob forte influência do discurso educacional cognitivista em prol da formação de homens e mulheres dotados de habilidades e capacidades que pudessem ser transferidas para situações da vida social mais ampla, surgiu, e foi largamente apropriado pela Educação Física, o método psicocinético, também chamado de educação psicomotora, psicomotricidade ou educação pelo movimento. O currículo do componente, então, mostrou-se mais preocupado com o desenvolvimento da criança, com o ato de aprender, com o desenvolvimento dos comportamentos cognitivos, afetivos e psicomotores, buscando, novamente, garantir uma formação integral aos alunos. Ainda sob o enfoque da eficiência tecnicista, essa visão entendia a Educação Física como disciplina que extrapolava os limites biológicos de rendimento corporal e incluía conhecimentos de origem psicológica.

Com a intenção de desatrelar a Educação Física da perspectiva esportiva intimamente ligada ao período ditatorial, o currículo da disciplina no seu enfoque globalizante[13] mostrava-se atento à interdependência dos domínios do comportamento (psicomotor, afetivo-social e cognitivo). Assim, a psicomotricidade propunha um currículo formador de estruturas cognitivas para as tarefas educacionais (e da vida), isto é, prometia a construção de uma personalidade equilibrada e favorecedora do sucesso escolar. Nos seus primórdios, o currículo globalizante pautava-se por uma concepção de aprendizagem empirista, apoiada na execução de exercícios e tarefas motoras propostas com base em avaliações diagnósticas. Já nos anos 1980, sob as influências da psicologia cognitivista, o currículo globalizante substituiu gradativamente a proposição de exercícios que originalmente o caracterizavam

---

[13] Em trabalho anterior (Neira e Nunes, 2006), esse termo foi empregado para representar a ideia de que a Psicomotricidade prometia, por meio das atividades motoras, o desenvolvimento global do indivíduo.

pela adoção de jogos[14] e situações-problema como estratégias de ensino, que passaram a predominar, com especial destaque, nas propostas do componente para a Educação Infantil e anos iniciais do Ensino Fundamental. Entre seus objetivos, sobressaía a capacitação dos estudantes para atuar no mundo de forma eficaz, por meio de um instrumental baseado no desenvolvimento das funções psicomotoras de base, sinteticamente, o esquema corporal e a orientação espaço-temporal.

Ainda nos anos 1980, sob a forte influência da psicologia cognitivista e dos estudos desenvolvimentistas, o ensino da Educação Física consolidou um novo modelo tecnicista. Buscando fundamentar-se nos processos de aprendizagem e desenvolvimento, a perspectiva desenvolvimentista do componente constituiu-se em uma tentativa de atuar pedagogicamente em virtude das características da progressão normal do crescimento físico e dos desenvolvimentos fisiológico, motor, cognitivo e afetivo-social.

Essa perspectiva biopsicológica alentava para uma organização dos conteúdos de ensino com base nas fases do desenvolvimento humano e nas características do comportamento motor. Defendia a ideia de que o movimento é o principal meio e fim da Educação Física. O currículo desenvolvimentista do componente visava à conquista de habilidades motoras do nível mais alto, isto é, especializado, apoiando-se nas aprendizagens dos âmbitos cognitivo e afetivo-social. Em razão disso, como sustentação para as atividades de ensino, foi amplamente adotada como fundamento uma taxonomia para o desenvolvimento motor, ou seja, o currículo escolar seria elaborado tomando como referência principal a classificação hierárquica dos movimentos dos seres humanos durante seu ciclo de vida, desde a fase pré-natal até a fase motora especializada. Esse currículo pretendia, então, possibilitar a todos os cidadãos o desenvolvimento de habilidades motoras de alto nível; acreditava-se que o desenvolvimento motor agregaria também benefícios aos demais domínios do comportamento.

Como se nota, o enfoque tecnicista, ancorado na proposição de objetivos, métodos e avaliação, passou de um caráter excludente de educação e da Educação Física (marcada pela competitividade esportiva) para

---

[14] Convém mencionar que, neste caso, o jogo assume uma interpretação funcionalista que em muito se afasta das características apontadas por Huizinga (1971), para quem o jogo necessariamente é algo livre, despretensioso e radicalmente oposto ao trabalho.

finalidades universais no que respeita aos modos de comportamento, denotando uma prática pedagógica preocupada com a inclusão de todos no processo de aprendizagem. Tencionando adaptar-se às referências teóricas em pauta, o currículo esportivo foi submetido a modificações, mediante a incorporação pela Educação Física dos enfoques globalizante e desenvolvimentista para o ensino dos esportes. Pode-se atribuir a tal artimanha a emergência de um discurso esportivo pedagógico. Daí serem comuns as alusões à contribuição dessa prática na escola para a melhoria das funções psicomotoras ou progresso nas fases do desenvolvimento. Os objetivos meritocráticos que caracterizavam o currículo esportivo, na verdade, foram camuflados pela recorrência às finalidades perceptivas e motoras.

TERCEIRO MOMENTO: DEMOCRACIA E CRÍTICA SOCIAL

A década de 1960 foi de intensas mudanças geopolíticas em caráter mundial, como fruto fervilharam movimentos sociais de contestação. No Brasil, após 13 anos de discussões e debates no Congresso Nacional, em 1961 foi promulgada a Lei de Diretrizes e Bases da Educação Nacional, que garantia a liberação de verbas para o ensino público e privado, ampliando a desigualdade entre os modelos de ensino. Vale ressaltar que essa lei fora pensada no período inicial do desenvolvimentismo nacional e promulgada, tempos depois, diante de novas necessidades educacionais. Ghiraldelli Jr. (1988) recorda que, nos primeiros anos dessa década, havia uma efervescência ideológica no País que fez ampliar o número de organizações que trabalhavam com e pela cultura popular.

No mesmo período, segundo Silva (2007), despontavam, na França, Inglaterra, Estados Unidos e no Brasil, estudos e teorias empenhadas em criticar a educação dominante, evidenciando as funções reais da política educacional acobertada pelo discurso político-pedagógico hegemônico. Tais discussões, cuja construção será analisada em seções posteriores, frutificaram nas denominadas teorias crítico-reprodutivistas, pois, apesar de considerar a educação pelos seus aspectos sociais, concluíram que sua função primordial é a de transmitir o conhecimento acumulado pela humanidade às novas gerações e reproduzir as condições sociais vigentes. Em resumo, denunciaram o caráter reprodutor da escola. As várias correntes desse movimento (economicistas, historicistas ou culturalistas) ressaltaram uma predominância dos aspectos políticos da educação, amparando-se nas categorias de cultura, poder e ideologia, enquanto as questões didático-pedagógicas, tais como planejamento, métodos e estratégias de ensino e instrumentos de avaliação foram minimizadas.

Em consequência, o debate pedagógico influenciado por essa vertente contagiou-se pelo discurso crítico da reprodução social e passou a deslindar o caráter ideológico dos conteúdos e seu papel nas lutas por hegemonia. Se, por um lado, afirma o autor, a teorização crítico-reprodutivista alertou o professorado quanto aos efeitos sociais de sua prática pedagógica, muitas vezes antagônicos às intenções projetadas, por outro, relegou para segundo plano a especificidade da educação escolar. Assumia-se um papel prioritariamente sociológico e filosófico na educação, secundarizando sua dimensão técnica, o que comprometia, de certa forma, sua especificidade e acentuava uma postura pessimista e de descrédito relativo às contribuições da educação escolar para uma formação voltada para a transformação social.

Uma análise distanciada desse período permite inferir que não somente as concepções crítico-reprodutivistas contribuíram para acentuar uma postura pessimista com relação às esperanças do papel da escola na transformação social, mas também influenciaram a exigência da adoção de uma atitude crítica por parte dos estudantes. Esse fato levou uma parcela dos docentes a rever sua própria prática pedagógica, a fim de torná-la mais coerente com as questões políticas e sociais. Na atualidade, essa pedagogia tem sofrido questionamentos, conforme será explicitado em seção posterior, e os movimentos em torno de sua revisão apontam para novos rumos na configuração do currículo.

No Brasil, com a abertura democrática efetivada nos anos 1980, a luta operária ganhou força, passando a generalizar-se por outras categorias profissionais e, entre elas, o Magistério. Nessa década, os profissionais da educação se empenharam para obter o direito e dever de participar na definição da política educacional e na luta pela valorização da escola pública. Entre as diversas conquistas, alinham-se o aumento ou, em muitos casos, a criação da carga horária para a realização de reuniões pedagógicas, o estabelecimento de colegiados nas escolas, a gestão democrática, a autonomia para a elaboração do projeto pedagógico da unidade escolar, entre outras.

Nos rastros das teorias reprodutivistas/pessimistas, vieram as teorias emancipatórias que, além de enfatizar o caráter reprodutor da escola, realçavam suas possibilidades de contestação e resistência contra-hegemônica. Com um enfoque popular bastante forte, cresceu o movimento libertador na pedagogia, afirmando que a educação não estava centrada no professor ou no aluno, mas na formação do homem. Nessa perspectiva, a educação voltava-se para o ser humano e suas realizações na sociedade. No bojo de uma Pedagogia Crítica, a educação deveria identificar-se com o próprio processo de hominização, o que levava a escola a organizar-se como espaço de negação da dominação e não como mero instrumento para reproduzir a estrutura social vigente. Nesse sentido, atuar pedagogicamente seria contribuir para transformação da própria sociedade.

O currículo, de acordo com tais pressupostos, extrapolava a questão dos objetivos, conteúdos, métodos, técnicas e avaliação, e procurava associar escola-sociedade, teoria-prática, conteúdo-forma, técnico-político, ensino-pesquisa, professor-aluno. O currículo, em tal contexto, deveria contribuir para ampliar a visão do professor e da professora quanto às perspectivas didático-pedagógicas mais coerentes com a realidade da educação e da comunidade escolar e buscar nos conhecimentos, instrumentos adequados para reagir à cultura massificante. Isso tudo era viabilizado pela análise crítica das contradições entre a realidade e o cotidiano da sala de aula influenciado por uma pedagogia de princípio liberal e arraigado na prática de professores e alunos, construída ao longo dos muitos anos, de influência tecnicista. Apesar das várias vertentes assumidas pela Pedagogia Crítica (crítico-social dos conteúdos, libertadora, emancipatória) e da sua heterogeneidade de ideias, seus objetivos eram comuns e se voltavam para o fortalecimento do sujeito historicamente silenciado e oprimido na sociedade.

O currículo com base nos pressupostos dessa pedagogia atuava no processo de politização do docente e do discente, de modo que pudessem perceber a ideologia que inspirou a natureza dos conhecimentos desenvolvidos na escola. Nesse sentido, buscava-se superar o intelectualismo formal de enfoque tradicional, evitar os efeitos do espontaneísmo escolanovista, combater a orientação desmobilizadora do tecnicismo e recuperar as tarefas especificamente pedagógicas, desprestigiadas a partir do discurso crítico-reprodutivista e buscar uma maior compreensão e análise da realidade social na qual se inseria a escola.

A concretização dessas intenções dependia de um currículo que propusesse mudanças no modo de pensar e agir no ambiente educativo e que tivesse presente a necessidade de democratização das relações. É evidente que o currículo, por si só, não era condição suficiente para a formação de pessoas críticas. Não resta dúvida, entretanto, que a tomada de consciência e o desvelamento das contradições que permeavam a dinâmica da sala de aula transformavam-se em pontos de partida para a construção de uma pedagogia crítica, contextualizada e socialmente comprometida com a formação do professor.

Foi nesse contexto, ainda em meio aos anos 1980, que no lastro da pedagogia crítico-reprodutivista, libertadora e emancipatória, um amplo debate se estabeleceu sobre o sentido e o significado de um ensino da Educação Física predominantemente pautado pelas ciências psicobiológicas que, até aquele momento, predominava nas propostas do componente. Era necessário, nos dizeres de Medina (1983), que a Educação Física entrasse em crise. E assim foi feito.

Pautadas pelo paradigma emergente das Ciências Humanas, novas investigações e teorizações da área buscaram referências em outros campos do saber: História, Filosofia, Antropologia, Psicologia Social, Semiótica e Política. O currículo da Educação Física nessa vertente assumiu para si uma nova responsabilidade: formar o cidadão e a cidadã para usufruírem, participarem e reconstruírem uma parcela da cultura mais ampla, a cultura corporal de movimento. A partir daí, criticou-se enfaticamente o tecnicismo presente nos currículos esportivo, globalizante e desenvolvimentista, sugerindo novos conteúdos e orientações didáticas para o componente. Por meio de uma atitude dialógica, este currículo proporcionaria aos alunos situações pedagógicas que lhes permitissem analisar criticamente os parâmetros sociais que configuravam e delineavam a existência sócio-histórica da brincadeira, esporte, dança, ginástica, luta e demais manifestações da cultura corporal.

Quarto momento: globalização e mercado

O final do século XX assistiu ao nascimento de uma nova "pedagogia", a pedagogia das competências, da qualidade total ou pedagogia neoliberal nos dizeres de Silva (1996), produto, tal como as demais, das inter-relações entre as transformações sociais e as funções atribuídas à educação escolar.

Nesses tempos, as diversas instituições que compõem a sociedade subordinam-se às investidas poderosas do neoliberalismo, consequência do recrudescimento do discurso liberal que atribui à intervenção do Estado e à esfera pública todos os males sociais e econômicos do atual quadro social e, à livre iniciativa, todas as virtudes que podem conduzir à regeneração e recuperação da democracia, da economia e da sociedade.

Como alerta Giroux (2003), conforme as corporações crescem, adquirem mais poder e elaboram novas estratégias de convencimento. Nas suas palavras, a cultura democrática corre o risco de tornar-se a cultura empresarial. Giroux, de modo assertivo, refere-se à cultura empresarial como os meios de controle e produção de trabalhadores submissos, consumidores despolitizados e cidadãos passivos, apenas interessados pelo seu próprio ganho material, a fim de realizar seus desejos, que, diga-se de passagem, são construídos pela cultura empresarial.

No projeto neoliberal, a educação assume um papel estratégico com duas dimensões principais com vistas a servir aos propósitos empresariais e industriais. De um lado, a reestruturação social buscada pelos ideólogos neoliberais pretende atrelar a educação institucionalizada aos objetivos estreitos de preparação para o trabalho. Trata-se de fazer com que as escolas preparem melhor seus alunos para a competitividade do mercado nacional e internacional. Para isso, é fundamental abortar qualquer modelo de pedagogia e aprendizagem que invista na discussão do social e do político e concentrar esforços na eficiência, eficácia, aquisição e desenvolvimento de conhecimentos com potencial de aplicabilidade. Além disso, a escola neoliberal deve reforçar os discursos do individualismo e da afirmação de uma identidade baseada no mercado, convertendo produção cultural em mercadoria de consumo. De outro, é importante também utilizar a educação como veículo de transmissão de ideias que proclamam as excelências do livre mercado e da livre iniciativa como condições essenciais para a garantia do funcionamento estável da sociedade do século XXI. Trata-se de um esforço de alteração do currículo não apenas com o objetivo de dirigi-lo para uma capacitação estreita de mão de obra, mas também preparar os estudantes para aceitar os postulados do credo neoliberal. Diante da agressividade dessa intenção, a encampação empresarial do setor público mina os discursos de responsabilidade social e defesa dos bens públicos, levando a crer que o mercado deva assumir as rédeas desse processo. A pedagogia neoliberal ensina aos estudantes que as formas de desregulação da economia e as contribuições tecnológicas, científicas e culturais em circulação a serviço do livre mercado consistem nas melhores alternativas para a sociedade global.

É em meio a esse contexto que a base epistemológica oriunda da psicologia cognitivista herdada das reformas do ensino na Europa e toda uma nomenclatura específica e convergente com os pressupostos do cidadão empreendedor almejado pelo neoliberalismo foram revigoradas. Expressões como "desenvolvimento de competências para o exercício pleno da cidadania e orientação para o mundo do trabalho" vieram acompanhadas de uma cisão no planejamento de ensino, objetivando isoladamente o alcance de determinadas expectativas por meio da aprendizagem de conteúdos conceituais, procedimentais e atidudinais. Com esse enfoque, os docentes passaram a organizar suas intervenções no formato de sequências didáticas baseadas na resolução de situações-problema, tendo em vista a aprendizagem das dimensões dos conteúdos. As ações didáticas decorrentes, embora disfarçadas com roupagem democrática, em muito se assemelham às anteriores preocupações com a aquisição de determinados conhecimentos universais e aplicáveis, estipulados verticalmente, fato que permite classificar tal pedagogia como alinhada a uma vertente neotecnicista.

Por último, porém não menos importante, Silva (1996) propaga que o projeto neoliberal tem ao seu lado um poderoso instrumento para conquista da hegemonia: a utilização dos meios de comunicação de massa a seu favor. Artimanha que se traduz não apenas no controle desses meios, mas também na transformação da população escolar em mercado-alvo para os produtos veiculados pela cultura de massa e na sua utilização como canal de transmissão da doutrina neoliberal.

Conforme se pode notar, a onda neoliberal atua em diversas frentes e a Educação Física como área de conhecimento que abrange não somente a dimensão pedagógica escolar, como também outros campos de intervenção sofreu um grande impacto em razão das características do seu objeto, ou seja, das práticas corporais sócio-historicamente produzidas e reproduzidas.

O discurso neoliberal contagiou a área de uma forma muito interessante, chegando inclusive a influenciar e determinar o surgimento de instituições, modalidades, eventos e, como consequência, um enorme mercado de consumo estimulado pela mídia por meio de programas específicos, publicidade, socialização de formas de comportamento e, sobretudo, modelos de estética corporal.

Tomada pelos ventos da primazia da aparência, da cultura do desejo e do consumo e da busca da rentabilidade em qualquer produto, a ideologia neoliberal afirma a satisfação de mostrar uma juventude atemporal, possuidora de um modelo de corpo que alguns desejam ter e faz com que outros lamentem os tempos idos. O corpo humano almejado para o século XXI é depositário da liberdade imposta pela religião ao longo de séculos, do prazer sem limites e da vitalidade da juventude. O comércio do corpo jovem invadiu as etapas mais precoces da vida para minimizar o desespero de ver escapar, de forma acelerada, a referência idealizada. O corpo jovem, com todos os atributos subjetivos que o acompanham, transformou-se no objeto preferido do empreendimento neoliberal, pois não se trata de algo que possa simplesmente ser adquirido de uma vez por todas. É necessário mantê-lo, cuidá-lo, cultivá-lo ao longo da vida e, obviamente, o currículo escolar terá um papel importante nesse processo de convencimento ao socializar esse mesmo ideal pela valorização de conteúdos relativos à nutrição, ao exercício, à vida saudável etc. O interesse na construção desses valores, portanto, passa bem distante de qualquer política pública direcionada à saúde ou ao bem-estar da população.

Para esclarecer esse fenômeno e suas influências ontológicas, Sant'Anna (2001) recorre às seguintes hipóteses: 1) os avanços científicos possibilitaram a tudo explicar, portanto, é o corpo o último território a ser explorado. Notam-se, por exemplo, a ânsia pelas descobertas da Engenharia Genética, pelo mapeamento do DNA, pela utilização das células-tronco na regeneração, ou mesmo construção de órgãos etc.; 2) as restrições de outrora desmancharam-se diante da nova configuração social. Embora livres dos grilhões da moralidade, homens e mulheres têm suas ações permanentemente vigiadas por um sem número de câmeras e olhares. O corpo é visto, então, como sua única e verdadeira posse, como campo de exercícios da liberdade individual; e 3) a tendência atual em considerar o corpo como aquilo que é mais próximo da identidade de um ser, constituindo a representação de que é por meio dele que se mostra o melhor de si, o que faz emergir uma extrema preocupação com a aparência pessoal, ou seja, "sou aquilo que pareço ser".

A intensa socialização desses códigos, bem como determinadas concepções de "autonomia" e "cuidado individual com a saúde" fizeram reforçar o individualismo e o discurso do acúmulo de benefícios como resultado do esforço pessoal. Esse contexto, bastante fértil na passagem para o século XXI, proporcionou o surgimento de outro currículo da Educação Física, tendo como paradigma o apelo neoliberal de uma "vida saudável", conferido por meio de iniciativas individuais que aludem a determinado estilo de vida muito mais próximo dos setores economicamente privilegiados. Afinal, quem pode adotar hábitos em consonância com os referenciais propagados pelo discurso neoliberal da saúde? Sob essas influências e ressuscitando o discurso biológico na área, determinados setores acadêmicos e oficiais passaram a sugerir um modelo curricular para a Educação Física com vistas a informar, mudar atitudes e promover a prática sistemática de exercícios físicos com a finalidade de favorecer um estilo de vida ativo, ou seja, alcançar e manter o corpo jovem idealizado. Os conteúdos privilegiados focalizam a distribuição ao longo dos anos escolares dos conceitos oriundos da Fisiologia, Anatomia, Medidas de Avaliação, Treinamento Desportivo e Nutrição, e a execução de atividades físicas não excludentes, basicamente pautadas na prática de exercícios físicos com bases científicas.

O currículo da Educação para a Saúde, ou currículo saudável, pretende propiciar a aquisição de conhecimentos alusivos à importância da atividade física voltada para a melhoria da aptidão; estimular atitudes positivas com relação aos exercícios físicos; estabelecer, como comportamento universal, a prática regular de atividades que possam ter continuidade após os anos escolares; e promover independência na escolha de programas de atividades físicas relacionadas à saúde corpórea.[15] Para tanto, considera os testes de aptidão física instrumentos recomendados para a avaliação no meio escolar. Seu uso, contudo, deve enfatizar todo o processo, requisitando aos alunos uma autoavaliação que favoreça a autoestima em relação ao progresso individual. Para o professor, a avaliação é tida como referencial no acompanhamento da melhoria da *performance* de cada aluno. Essas noções, observadas em diversas instituições sem qualquer exclusividade para a escola, tencionam a modificação do projeto de vida de todas as pessoas, ao prometer-lhes a felicidade por meio de uma sensação de bem-estar acompanhada da elevação da autoestima que, conforme sugere a cartilha neoliberal, vincula-se, obrigatoriamente, à conquista de determinada aparência física e o desejado aceite da sociedade.

Uma análise mais cuidadosa, tanto dos meios empregados quanto das promessas feitas pelo currículo saudável, permite verificar não só o neo-higienismo camuflado sob o discurso do "sentir-se bem", como também as intenções de uma sociedade que procura apropriar-se ao máximo dos parcos recursos da população (físicos e financeiros) e, portanto, necessita de um povo bem treinado e condicionado, sem que sejam necessários muitos investimentos sociais, como programas de saúde coletiva, oportunidades de lazer, melhoria nas condições de habitação e transporte etc.

Por meio da intensa difusão de códigos, o currículo da Educação para a Saúde, com o apoio dos meios de comunicação e seus auxiliares, inculca formas de comportamento que reverterão em gigantescos lucros para os setores privilegiados da sociedade. Afinal, quem mais se beneficia com o prolongamento do tempo de atividade profissional sem alentar esperanças de aposentadoria, com a difusão da ginástica laboral, da política de redução de hábitos "pouco saudáveis", da condenação de certos alimentos próprios dos grupos culturais que dispõem de menor poder, entre outras facetas que caracterizam o estilo de vida saudável?

A lógica neoliberal do livre mercado arrasa qualquer tentativa de regulação e rompe não apenas as barreiras (artificiais) econômicas ou continentais, mas também as formas de organização política e social de distintas

---

[15] Especificamente, uma composição corporal equilibrada somada a níveis razoáveis de força, resistência aeróbia e anaeróbia, velocidade e flexibilidade.

comunidades, restringindo o ser ao ter (certo desenho corporal, inclusive). Do mesmo modo, desmobiliza, por meio de seus discursos de benefício do capital, qualquer ação política que conteste o inevitável aumento da instabilidade no emprego, a precariedade dos serviços públicos e até o desapego às questões político-partidárias, associacionistas e sindicais. Ou seja, desqualifica qualquer forma de contestação aos seus princípios.

Como se nota, neste princípio de século, as teorias pedagógicas oscilam e não há um paradigma, mas talvez paradigmas em conflito. Boa parte dessa situação se deve a uma confusão epistemológica. Explicando melhor, o continente pedagógico acolhe diferentes conteúdos, em termos de tendências doutrinárias ou gnoseológicas: algumas concepções privilegiam determinadas inflexões (sociológicas, psicológicas, filosóficas, organizativas), que comumente se distanciam. A educação escolar com seus objetivos, meios e finalidades é interpretada de muitos modos, com diferenças bastante significativas entre posições teóricas e diretrizes metodológicas, o que termina por desencadear a condenação do continente por seu conteúdo.

Ao analisar a teorização curricular da Educação Física em obra anterior (Neira e Nunes, 2006), expôs-se o fato de que o currículo ginástico como projeto formativo para os educandos foi progressivamente substituído pelo esportivo, e este, em vista do ressurgimento das teorias científicas do comportamento, propiciou condições para o estabelecimento dos currículos globalizante e desenvolvimentista. Na sequência e apresentando-se como oposição ao vigor da pedagogia tecnicista centrada nas concepções biológicas do componente, notou-se a emergência de um currículo crítico-reprodutivista pautado pelos fundamentos das Ciências Humanas. Contudo, o discurso hegemônico neoliberal de autonomia e aptidão para o enfrentamento do sedentarismo da vida moderna fortaleceu-se enormemente a partir da década de 1990, com a proposição em vários setores da sociedade de um currículo saudável. Conforme foi discutido, essa visão retoma os princípios da aptidão física tão valorizada no início do século XX com o currículo ginástico.

Em síntese, da trajetória curricular da Educação Física pode-se depreender influências das modificações impostas pelas transformações sociais e das tendências pedagógicas mais amplas. Tais condições fertilizaram o ambiente e permitiram a proliferação de propostas para o componente absolutamente distintas na sua concepção, motivação, lógica e ação pedagógica. Cada qual **respondeu** ao seu modo questões fundamentais como: Que sujeito pretende formar? Quais valores, atitudes e conhecimentos estão implicados na escolha do que será ou não ensinado? Os conteúdos atendem a quais interesses? Quais identidades sociais são valorizadas quais não são?

Afirma-se, a partir daí, a impossibilidade de composições miscigenadas com os diversos elementos que caracterizam as diferentes propostas. Como misturar os princípios que fundam o cidadão neoliberal prometido pelo currículo saudável com aqueles que defendem o homem completo, fruto da perspectiva desenvolvimentista? Vale também alertar que tanto as concepções de área como também os métodos de ensino sugeridos pelos currículos descritos acarretaram, na verdade, a desmobilização das lutas sociais e o afastamento dos professores e professoras de Educação Física, desde os anos da sua formação inicial, das situações e espaços que lhes permitissem analisar cuidadosa, critica e rigorosamente não só o currículo ao qual foram submetidos, como também quais interesses eram privilegiados quando lhes ensinaram a ensinar. Enfim, ao passar tanto tempo aprendendo a fazer, estudando os conceitos das ciências psicobiológicas e procurando desenvolver aulas mais dinâmicas, restam poucas oportunidades para uma análise mais apurada das condições sociais sob as quais se erguem as práticas pedagógicas.

QUINTO MOMENTO: O CURRÍCULO – TERRITÓRIO DE CONFRONTO

Tomar ciência de que as teorias curriculares hoje oscilam entre diferentes paradigmas pode ser algo muito auspicioso para a comunidade pedagógica, especialmente, no caso da Educação Física. Na verdade, ela nunca foi monolítica; é o que prova a própria necessidade de adjetivação adotada tantas vezes: ginástica, esportivista, psicomotora, educação para a saúde, desenvolvimentista e cultura corporal de movimento.

Seu objeto de estudo, que tantas vezes ficou obscurecido pela atribuição genérica de "movimento", ocultou as diversas concepções que o termo adquiriu nas muitas propostas curriculares. Por vezes, segundo Santin (1987), o movimento foi submetido aos princípios e às leis da física mecânica e, nesse sentido, o corpo foi interpretado como uma máquina viva e passível de uma intervenção pedagógica que proporcionasse um adequado ajuste, tal qual sugeriram os métodos ginásticos ou o ensino das técnicas esportivas. O movimento também pode ser explicado como força ou energia produtiva, fruto de sínteses metabólicas e direcionada à produção de efeitos benéficos à saúde, o que desencadeou como preocupação central da ação didática do componente a melhoria da aptidão física. Outras vertentes consideram o movimento o caminho pelo qual o homem interage com o meio ambiente para a sua sobrevivência, crescimento e desenvolvimento, característica central das preocupações desenvolvimentistas, da psicomotricidade e da educação pelo esporte. Finalmente, pontua o autor, o movimento pode ser interpretado como linguagem, ou seja, uma forma de expressar os sentimentos, as sensações, as emoções e a produção cultural de dado grupo social. Nesse caso, o movimento é visto como gesto. Resumidamente, os gestos compreendem formas de expressão, conduzem ideias e traduzem significados culturais. A gestualidade constitui-se em linguagem específica, orientada e orientadora da cultura corporal. Ressalte-se que essas diferentes atribuições ao movimento humano encontram referências nas teorias de ensino da Educação Física com finalidades e objetivos próprios que, por sua vez, corresponderam a determinadas ideias pedagógicas motivadas por momentos sócio-históricos absolutamente distintos.

Apesar do esforço empreendido pelos principais autores da área para esclarecer os conceitos acima, frequentemente podem ser vistos dissociados do contexto social no qual se constituíram e, piorando o quadro, quase sempre compreendidos como aspectos de menor importância no processo ou relativos à esfera de atribuição individual do professor, conforme sua formação e preferências. Esse equívoco permite uma multiplicidade de interpretações tão grande que em algumas escolas é percebida a coexistência de diversos currículos da Educação Física ou, até mesmo, intervenções que misturam, de forma descomprometida, os simulacros dessas teorias.

É como decorrência dessa problemática que se situam as inquietações do ensino de Educação Física na atualidade, transformando-a em um território de lutas, debates e confronto. Esse tema é objeto de controvérsias teóricas e acaba configurando o currículo do componente como um campo de lutas interdisciplinar, já que o conteúdo do ensino –"o que se ensina"

– tanto pode ser atribuído a elementos biológicos quanto psicológicos ou culturais. A problemática atinge também outro campo inter-relacionado, o da metodologia de ensino, já que a ação pedagógica explicitada pelos professores configura-se de forma distinta nos diferentes desenhos curriculares anteriormente abordados.

O que se pretende com essas reflexões é mostrar que o debate sobre o currículo da Educação Física é intenso e constante, fato que de modo algum prejudica sua autonomia, mas, ao contrário, vem enriquecê-la. O currículo compreende o plano da relação humana (ambiente da sala de aula), o aspecto pedagógico (objetivos, conteúdos, métodos e avaliação) e todos os aspectos culturais da sociedade. Como se nota, essa diversidade de demandas acaba, por si própria, tornando complexa qualquer abordagem a respeito do tema.

Se for possível refletir no currículo a intenção de produzir aprendizagens sem a delimitação da natureza do resultado (conhecimento físico, social, artístico, atitudes morais, intelectuais etc.) e desenvolver a capacidade para analisar criticamente o contexto social, apreendê-lo, compreendê-lo e reconstruí-lo, será fácil entender que as fronteiras devem ser fluidas e que essa fluidez é qualidade e não defeito, pois permite a aproximação de conhecimentos psicológicos, sociológicos, políticos, antropológicos, filosóficos ou outros, tendo sempre preservada sua dupla feição: teoria e prática.

O panorama contemporâneo não é simples. O currículo da Educação Física impregnou-se de todas as inquietações das diversas épocas e, entre as muitas frentes de pesquisa e exploração, ora requer auxílio da psicologia cognitivista, ora recorre às correntes neomarxistas, ou ainda interpõe-se valendo-se de reflexões socioculturais. Em razão disso, o discurso curricular na atualidade parece oscilar entre uma tendência psicológica que acentua a relevância da compreensão dos comportamentos humanos e sua construção, e outra apoiada na visão sociológica das relações escola-sociedade. Porém, aqui se destaca a existência de uma inclinação bem interessante à medida que a teorização curricular da Educação Física se aproxima das teorias[16] do campo cultural. Com base nas influências dos Estudos Culturais para a educação escolar como um todo e para a Educação Física em específico, embora incipientes, tornam-se perceptíveis e volumosas as transformações

---

[16] Serão apresentadas e discutidas nas seções subsequentes.

na prática escolar como alternativas para o alcance da função social da escola na contemporaneidade (Neira e Nunes, 2006).

É fato que, embora insistentemente debatido no campo acadêmico, o currículo da Educação Física fundado nas Ciências Humanas ainda não se mostra consensual entre os estudiosos da área. Dado que a prática pedagógica constitui-se em um objeto construído que acolheu contribuições de diversos campos do conhecimento (biomecânico, psicológico, biológico e cultural), os educadores são seduzidos por suas antigas promessas, e com base nelas ajustam suas intervenções. Por vezes, a análise de um mesmo plano de ensino revela concepções e propostas que se coadunam com diferentes enfoques: desenvolver a agilidade, melhorar a coordenação motora, contribuir para uma postura crítica ou aprimorar o condicionamento físico.[17]

Todavia, há que se esclarecer que nem todos os currículos explicitados vão ao encontro da função social que a escola vem assumindo na contemporaneidade, qual seja, formar o cidadão para atuar criticamente na vida pública, visando à construção de uma sociedade mais democrática. Em oposição radical às manifestações tão presentes na área que recomendam "aproveitar os benefícios que cada concepção de ensino apresenta", argumenta-se que as ideias basilares dos currículos ginástico, esportivo, globalizante, desenvolvimentista ou saudável, uma vez que se pautam em diferentes concepções de pedagogia, movimento, homem, sociedade e aprendizagem, entre outras, colidem frontalmente com os princípios de participação solidária, reconstrução cultural, transformação social e afirmação da democracia que orientam a escola compulsória nesta primeira década do século XXI. Em virtude disso e tencionando unicamente contribuir com o debate, serão apresentados e discutidos nas seções posteriores alguns elementos que corroboram para a construção de uma teoria para o ensino da Educação Física coerente com os princípios alentados.

---

[17] Quando se analisa mais detalhadamente um plano (de aula, bimestral, de curso etc.) é bem comum verificar a menção a objetivos diferentes e comprometidos com concepções de Educação Física distintas.

3

Teorias críticas e seu impacto no currículo da Educação Física

Quando o assunto em questão é a educação, não se deve esquecer que educar é prioritariamente uma escolha, uma opção por determinado modo de ser que deverá constituir o perfil dos sujeitos para a composição do quadro social. Nas seções anteriores, já foi mencionado que tais escolhas ocorrem com base em visões de mundo, homem e sociedade. Se em um passado não muito distante e nada democrático, o projeto educativo refletia claramente os desejos dos mandatários sociais, pois mantinham o monopólio das decisões, na atualidade, diversos grupos disputam o direito de opinar e influir na constituição do sujeito presente e futuro. Afinal, não se pode relevar que a constituição da sociedade contemporânea transitou entre jogos de forças e relações de poder entre grupos com perspectivas diferenciadas de governo, controle e regulação sociocultural.

De um lado, situam-se partidários da ideia de que o controle social deve ser determinado por aqueles que, ao longo da história, mantiveram-se no poder por condição de herança, consolidando pressupostos conservadores de cultura e sociedade. De uma forma simplificada, os defensores dessas ideias circunscrevem que o currículo da escola deve ancorar-se nos valores de um passado fixo, naturalizado, imutável e que o conhecimento deve ser transmitido como um fato, mera informação. De outro, situam-se os depositários dos princípios de liberdade e de igualdade presentes no contrato social, buscando afirmar essa condição como universal. Essa perspectiva, por sua vez, ancora-se nos imperativos e nas normas das relações de produção e do mercado. Aqui o modelo curricular é similar ao anterior; tradicional e conservador, porém, realça o caráter instrumental, funcional e econômico da educação. O resultado dessa disputa tem sido a universalização de sentidos com base na polarização desses ideais.

A luta pela democracia, no entanto, abriu as portas para que outros grupos culturais, historicamente alijados desse debate, adentrassem nesse território contestado de poder e fizessem falar suas necessidades e desejos de acesso e reconhecimento, de direito e justiça social. Sem dúvida, a educação escolarizada foi a instituição social que mais sentiu e refletiu os embates travados.

Esta seção se dedica a sintetizar as principais análises e discussões elaboradas nos anos finais do século XX que questionavam os efeitos das teorias pedagógicas sobre os grupos culturais pertencentes aos setores menos privilegiados economicamente, confrontá-las com a teorização curricular da Educação Física abordada na seção anterior e apresentar os conceitos basilares para uma teoria cultural do componente.

PRESSUPOSTOS

Os dados disponíveis acerca do acesso e permanência na escola entre os anos 1960 e 1980 permitem concluir que, em milhares de casos, muitas crianças já se encontravam marginalizadas, sem poder ter acesso à escola antes mesmo de nascer. Infelizmente, as estatísticas atuais revelam que tal panorama não desapareceu por completo. Se em alguns municípios brasileiros o acesso foi garantido, a permanência e o sucesso ainda são vislumbrados como intenções não realizadas. As diferentes posições que assumem as teorias da educação para conceber a escola e fornecer explicações para esse fato têm sido distribuídas em três categorias: 1ª) as teorias não críticas, reconhecidas no currículo tradicional ou humanista e no modelo curricular tecnicista; 2ª) as teorias críticas, de orientação neomarxista que enfatizam o aspecto reprodutor das estruturas de classe da sociedade capitalista; e 3ª) as teorias pós-críticas,[1] que ampliam por meio da discussão pós-estruturalista a crítica neomarxista e enfatizam o currículo como prática cultural.

Na argumentação de Saviani (1992), as teorias não críticas entendem a educação como instrumento de equalização social, possibilitadora de inclusão social, tendo como função básica homogeneizar as ideias, reforçar os laços sociais, evitar a degradação moral e ética e proporcionar autonomia e superação da marginalidade, aqui entendida como um fenômeno acidental e um resultado da "incompetência" das pessoas, individualmente. A marginalidade, por meio das teorias não críticas, é vista como desvio social que pode e deve ser corrigido pela educação. Trata-se de uma visão sincrética, superficial e fragmentada, que apreende apenas a aparência e o efeito do problema e desconsidera o movimento, a historicidade, a contradição e a totalidade das relações que a escola mantém com outras esferas sociais, ou seja, desconsideram-se categorias que são inerentes à ação humana e, portanto,

---

[1] O conjunto das teorias pós-críticas será amplamente debatido em seção posterior.

também à educação. Nessa lógica, são desprezadas quaisquer análises sobre os efeitos do currículo nas pessoas.

Nesse sentido, afirma o autor, a escola é encarada como autônoma, isolada de qualquer influência, compreendida com base nela mesma. Trata-se de uma visão de cultura estática e essencializada. Mesmo levando-se em conta que a cultura é uma criação humana, os pressupostos dessas teorias fundamentam-se na ideia de que a cultura é um produto acabado, finalizado por aqueles que compreenderam os fenômenos naturais e humanos e atingiram um estado elevado de espírito, um estado culto. Pode-se verificar que nessa visão o conhecimento é concebido como cópia da realidade, que a função da escola é transmitir e, aos alunos, cabe a primazia de receber essa cultura.

Em especial, as pedagogias tradicional, escolanovista e tecnicista apresentadas na seção anterior concretizam a perspectiva da educação como redentora dos marginalizados e excluídos, por meio do entendimento de que a ausência de uma educação escolar possa ser a fonte originária da desigualdade de direitos e oportunidades. Admitem também que a educação escolar possa solucionar as problemáticas sociais da exclusão e da marginalidade social. No Brasil, conforme Saviani (1992), as referidas pedagogias predominaram desde a criação do sistema nacional de ensino até meados da década de 1970, como expressão de políticas antidemocráticas, ditaduras e do atrelamento do País aos desmandos do capital estrangeiro.

Por sua vez, as teorias críticas da educação buscaram subsidiar-se nas categorias gerais do materialismo histórico-dialético – movimento, contradição, totalidade e historicidade – para compreender o fenômeno educativo e vão configurar-se com base nos movimentos de contestação que agitaram as estruturas sociais na década de 1960 em diversos lugares do mundo (Silva, 2007). O contexto efervescente daqueles anos adviria dos movimentos de independência das antigas colônias europeias e da consequente diáspora dos ex-colonos para as metrópoles; dos movimentos estudantis na França, no México e em outros países; da contestação contra a guerra do Vietnã; dos movimentos étnico-raciais estadunidenses; dos movimentos feministas e da contracultura. No Brasil, a luta contra a ditadura militar fez surgir questionamentos no campo da educação relativos às formas dominantes de conhecimento e organização social.

Em meio a esse cenário, as teorias não críticas sofreram inúmeros reveses pelo seu caráter de aceitação e ajuste às estruturas sociais, como também pela sua restrição educacional às atividades técnicas. Ao contrário das teorias não críticas, para as teorias críticas o importante não era aprender como fazer, mas compreender o que as coisas que se aprende faz com as pessoas.

A pedagogia crítica, nas suas variadas vertentes, basicamente, preocupa-se em analisar as escolas tendo em vista seus contextos históricos e, sobretudo, como parte da teia social e política que caracteriza a sociedade dominante. Silva (2007) destaca ainda a sua característica interdisciplinar para a análise dos objetos de estudo, questão que desafia a lógica do isolamento das disciplinas presentes no modelo curricular tecnicista. Por conta disso, a teorização crítica da educação permite semear a compreensão da estrutura social mais ampla, conectando educação, política e sociedade com a ação prática que visa à transformação social. Pode-se entender que as teorias críticas, de forma abrangente, referem-se a qualquer perspectiva teórica centrada no questionamento das formas de conhecimento que disfarçam seu vínculo com as formas de dominação e poder.

No sentido moderno, o conceito de crítica inicia-se no projeto iluminista, mais incisivamente na formulação do filósofo alemão Imannuel Kant, para quem a crítica é o questionamento e a análise das condições que impedem a elaboração de um conhecimento autônomo e racional. Em sentido estrito, entende-se Teoria Crítica como as análises freudo-marxistas dos mecanismos pelos quais a sociedade capitalista contemporânea amplia e reproduz suas formas de dominação cultural e ideológica, desenvolvidas por intelectuais europeus da Escola de Frankfurt, como Herbert Marcuse, Walter Benjamim, Theodor Adorno, Erich Fromm e outros, compreendidos como pesquisadores da primeira geração e os trabalhos de Jurgen Habermas, autor destacado da segunda geração de Frankfurt. Seus representantes afirmavam que a emancipação da ignorância, base do pensamento moderno, à qual estavam os homens fadados a viver, não atingiu a todos conforme os ideais projetados pelos filósofos iluministas do século XVIII. Para os teóricos críticos, isso ocorreu por conta dos interesses promovidos pelo domínio das ciências e das técnicas por uma parcela privilegiada da sociedade com vistas ao acúmulo do capital. As críticas foram feitas à razão instrumental em detrimento das relações humanas.

O termo teoria crítica, empregado na tradição da Escola de Frankfurt, fundamenta-se na filosofia social e política de Hegel e Marx para explicar o funcionamento da sociedade com base em sua divisão de classes economicamente distintas e das relações sociais que nela se estabelecem, mas também nos conceitos da psicanálise para explicar a formação do indivíduo e a sua atuação como elemento constituinte da sociedade.

Conforme Torres (2003), Marx afirma que a lógica implícita no conceito de negação determinada por Hegel comporta um aspecto tanto crítico como construtivo. É crítico porque não aceita que um sistema filosófico, os modos de pensar e até a cultura inteira possam dizer sobre si mesmos sem levar em consideração as próprias tensões, incoerências e anomalias internas que caracterizam qualquer sociedade. É construtivo, pois é com base nessas confrontações que os indivíduos se tornam capazes de atuar de modo mais coerente e abrangente na sociedade

A "negação determinada" é o princípio do desenvolvimento de um estado de consciência para outro, apresentado por Hegel. O filósofo afirmava que o sujeito não se apropria apenas das coisas, mas também de sujeitos, pensamento que indica o conflito entre consciências opostas. No momento da luta entre duas autoconsciências (que ao mesmo tempo questionam e se defendem), uma delas teria que se submeter à outra para não morrer. Assim, têm-se a consciência independente e outra dependente da primeira (dominante e dominado). Foi baseando-se nesses princípios que Marx estudou as relações entre os homens e as estruturas historicamente constituídas, asseverando que a realidade material é uma totalidade concreta constituída por antagonismos sociais que se colidem e tentam se impor. A estrutura hegeliana-marxista é o princípio central das análises da teoria crítica. Nela o trabalho é colocado como determinante do desenvolvimento da consciência do sujeito em virtude da transformação da natureza por meio da ação laboral – produção material – e do desejo humano de se apropriar das coisas, até mesmo da própria consciência. Nas análises marxianas,[2] a apropriação do objeto forja a alienação do sujeito de si mesmo, pois ao mesmo tempo que o objeto passa a dominar a vida social, ele se torna central no espaço da convivência humana. Nessas concepções, é o modo de produção que determina

---

[2] Como sugere Giddens (1998), utiliza-se nesta obra "marxianas" como as concepções do próprio Karl Marx e "marxistas" as ideias utilizadas por seus seguidores confessos.

a vida social e política, logo, não é a consciência dos homens que determina seu ser, ao contrário, é o seu ser social que determina a sua consciência.

A ênfase na importância do proletariado como agente que eliminaria a diferença entre as classes perdeu fôlego em todas as atuais agendas político-sociais. Nesses tempos, a teoria crítica é vista mais como uma ferramenta de análise e de crítica do que uma tentativa de construção de novas formas de interação humana. Por conta disso, o termo "crítica", na teoria crítica, ultrapassa o senso comum de negatividade, sem negar seus aspectos desveladores dos mitos ideológicos presentes nas relações de poder, e incorpora uma preocupação metodológica, tendo em vista estabelecer pressupostos para abordar a realidade e o conhecimento. Trata-se de uma crítica sociocultural acerca dos valores e dos modos estabelecidos como algo natural.

As análises mais recentes da teoria crítica ampliaram os limites das noções de classe como último determinante das interações sociais, incorporando com idêntico grau de importância outros processos de discriminação, subordinação e exploração da vida humana, como as dinâmicas sociais de gênero e etnia, analisadas na sua inter-relação e na inter-relação das esferas da cultura, da economia e da política.

Na educação, a teoria educacional crítica ou pedagogia crítica caracteriza-se por diversas perspectivas teóricas que centram esforços em analisar o papel da escola e do currículo na produção e reprodução das formas de dominação, com ênfase na dominação de classe (Silva, 2000). Para esse movimento, além do referencial marxista citado, as contribuições do neomarxista italiano Antonio Gramsci, a teoria política de Max Weber, as propostas iniciais do filósofo John Dewey, o marxismo culturalista de Raymond Willians, entre outros, foram fundamentais para a construção de categorias de análises do pensamento crítico educacional. Reprodução social e cultural, ideologia, hegemonia, resistência, poder, classe social, emancipação e libertação são categorias centrais para as análises da pedagogia crítica.

Como já foi citado, em linhas gerais, a pedagogia crítica[3] tem sua gênese com as críticas disparadas à ideologia educacional da escola tecnicista. Cabe aqui relembrar as ressalvas feitas por Silva (2007): existem diferenças entre as teorias críticas da educação. Por um lado, situam-se as análises

---

[3] Em obra anterior (Neira e Nunes, 2006), foram apresentados seus principais representantes e argumentos.

sociológicas mais amplas, das quais se destacam as obras de Althusser, Bourdieu e Passeron, Bowles e Gintis que desmistificaram os efeitos da pedagogia concebida apenas para transmitir conhecimentos às novas gerações. Por outro, existem aquelas que enfatizam as questões que permeiam a construção do currículo. Em seu início, destacam-se, no Brasil, o pensamento pós-colonial de Paulo Freire, na Inglaterra, a sociologia da educação de Michael Young, na França, as investigações de Baudelot e Establet e, nos Estados Unidos e Canadá, os trabalhos de Bernstein, Pinar e Grumet. Mais recentemente, é verdade, a pedagogia crítica ganhou fôlego com as obras de Michael Apple, Peter McLaren, Henry Giroux e outros.

No Brasil, essas teorias aportam no final da década de 1970, após o início do processo de abertura política, representando os anseios de um grupo de educadores insatisfeitos com a educação voltada para a manutenção da estrutura social daquele momento. É importante considerar como os debates sobre conhecimento escolar foram influenciados pelas condições internacionais, societárias e processuais. Sob os auspícios das teorias críticas da educação, os debates acerca da organização curricular dos anos 1980 deveram-se mais aos fatores societários e processuais locais do que aos internacionais, inversamente ao quadro atual, grandemente influenciado pela concepção neoliberal.

No início, a pedagogia crítica no Brasil pouco refletiu os trabalhos desenvolvidos na Europa e nos Estados Unidos ou, até mesmo, a obra de Paulo Freire. Naquele momento, os especialistas centravam mais esforços em criticar as diretrizes curriculares do regime militar do que realizar as transformações necessárias para adequar a escola brasileira aos tempos que se anunciavam. As análises de Moreira (2005) indicam que, nos anos seguintes, duas vertentes críticas sugeriam caminhos novos para a educação: a pedagogia crítico-social dos conteúdos relacionada às obras de Dermeval Saviani, José Carlos Libâneo e Guiomar Namo de Mello, e uma segunda, associada à pedagogia da educação popular de Paulo Freire. Há de se destacar que, no campo da Educação Física, o livro *Metodologia do ensino de Educação Física* (Soares et al., 1992) – a obra crítica mais influente entre os professores da área – baseou-se na primeira vertente citada.

Após seu período inicial, a pedagogia crítica brasileira passou a receber os influxos de teóricos dos Estados Unidos e da Inglaterra, muitos deles, influenciados pela obra de Paulo Freire, enriquecendo a teorização curricular. É importante mencionar que, desde o final da ditadura militar, o pensamento hegemônico no campo da teoria curricular brasileira ancorou-se nos pressupostos críticos, inclusive no campo da Educação Física. Apesar disso, o debate e a construção teórica ainda não tiveram forças suficientes para fundamentar o processo de construção de uma escola comprometida com as transformações e lutas contra as injustiças sociais.

O currículo crítico, nos dizeres de Silva (2007), mais do que um conjunto de conteúdos listados para a aprendizagem dos alunos, é um percurso de estudos que proporciona questionar a organização curricular e social existente, desenvolvendo conceitos que auxiliam na análise crítica da sociedade e dele mesmo. O currículo crítico tenciona denunciar os modelos reprodutores do sistema que mantêm a estrutura social de forma injusta e que reforçam as relações de dominação de um grupo sobre outro. Para McLaren (1997), os teóricos educacionais críticos veem a escola como um campo contestado de poder constituído por formas ideológicas e sociais diferentes que se colidem e tentam impor sua lógica. Ou seja, a escola é escorregadia e ambígua em seus sentidos e objetivos, pois ao mesmo tempo que favorece grupos privilegiados por condições de classe, etnia e gênero por meio de mecanismos de seleção e classificação, anuncia sua condição essencial para a formação pessoal e social dos indivíduos.

A pedagogia crítica defende uma proposta de organização de conteúdos do ponto de vista da classe trabalhadora. Assim, a tarefa dos educadores críticos não é a transformação social via escolarização, mas, sim, oferecer a democratização dos saberes universais e fazer compreender o papel que as escolas representam em uma sociedade marcada por relações de poder.

É lícito afirmar que, como premissa básica, a pedagogia crítica vê o conhecimento como construção histórica e socialmente ligado ao interesse de certos grupos. Na pedagogia crítica o conhecimento não é neutro e obje-tivo, pois qualquer conhecimento é fruto de acordos e concessões entre os indivíduos que vivem mediante relações sociais marcadas por poder. O co-nhecimento é, portanto, dependente da cultura e do seu contexto de produ-ção. A pedagogia crítica questiona o modo como o conhecimento é produ-zido e por que alguns são legitimados socialmente enquanto outros não. Por meio dela, a transmissão e apropriação do conhecimento/conteúdo como ponto principal do processo de escolarização ultrapassa seu caráter técnico e prático, característico da pedagogia tecnicista, para constituir-se em conhecimento emancipatório. Para McLaren (1997), o conhecimento emancipatório transcende a oposição entre o conhecimento técnico e o prático e "ajuda a entender como os relacionamentos sociais são distorcidos e manipulados por relações de poder e privilégios" (p. 203). Do mesmo modo, para Freire (1970), a emancipação pode contribuir para superar desigualdades e transformar-se em ação coletiva, tendo em vista a transformação social.

Essa valorização do conhecimento histórico acumulado e situado gera a necessidade de constituir novas ideias sobre a educação, ideias que comportem um currículo crítico tal que receba/atenda as adversidades de classe social. Talvez seja esse o grande desafio da educação com base em uma perspectiva crítica: contemplar essas adversidades em seu projeto político-pedagógico e na organização da proposta curricular, efetivando, assim, a inclusão das pessoas pertencentes aos diversos estratos sociais no processo educativo.

A pedagogia crítica chama a atenção para a discussão do conteúdo curricular, de sua utilidade e validade para os alunos das camadas mais pobres da população. Esse aspecto é de crucial importância, haja vista as recentes e profundas investidas neoliberais que têm utilizado a estratégia de ressignificação de conceitos, sendo a luta por educação para todos um exemplo típico de tal estratégia. Veja-se, por exemplo, as intenções da política educacional em vigor quando sugere a universalização da escolarização, o compromisso com a construção da democracia e da justiça social, além de garantir o ensino laico, gratuito e obrigatório para todas as camadas da população. Clara está a apropriação distorcida do discurso pedagógico crítico. A promessa da escolarização para todos não se faz acompanhar da revisão dos seus conteúdos, tampouco da qualidade ou das condições.

O currículo, dado seu caráter sociopolítico, é o foco prioritário das análises dos teóricos educacionais críticos. Segundo Moreira (2005), o currículo introduz formas particulares de vida e funciona, muitas vezes, como preparação para os estudantes assumirem posições dominantes ou subalternas nas sociedades. Quando os conteúdos não são relacionados à realidade familiar das crianças, o único produto que se obtém é a má aquisição de conhecimento, o que não ajuda o aluno a alcançar melhores condições de vida e a se preparar para a prática consciente da cidadania. Sendo assim, a não compreensão dos conteúdos, somados aos modos de ser que divulgam, colaboram para os alunos das camadas desprivilegiadas sentirem-se carentes culturalmente, distorcendo a realidade em que se encontram e valorizando os atributos mercantilistas e pragmáticos dos grupos dominantes.

As teorias críticas consideram a relação educação-sociedade como uma relação de mão dupla, ou seja, a escola é influenciada pela sociedade em que se insere, porém, dialeticamente, pode também influir nessa sociedade (Silva, 2007). O referencial marxista de análise pressupõe a escola como uma parte do todo social que com ele se inter-relaciona, sofrendo, pois, múltiplas determinações advindas desse todo. Nesse sentido, a educação escolar reproduz o sistema político-organizacional-social, com suas visões de homem, mundo e sociedade. Essa educação tende, então, a configurar-se como espaço/tempo de manutenção e reforço à superestrutura capitalista, veiculando, por meio da sua ação, os valores, comportamentos, atitudes, enfim, a ética do mundo capitalista.

A reprodução se estabelece na seleção dos conhecimentos, na forma como tais conteúdos são tratados, no papel destacado aos docentes e estudantes, na organização administrativa da escola e do sistema educacional. Neste, o fracasso e a evasão são simplesmente indicativos considerados capazes de expressar a dinâmica excludente posta em prática no interior da educação escolar. Assim, é importante, neste início de século, atentar às novas demandas populares e aos novos rumos impostos à organização social, já que se apresentam distintas daquele momento em que a pedagogia crítica foi concebida. As questões relativas ao processo de ressignificação de conceitos e lutas, como também aquelas referentes às diferenças de classe, devem ser pensadas, no sentido da ampliação das possibilidades educacionais. No atual contexto, fracasso e evasão deveriam ser tratados como fenômenos inconcebíveis, aberrações.

Apesar do sistema de ensino configurar-se pela reprodução e manutenção da hegemonia capitalista, na pedagogia crítica, a escola é também espaço/tempo contra-hegemônico que permite a desconstrução da visão de mundo capitalista e a posterior (re)construção de uma sociedade igualitária e verdadeiramente humana. Na perspectiva da pedagogia crítica, o conhecimento deve ser tratado de modo a possibilitar aos estudantes reconhecerem-se na construção social e conferir-lhes poder para agir na transformação das injustiças que permeiam a sociedade. Ao professor crítico, cabe fazer que os alunos compreendam e traduzam a luta diária das classes oprimidas e reconheçam como o conhecimento pode distorcer a realidade.

É necessário, com base nas colocações de Silva (2007), destacar que a perspectiva apontada pela teoria crítica não cai na visão simplista de que a educação tem poderes de transformação social pela via da escolarização dos indivíduos, de que a função social da escola é pôr fim à exclusão e à marginalidade social, como advogam as teorias não críticas. Superando tal visão com base no referencial marxista, a perspectiva em questão considera ser função da escola a transmissão/assimilação dos saberes construídos e desenvolvidos historicamente e a sua democratização para todos os povos do mundo. É à escola, como instituição formalmente consolidada, que cabe a responsabilidade de tornar acessível à classe dominada o conhecimento acumulado pelo conjunto dos homens vivendo em sociedade, a fim de favorecer a compreensão mais profunda de como as relações sociais são construídas para poder superar as adversidades marcadas pelas posições de classe.

O acesso ao saber acumulado historicamente é considerado aspecto fundamental para alavancar uma tomada de consciência da realidade social concreta por parte da classe trabalhadora, uma vez que o ser humano é visto como sujeito construtor de sua própria existência, possuindo, portanto, possibilidades históricas de transformação dessas condições de vida desde que possa refletir criticamente sobre a realidade. Na visão de Libâneo (1996), os conteúdos curriculares são os conteúdos clássicos, sistematizados, metódicos, científicos, que expressam o desenvolvimento das formas de criação e de (re)construção da existência humana, em um processo sempre histórico, sendo pensados, nessa ótica, como elementos de emancipação humana e força propulsora da transformação das relações sociais.

A natureza/essência da educação é sociopolítica uma vez que pode, ou não, auxiliar os indivíduos a adquirirem consciência de seu lugar na humanização e democratização da sociedade, o que expressa a intensa ligação existente, na teoria crítica, entre saber e política/poder (Silva, 2007). A escola é reconhecida como a instância educativa por excelência, porém, além de garantir o acesso ao saber sistematizado, deve também se preocupar com os modos organizacionais com os quais proporciona a transmissão/assimilação do conhecimento.

Segundo o autor, preocupação com a especificidade da educação – que diz respeito ao saber elaborado e não ao espontâneo; ao saber sistematizado e não ao fragmentado – é uma constante no delineamento da pedagogia crítica. A análise da educação realizada por essa perspectiva procura contextualizar a função e a especificidade da educação à luz dos múltiplos condicionantes que permeiam a sociedade humana e, em particular, a sociedade capitalista.

As teorias críticas mostraram que o currículo é uma construção, o conhecimento carrega as marcas das relações sociais de poder e transmite a ideologia dominante. Os teóricos educacionais críticos acreditavam que por meio da formação de consciência, o indivíduo se tornaria emancipado e livre. No entanto, a partir da década de 1990, novos condicionantes sociais, como os efeitos homogeneizantes da globalização, a perda da referência na ciência moderna como fonte legítima de explicação da realidade e a primazia da linguagem e do discurso na constituição do social, levaram os teóricos a questionar o referencial neomarxista para a compreensão do currículo, ou seja, a pedagogia crítica entrou em crise. Seus principais pressupostos foram questionados. Por um lado, enfatizou-se a crítica ao distanciamento entre análises teóricas e a realidade cotidiana das escolas. Por outro, a metanarrativa da emancipação foi vista como contribuição para reprodução da estrutura da sociedade e do projeto capitalista. Há de se destacar também a limitação da visão de relação social apenas como relação de produção e as formas como os resultados dessa produção distorcem a realidade.

Para Silva (2007), essa crise fez incorporar novos elementos para a teorização crítica, como: o pós-estruturalismo, os estudos culturais, ambientais, etnorraciais e outros. Diante da acusação da teoria educacional crítica corroborar com o projeto totalitário da modernidade, requereu-se uma pedagogia pós-crítica.

Com as teorias pós-críticas, novas categorias foram agregadas ao debate crítico pautado na classe social. Nelas a análise do poder é ampliada para incluir os processos de dominação centrados na etnia, no gênero, na sexualidade, na cultura colonialista etc. Nessas teorias, rejeita-se a ideia de consciência coerente e centrada, questiona-se a ideia de subjetividade, dizendo que ela é social. Mediante os pressupostos dessas teorias, não existe um processo de conscientização e libertação possível. Não existe uma realidade determinada, fixa, acabada, em que o papel da ideologia é esconder, disfarçar as marcas das relações sociais que a produziu.

De forma sintética, o currículo na visão pós-crítica deve possibilitar a ampliação do espaço político e social da escola, visando nutrir a discussão coletiva acerca do que significa uma boa sociedade e quais as diferentes maneiras de alcançá-la.

OS PRINCIPAIS LEGADOS DA TEORIZAÇÃO CRÍTICA

Paira, na contemporaneidade, certo consenso em torno da íntima relação entre as transformações sociais e a função social da educação escolar, isto é, mais especificamente, entre as práticas escolares agrupadas no currículo e o campo social como um todo. Partindo do princípio de que a dinâmica atual da sociedade adotou o capitalismo em sua vertente neoliberal como forma relacional dominante, será possível apontar que a lógica capitalista gira em torno da dominação de classe, ou seja, da dominação dos que detêm o controle da propriedade dos recursos materiais sobre aqueles que possuem apenas sua força de trabalho (Silva, 2001). Embora o debate atual não se limite à análise da dominação de classe, dado que nos estudos recentes foram acrescidas as categorias de etnia, cultura e gênero, esta seção discutirá os principais legados da teorização crítica, realizada entre os anos 1960 e 1980, que influenciaram os pensadores de concepção pós-crítica, indicando seus limites e as propostas de superação. Apesar dos autores atuais considerarem a centralidade da cultura fator preponderante nas análises da teorização social, é fato incontestável que a característica da organização econômica na sociedade capitalista afeta as demais esferas sociais, entre elas, a educação. Afinal, conforme evidenciaram as teorias neomarxistas, fortes vínculos unem as reproduções cultural e social, o que sinaliza uma clara conexão entre a forma de organização da economia e a forma como o currículo se desenrola.

O esforço teórico para reunir os elementos que explicam, interpretam e atribuem consequências ao fenômeno acima – preocupação central da teorização crítica – fez surgir conceitos estruturantes que, de algum modo, reúnem os principais contributos da análise crítica: ideologia, reprodução cultural, hegemonia, resistência, esfera pública, controle, poder, códigos, que foram redimensionados na teorização pós-crítica.

Muito embora as teorias educacionais críticas tenham recorrido a campos epistemológicos distintos para elaboração de seus argumentos, aspecto explicitado em seção anterior, as análises abaixo descritas debruçaram-se sobre as obras circunscritas ao campo da sociologia para, em paralelo, elucidar suas contribuições à teorização curricular da Educação Física.

Ideologia e reprodução cultural

Hall (2003) concebe a ideologia como a estrutura de pensamento (linguagens, conceitos, categorias, sistemas de representação) usada nas diferentes sociedades e classes para compreender, resolver e atribuir significado ao mundo social e político, tornando inteligível aos indivíduos a forma como a sociedade funciona. Mas, ao mesmo tempo que a ideologia ajuda a compreender o mundo, o autor assevera que as percepções são estruturadas em razão do modo como os significados foram determinados. Ou seja, qualquer noção de mundo é inevitavelmente seletiva. Portanto, conclui Hall, o problema da ideologia refere-se "às formas pelas quais ideias diferentes tomam conta das mentes das massas e, por esse intermédio, se tornam uma força material" (p. 267). Nesse sentido, uma teoria da ideologia assume um caráter político, a fim de explicar como um conjunto particular de ideias pode dominar a cena social.[4] Se existe consenso em que os indivíduos nascem em uma comunidade preexistente e que, pelo convívio e trocas estabelecidas no seu interior, herdam um conjunto de códigos e sinais, nos quais se inserem e os assimilam; se também é ponto comum afirmar que os significados atribuídos ao sistema simbólico têm origem nas relações sociais que determinam e representam funções sociais e modos de vida, é de suma importância analisar os mecanismos pelos quais a ideologia obscurece qualquer compreensão divergente do mundo social e estabiliza uma forma particular de poder e dominação.

---

[4] Em obra anterior (Neira e Nunes, 2006), foram explicitados os modos de funcionamento da ideologia com exemplos extraídos da prática pedagógica da Educação Física.

Tendo em vista o potencial sedutor da conceituação de Hall, para evitar-se uma incorporação apressada, convém tomar conhecimento de enfoques diferentes, a fim de que o debate seja ampliado. Baseando-se no referencial marxista, o sociólogo francês Louis Althusser (1983) divulgou outra concepção de ideologia, que muito influenciou o pensamento crítico. Para Althusser, a existência de um conhecimento científico imparcial e verdadeiro independe da posição social de seus produtores. Dessa forma, a ideologia, por ser consolidada pelos grupos que se encontram no poder, impede a compreensão da realidade por parte das classes desfavorecidas e desenvolve estratégias para a construção de uma consciência social que transmite os interesses, a ética e as formas de ser das classes dominantes. Assim, nas suas análises acerca da escola, Althusser propôs a existência de um conjunto de crenças implícitas nos conteúdos escolares, como Gramática, História Natural, Ciências, Educação Cívica e Literatura e também nas práticas sociais presentes na escola, como a obediência, o respeito e a cordialidade. Conteúdos e práticas inculcam nas crianças e jovens, ao longo da jornada escolar, os modos de relação e produção da sociedade capitalista. Para o autor, tais experiências, além de seletivas, são convenientes, uma vez que cada grupo ou classe, por meio delas, aprende a ocupar seu papel na sociedade. Assim, o conjunto de crenças veiculado na escola propaga uma "ideologia" que conduz à aceitação da sociedade capitalista como a única desejável. Para o autor, a escola, por ser universalmente aceita, é um dos principais aparelhos ideológicos de inculcação, isto é, aceitação e reprodução da ideologia da sociedade capitalista.

Os estadunidenses Bowles e Gintis (1977) ampliam essa análise quando indicam que a escola é dual e organiza, por meio de um "currículo oculto", vivências semelhantes às das relações sociais existentes nos meios de produção (relações sociais de produção). As vivências escolares fazem que os alunos aprendam as atitudes necessárias à manutenção da sociedade capitalista, como, por exemplo: obediência, pontualidade e assiduidade para aqueles que vão ocupar postos subalternos e autonomia e planejamento para os que irão compor os escalões hierárquicos superiores. Os autores denominaram "princípio de correspondência" a relação entre a sociedade e a escola.

Porém, de acordo com Bourdieu e Passeron (1975), o sistema escolar passa a ser o reprodutor dos variados acervos culturais das classes sociais e, por fim, a divisão das próprias classes sociais. Os mecanismos de reprodução consolidam-se nas "relações de poder" que se estabelecem nas relações de domínio e subordinação, amplamente reproduzidas na escola (saberes, habilidades, titulação etc). Para os autores, é impossível justificar esse processo pelas diferenças de trânsito nas oportunidades escolares ofertadas. A reprodução cultural da sociedade dominante mantém-se por meio dos conteúdos e das práticas do currículo, que fazem que a classe dominada atribua a sua situação subalterna a uma "suposta" incapacidade de produzir conhecimento, logo, de cultura. Nas análises desses sociólogos, assim como na sociedade existem aqueles que detêm os recursos materiais, na escola, há uma classe dominante que possui os recursos simbólicos que tornarão sua trajetória mais suave, enquanto à classe dominada resta padecer diante das diferenças apresentadas pela sua cultura de origem, com relação ao que é valorizado no currículo. Consequentemente, a linguagem da escola fica inalcançável para as crianças das classes subordinadas, o que gera o fracasso escolar e a exclusão social. Segundo Bourdieu e Passeron, esse mecanismo é inescapável e determina a "reprodução cultural e social", pois, mesmo elaborando experiências adaptadas aos desprovidos daqueles recursos simbólicos julgados ideais, a escola permite o funcionamento e a perpetuação das estruturas de dominação e modos de aceitação.

Hegemonia e resistência

Embora Michael Apple (1982) concorde com as características da teoria crítica desenvolvidas por Althusser, Bowles e Gintis e Bourdieu e Passeron, o pesquisador estadunidense refuta o seu caráter determinista de reprodução cultural e social. Apple não concebe essa ligação de forma simples e mecânica. Na sua visão, não é possível compreender a função da escola com base em seu vínculo direto com as estruturas econômicas e sociais mais amplas, sem que sejam consideradas as tensões internas da cultura escolar e as múltiplas formas de interpretação e ressignificação das influências daquelas estruturas, constantemente produzidas pela mediação dos sujeitos da instituição. Reitera o autor que a educação e o ensino possuem dinâmicas próprias e que a escola não pode estar simplesmente atrelada ao funcionamento da economia. Recorrendo ao conceito de "hegemonia" divulgado por Antonio Gramsci (1991), Apple afirma que as classes dominantes empreendem um esforço permanente para convencer as demais da sua ideologia, transformando a dominação econômica em hegemonia cultural, o que constitui a escola como um território contestado, onde cada classe social luta em favor da manutenção da sua cultura. Desse modo, as classes dominantes têm a necessidade de usar os mecanismos da dinâmica cultural para manter a sua hegemonia atuando sobre a consciência, o que não se faz por imposição, mas por convencimento. Para Apple, essa dinâmica está no currículo, tanto no oculto, como no explícito, por meio dos conteúdos selecionados e dos propositalmente esquecidos, com o único objetivo de atender aos interesses e à manutenção do poder econômico das classes dominantes.

É possível afirmar que os conceitos acima explicitados influíram no surgimento de um discurso contrário à manutenção do esporte nos currículos da Educação Física no mesmo formato com que se apresenta no cenário social. Para muitos, a prática do esporte "na" escola corroboraria para a reprodução de classe e manutenção da ideologia dominante. Tal posição aventou a ideia de um esporte "da" escola, com práticas reconstruídas e adaptadas que negassem o caráter seletivo e hierárquico dessa manifestação cultural e da sociedade capitalista. As críticas ao esporte, ao denunciar sua condição de produto de consumo e alienação, visavam à emancipação dos alunos das relações de dominação.

Contrapondo-se às perspectivas mais tradicionais de currículo, na perspectiva crítica, a educação escolar é analisada em termos estruturais e relacionais e fortemente vinculada a estruturas econômicas, sociais e culturais. Contrariamente ao que advogam as pedagogias tecnicistas apresentadas e debatidas na seção anterior, o processo de seleção dos conhecimentos e práticas que comporão o currículo não recorre a fontes imparciais ou valores supostamente consensuais na sociedade, ou seja, tudo o que se ensina na escola diz respeito a um conhecimento particular. A teoria educacional crítica afirma que o currículo é um projeto cultural que proporciona aos alunos a aprendizagem de conteúdos peculiarmente selecionados e organizados, mediante determinadas condições políticas e condicionados por uma realidade mais ampla (Gimeno Sacristán, 2000). Nesse sentido, a seleção e o modo de transmissão dos conteúdos que constituem qualquer proposta curricular, nada mais são que o resultado de um processo que reflete os interesses particulares das classes e dos grupos dominantes.

Na pedagogia tecnicista, o conhecimento existente é naturalizado, inquestionável e, se existe algum questionamento, ele não ultrapassa os métodos e critérios que construíram suas bases epistemológicas. O conhecimento nas pedagogias não críticas é percebido apenas como algo a ser transmitido e assimilado pelos alunos. É por isso que os defensores dessa visão estão sempre preocupados com a distribuição e a organização dos conhecimentos, as experiências de aprendizagem (atividades) e a garantia do interesse dos alunos (motivação). Já a pedagogia crítica, segundo Apple (1982), não se preocupa com a validade epistemológica do conhecimento que será ensinado ou o melhor meio de distribuí-lo e ensiná-lo. A questão não é saber qual conhecimento é o verdadeiro, mas qual conhecimento é considerado verdadeiro e quais forças o tornaram legítimo. Sendo a escola um espaço social validado historicamente para a transmissão dos conhecimentos, é fundamental saber qual valor se atribui aos conhecimentos alheados da escola, qual o resultado dessa exclusão diante dos portadores desses conhecimentos e a quem interessa a seleção de certos conhecimentos e a supressão de outros. Em suma, com a pedagogia crítica, o que está em pauta é a função social do conhecimento. Nos dizeres de McLaren (1997), quando a tônica dos conteúdos do currículo recai, sobretudo, nos "conhecimentos técnicos" relevantes para a economia e a produção, ganham visibilidade as intenções e as forças que movem a escolarização. Além disso, há de se ressaltar que o conhecimento técnico é objetivo, quantificável e passível de mensuração. O conhecimento técnico é baseado nos métodos positivistas e serve para os educadores regularem, classificarem e controlarem os estudantes.

A produção do conhecimento técnico, conforme explica Giroux (2003), ocorre nos níveis superiores do sistema educacional, isto é, na universidade e sofre influências de uma política empresarial que visa produzir indivíduos competitivos e interessados em si mesmo, em constante competição consigo próprio em termos de rendimento e ascensão econômica e social. Conforme o modelo empresarial torna-se o centro de produção de valores e afirma as práticas do mercado e estilos de vida, os requisitos de entrada na universidade pressionam os conteúdos de ensino dos outros níveis educacionais e refletem a ênfase nos "conhecimentos técnicos" em nome de uma futura eficiência produtiva nos diferentes nichos do mercado. É esse tipo de conhecimento, portanto, que acaba sendo prestigiado em detrimento do "conhecimento emancipatório" e das possibilidades de debater a constituição da vida pública. Dessa forma, a briga pelo acesso e pelo sucesso nos níveis mais elevados da escolarização afirma os conhecimentos que interessam e dizem respeito exclusivamente aos setores dominantes e às políticas empresariais. De modo convincente, a necessidade de desenvolver e adquirir o conhecimento técnico, entenda-se hegemônico, se estabelece e ganha maior relevância pelo reforço dos mecanismos que amarram o currículo ao processo de reprodução cultural e social.

Currículo, portanto, é poder. Aceita essa premissa, a questão passa a ser desvelar a conexão entre, de um lado, a produção, a distribuição e o consumo dos recursos materiais e econômicos e, de outro, a produção, a distribuição e o consumo dos recursos simbólicos, como a cultura, o conhecimento, a educação e o ensino. Como afirma Apple (2005), "enquanto não levarmos a sério a intensidade de envolvimento da educação com o mundo real das alternantes e desiguais relações de poder, estaremos vivendo em um mundo divorciado da realidade" (p. 41).

Já se afirmou em seção anterior que a reprodução social não é um processo tranquilo e garantido. As pessoas precisam ser convencidas da desejabilidade e legitimidade dos arranjos sociais existentes, mas esse convencimento não acontece sem oposição, conflito e resistência. É precisamente esse caráter conflagrado que caracteriza o currículo como espaço legítimo de lutas em torno de valores, significados e propósitos sociais. A composição do campo social e cultural inclui não somente imposição e domínio, como também resistência e oposição. Em suma, não há possibilidade de compreender e transformar o currículo, se não forem questionadas suas conexões com as relações de poder.

Com base nesse pressuposto, a presença marcante do ensino psicomotor, desenvolvimentista ou esportivo nas escolas, fenômeno constatado em inúmeros trabalhos da área, merece uma reflexão mais apurada. Qual o sentido de tal domínio? Quais alicerces sustentam tamanho predomínio? É fato que uma parcela da sociedade, a classe dominante, exalta tanto os valores intrínsecos ao cientificismo e individualismo da psicomotricidade e da ótica desenvolvimentista quanto os valores de autonomia, eficácia, competitividade e concorrência implícitos na educação esportiva. Os grupos socialmente privilegiados, por meio de fortes construtos culturais, como a mídia, a produção científica das universidades e a moda, fazem perpetuar suas concepções de mundo de forma hegemônica no imaginário social. As aulas de Educação Física, como consequência, funcionam como um mecanismo de transmissão dos valores das classes privilegiadas socialmente às classes subordinadas, transformando-os em valores a serem seguidos sem questionamento.

O mesmo se pode dizer da recente pedagogia neoliberal que enfatiza o ensino dos conceitos, atitudes e procedimentos característicos da educação para a saúde que, neste momento, foi anabolizada pelo discurso hegemônico que responsabiliza cada cidadão, individualmente, pela conquista e manutenção de um padrão que se aproxima do que se convencionou chamar de "estilo de vida ativo", em correspondência aos parâmetros de saúde relacionados com determinados níveis de condicionamento físico alcançados por uma composição corporal equilibrada e, pelo desenvolvimento de uma aptidão física em patamares elevados. A predominância dessa perspectiva nos veículos de comunicação de massa transmite seus valores a todas as pessoas e não só àquelas que frequentam a escola. Para a maioria da população que não dispõe dos recursos necessários para enquadrar-se nos paradigmas desse povo "saudável", resta apenas a sensação de que jamais alcançarão esse ideal de vida constantemente difundido, apesar de desejado e perseguido. O resultado, como se nota, é a divisão estabelecida entre os saudáveis, isto é, os que dispõem dos recursos necessários para tal e, portanto, adotam e seguem as regras prescritas, e os que não conseguem ou resistem a essa imposição e enfrentam diariamente a pecha de "sem saúde". Os componentes desse grupo são, de modo geral, as pessoas sedentárias e aquelas que, sob determinada visão, encontram-se "fora de forma" ou possuem dimensões corporais que fogem aos padrões estabelecidos pelo olhar dos grupos com mais poder. Vale lembrar que, cada vez mais, os espaços públicos e privados encontram-se menos dispostos a incluir os indivíduos que não se enquadram no estereótipo "saudável", basta observar os obstáculos enfrentados para conseguir determinadas posições no mercado de trabalho, pelas pessoas que apresentam alguma dificuldade de locomoção, atingiram uma idade mais avançada ou que possuem aparência física diferente do modelo.

A pedagogia tecnicista da Educação Física, ao se concentrar na melhoria dos movimentos e da aptidão física ou na educação pelo movimento, pautadas por critérios de eficiência e racionalidade burocrática, desconsidera o caráter histórico, ético e político das ações humanas e sociais. Como resultado do apagamento do caráter social e histórico do conhecimento, os currículos psicomotor, desenvolvimentista, esportivista ou voltado para a saúde contribuem para a reprodução das desigualdades, das injustiças sociais e a manutenção do *status quo*.

Em um percurso curricular definido pelas propostas mencionadas, as identidades culturais[5] tendem a ser naturalizadas com base nas identidades dos grupos dominantes. Nos dizeres de Nunes (2006), ao afirmar modos particulares de ser, as pedagogias tecnicistas da educação e, particularmente, da Educação Física, constroem posições de sujeito que hierarquizam, selecionam e produzem dolorosas divisões sociais entre aqueles que prevalecem diante dos significados impostos pelo "conhecimento técnico" divulgados por essas pedagogias e os "outros" que refletem a ineficiência e o indesejado pelas mesmas pedagogias – o diferente.

Resistência e esfera pública

Ampliando o rol de conceitos elaborados pela pedagogia crítica, Giroux (1986), embora concorde com as contribuições de Apple quando se referiu à hegemonia e resistência, desenvolve algumas explicações sobre os mecanismos existentes no campo contestado de culturas e constrói sua tese, tomando como referências os trabalhos da Escola de Frankfurt e de Paulo Freire, acerca da resistência e emancipação. Giroux afirma o sentido de currículo como "política cultural", espaço ativo de construção e circulação de significados sociais e não apenas de reprodução, pois, tanto na sociedade como na escola, há focos de oposição à construção dos significados associados às relações sociais de poder e de desigualdade, trata-se da "resistência".

---

[5] Segundo Hall (2000), identidades culturais são as formas que os diversos grupos utilizam para se autodefinirem, bem como aquelas empregadas por outros grupos para definirem os primeiros.

O autor enfatiza que os movimentos de resistência representam uma solução encontrada pelos estudantes para não sucumbirem diante da opressão de que são vítimas diariamente quando se deparam com didáticas que insistem em negar suas identidades e apresentar uma cultura que não lhes é acessível. Além disso, reforça que os estudantes são avaliados em razão da sua provável ocupação no mercado de trabalho, sua espontaneidade é substituída pela produtividade, o que negligencia qualquer expressão de desejo e cultura própria.

Giroux propõe o uso da característica de resistência, apresentada pelos jovens e também pelos professores, na elaboração de um currículo crítico às crenças e aos valores dominantes que funcione como mola propulsora contra a desigualdade social. Essas ideias surgem como alternativa contra a sensação de impossibilidade gerada pelas teorias da reprodução social e cultural apresentadas pela pedagogia crítico-reprodutivista que, conforme apresentado na seção anterior, estimulou a crise na Educação Física escolar e o nascimento de um currículo pautado na cultura corporal de movimento.

Para o autor, a existência de mediações e ações, tanto nas práticas da escola quanto do currículo, favorece o exercício da crítica às diversas formas de controle e regulação promovidas no interior das instituições, podendo levar à "emancipação" do estudante e do professor. Sugere, por exemplo, que a crítica seja feita por intermédio da análise histórica, ética e política do conhecimento em foco. Giroux, ao afirmar a necessidade de se repensar o papel da escola no âmbito da comunidade, vai buscar apoio em Habermas e cria o conceito de "esfera pública democrática" para pensar a escola como um local onde os sujeitos possam debater e questionar os aspectos do cotidiano das relações sociais, inclusive as de produção. Com isso, tanto a escola em um sentido mais abrangente quanto a prática pedagógica deverão funcionar como esferas públicas democráticas, transformando-se em locais onde os estudantes e professores tenham a oportunidade de exercer as habilidades democráticas da discussão, da participação e do questionamento dos pressupostos do senso comum disponíveis na vida social.

Para validar esse espaço, elabora o conceito de "voz", por intermédio do qual indica a importância da escuta dos desejos e pensamentos dos alunos e, consequentemente, a valorização dos seus posicionamentos em tomadas de decisões nos cenários da sala de aula e da escola. Fazendo uso da voz, um novo papel é conferido à participação dos alunos e alunas, um papel que contesta as relações de poder que historicamente suprimiram as vozes discentes.

Na mesma direção, Giroux vê o professor limitado em suas ações didáticas pelos mecanismos de reprodução, nos quais muitas vezes não consegue perceber as relações de poder que os configuraram e seu atrelamento à difusão do pensamento hegemônico. Segundo o autor, um papel ativo do professor é fundamental para a construção das mediações entre o social e a vida dos alunos. Assim, toma para si o conceito gramsciano de "intelectual orgânico" e o redefine como "intelectual transformador", descrevendo um professor capaz de desenvolver a crítica e o questionamento em prol da emancipação e libertação. Para que isso aconteça, os professores não podem ser vistos como técnicos ou burocratas, mas como pessoas envolvidas em atividades de crítica e questionamento a serviço do processo de emancipação e libertação. Como intelectuais transformadores, os professores são tomados como referência para a análise mais ampla do contexto social e mais específica da comunidade escolar. O intelectual transformador, na visão de Giroux, deve desenvolver experiências pedagógicas que promovam o entendimento e a superação das forças que atuam para a preservação do *status quo*.

Em tom de ilustração, veja-se como elemento de resistência as propostas curriculares da Educação Física que perpetuam modos, valores e conceitos dos grupos dominantes, a manutenção dos formatos originais das práticas corporais pelas crianças e jovens que, na escola, têm acesso às propostas da psicomotricidade, desenvolvimentista, esportivista ou da educação para a saúde. Apesar dos docentes se esforçarem na correção dos movimentos inicialmente apresentados pelos estudantes, de ensinarem atividades e jogos que prometem o desenvolvimento do esquema corporal e da orientação espaço-temporal ou se dedicarem à transmissão de conceitos e procedimentos que perseguem a adoção de um estilo de vida saudável, é visível a permanência nos contextos exteriores à escola de manifestações culturais corporais que se afastam em absoluto dos conteúdos veiculados nas aulas: os estudantes jogam à sua maneira, não reproduzem as atividades ensinadas nem sequer nos intervalos escolares e, muito menos, adotam a atividade física frequente como forma de manter e/ou adquirir os padrões de saúde estipulados institucionalmente.

Nas comunidades onde o uso do "cerol" para empinar pipas é uma constante, costumeiramente, o discurso escolar de coibição surte pouco efeito. O mesmo se dá com o moralismo impingido na proibição de brincadeiras populares que recorrem a uma linguagem mais franca ou as danças de *rap*, *black* e *funk* nas dependências da instituição. Apesar da insistência da escola no combate a essas manifestações pelo ensino das práticas corporais legitimadas pela cultura dominante, a cultura popular resiste e transforma seus elementos com base na imposição alheia ou modifica os conteúdos ofertados com base nos próprios elementos. Em muitas escolas, quando os jovens são obrigados a usar uniformes, é comum vê-los modificar as vestimentas oficiais ao seu gosto, cortando mangas, laceando golas, usando calças e bermudas abaixo da linha dos quadris etc.

A resistência dos alunos ocorre como estratégia de oposição ao processo hegemônico por entender tal imposição cultural como um ato hostil. A escola da cultura hegemônica propicia pouca ou quase nenhuma opção de escolha aos estudantes em desvantagem cultural e coloca-os diante de um dilema: ou competem na sociedade em condições desiguais, negando seus conhecimentos obtidos na cultura paralela à escola, além da sua dignidade, ficando fadados ao fracasso, ou são colocados para fora do sistema. Nesses termos, a pedagogia é entendida como ação cultural.

Conforme apontaram Neira e Nunes (2006), nas aulas fundadas na pedagogia tecnicista, enquanto alguns encontram o sucesso em virtude da condição inicial de portadores dos comportamentos exigidos, outros demonstram comportamentos que são rejeitados e, comumente, alvo de preconceitos. Nesse caso, o currículo configura-se como espaço de discriminação, desencadeando a diferença. Diante das condições impositivas do currículo psicomotor, desenvolvimentista, saudável e esportivo, como definição de certas técnicas culturais a serem aprendidas por todos, o estudante, ou se sujeita àquela cultura, ou resiste à dominação, terminando por ser excluído ou excluir-se das atividades de ensino. Contudo, em muitos casos, a resistência pode favorecer uma nova identificação com os colegas neglicenciados pela cultura hegemônica e gerando a transgressão.

Mesmo sem ter investigado o currículo propriamente dito, Silva (2007) nota grandes avanços realizados por Paulo Freire na sua proposição de uma pedagogia crítica. Ao sinalizar a existência de uma relação intrínseca entre "educação e política", o educador nordestino organiza uma proposta prática de "educação problematizadora", baseada na ideia de que o ato de conhecer é intencional e fruto da experiência vivenciada pela pessoa com o objeto em estudo. Paulo Freire atribui especial importância ao diálogo (ato dialógico) em torno das experiências dos educandos e do educador, porque é nessa relação que as pessoas se educam mutuamente. Do relato dessas experiências, surgem os "temas geradores ou significativos" para o desenvolvimento do currículo. Com base na determinação dos temas geradores, participam também desse diálogo os especialistas por meio de seus códigos e o conhecimento do professor por meio das atividades pedagógicas propostas. Nesse diálogo, todos conhecem o mundo pela "consciência" das coisas, das relações e principalmente de si mesmos. Freire supõe que tal consciência possibilite a "libertação" das relações de opressão.

Para Silva (2007), é óbvia a herança freireana tanto na concepção emancipadora quanto na noção de pedagogia como ação cultural divulgadas por Giroux. Quando Paulo Freire salientou a importância da participação das pessoas envolvidas no ato pedagógico na construção de seus próprios significados, de sua própria cultura, enfatizou também as estreitas conexões entre a pedagogia e a política, entre a educação e o poder. Veja-se, por exemplo, a crítica freireana a uma visão bancária da educação e sua concepção do conhecimento como um ato ativo e dialético.

O currículo envolve a construção de significados e valores culturais e, por isso, não está simplesmente envolvido com a transmissão de conhecimentos objetivos. O ensino produz e cria significados sociais não situados no nível da consciência pessoal ou individual, tendo em vista sua estreita ligação com as relações sociais de poder e desigualdade. Trata-se de significados em disputa, de significados impostos, mas também contestados. Assim, há pouca diferença entre, de um lado, o campo da pedagogia e do currículo e, de outro, o campo da cultura. O que está em jogo, em ambos, é uma política cultural.

Por meio do conceito de educação problematizadora, Freire (1970) buscou desenvolver uma concepção que possa constituir-se em uma alternativa à educação bancária. Como elemento fundante da problematização, encontra-se uma compreensão radicalmente diferente do que significa "conhecer". Aqui, a perspectiva é claramente fenomenológica. Nela, o conhecimento é sempre conhecimento de algo, o que implica a impossibilidade de separar o ato de conhecer daquilo que se conhece. Em virtude disso, o conhecimento é sempre "intencionado", isto é, dirige-se sempre para alguma coisa.

O ato de conhecer, para Freire, envolve basicamente o tornar "presente" o mundo para a consciência. Conhecer não é um ato isolado, individual, pois envolve intercomunicação, intersubjetividade. Essa intercomunicação é mediada pelos objetos a serem conhecidos. Na ótica freireana, é pela intercomunicação que os homens mutuamente se educam, intermediados pelo mundo cognoscível. É a intersubjetividade do conhecimento que permite a Freire conceber o ato pedagógico como ato dialógico. Se conhecer é uma questão de depósito e acumulação de informações e fatos (pressuposto da educação bancária), o educando é sempre visto a partir do que lhe falta, da carência e da ignorância com relação a fatos e informações. Diante disso, o ensino se resume ao preenchimento. Em vez do diálogo, uma comunicação unilateral é estabelecida. Na educação problematizadora, ao invés disso, todos os sujeitos estão ativamente envolvidos no ato de conhecimento. O mundo – objeto a ser conhecido – não é simplesmente comunicado e, por essa razão, o ato pedagógico não consiste simplesmente em "comunicar o mundo". Em vez disso, educadores e educandos criam, dialogicamente, um conhecimento do mundo.

Na concepção freireana, é a própria experiência dos educandos que se torna fonte primária de busca dos "temas significativos" ou "temas geradores" que constituirão o conteúdo programático do currículo. Como decorrência, o conteúdo é sempre resultado de uma pesquisa do universo experiencial dos próprios educandos, os quais são também envolvidos na pesquisa.

Contrariando a representação que comumente se faz, aos olhos de Silva (2007), a pedagogia freireana concede importância central ao papel dos educadores diretamente envolvidos nas atividades pedagógicas, aos quais cabe elaborar, ao final, os "temas significativos" e fazer a "codificação". Assim, o conteúdo programático da educação não é uma doação ou imposição, mas a possibilidade dos alunos conhecerem outras ideias de forma mais organizada e sistematizada a respeito daquilo que apresentaram inicialmente de forma fragmentária. O que ganha destaque, então, é a participação dos educandos e educandas nas várias etapas da construção desse processo. Em uma operação visivelmente pedagógica, a escolha do conteúdo que será estudado deve ser feita em conjunto pelo educador e pelos educandos. Esse conteúdo deve ser buscado, conjuntamente, naquela realidade, naquele mundo que constitui o objeto de conhecimento intersubjetivo.

A epistemologia que subsidia tal perspectiva está centrada em uma visão fenomenológica do ato de conhecer como "ter consciência de alguma coisa", o que inclui a consciência não apenas das coisas e das próprias atividades, mas também de si mesmo. É igualmente importante entender a cultura não só como criação e produção humana, mas também como patrimônio que identifica e distingue os diversos grupos sociais pela atribuição de significados. Por esse entendimento, não pode haver padrões de comparação que distingam uma cultura melhor de uma cultura pior. A cultura define-se por qualquer critério estético ou filosófico. Não se fala mais em "cultura", mas em "culturas".

O desenvolvimento dessa noção de cultura implica a rejeição ao ensino que proliferou na educação por um longo período. Dado que a escola surgiu, se estabeleceu e se desenvolveu no seio dos setores dominantes da modernidade, a definição de cultura que predominou abrangia tão-somente o conjunto das obras de "excelência" produzidas no campo das artes visuais, da literatura, da música, das letras, do teatro, das ciências etc. Assim, ir à escola significava ter acesso a essa cultura, isto é, aos conhecimentos alusivos e perpetuados pelos grupos em condição de vantagem política, econômica e simbólica no tecido social e que, por essa razão, possuíam melhores condições para determinar o que a escola deveria ensinar e como deveria fazê-lo. A intensidade com a qual seus significados foram socializados durante décadas fez acreditar que aqueles eram os verdadeiros conhecimentos que homens e mulheres de prestígio deveriam ter acesso, configurando suas identidades. A crítica freireana põe em xeque esses pressupostos pela expansão considerável da compreensão do que constitui cultura e permite que se veja a chamada "cultura popular" como conhecimento que legitimamente deve fazer parte do currículo.

Todavia, se o conceito de resistência for levado em consideração, verificar-se-á que o posicionamento epistemologicamente desprivilegiado dos grupos dominados, por terem sido colocados em posição de repressão na estrutura que divide a sociedade de forma maniqueísta, lhes confere um conhecimento a respeito do predomínio que os grupos dominantes simplesmente não podem ter acesso. Em uma época em que o tema do "multiculturalismo" ganha cada vez mais atenção, essa situação pode servir de inspiração para o desenvolvimento de um ensino que responda às novas condições de dominação que caracterizam a "nova ordem mundial".

A teorização crítica estabelecida pelas ideias freireanas influenciou o ensino da Educação Física, fazendo surgir novos encaminhamentos metodológicos, sem, no entanto, efetuar qualquer análise dos conteúdos de ensino, que continuaram os mesmos. As propostas desenhadas com esse espírito promoviam o ensino do esporte ou das habilidades motoras por meio de situações didáticas que propusessem a reflexão acerca do processo de construção de dada prática corporal. Acreditava-se que, se no contexto educacional a imposição externa das regras fosse substituída pela construção dialogada, as condições sociais de dominação apresentadas pelas práticas da cultura dominante seriam superadas.

É verdade que tais propostas procuram deslocar os estudantes da condição de "receptores passivos" do conhecimento apresentado pelos docentes e transformá-los em autores. Entretanto, fazem-no sem a necessária reflexão sobre as condições sociais de produção daquelas práticas corporais, mantendo-as como conhecimento verdadeiro a ser ensinado nas aulas de Educação Física. Essas modificações de cunho estritamente metodológico e que pretendiam envolver todos ou promover a autonomia e o comportamento crítico dos alunos passaram a ser implementadas como alternativa às propostas curriculares tecnicistas. Entretanto, ao serem reproduzidas sem a devida reflexão por parte dos professores ou sem que os alunos fossem instados a repensar os valores sociais que permeiam as formatações originais dos conteúdos ensinados e contribuir com sua cultura, aquelas "concepções abertas"[6] transformaram-se em cartilhas, como se, apenas com mudanças de estratégia, o ensino do componente promovesse a formação de pessoas que poderiam assumir a condição de sujeitos das transformações sociais.

Tamanho equívoco pode ser atribuído ao modelo de formação inicial ou contínua no qual os professores estiveram/estão imersos. Suas experiências formativas muitas vezes lhes ofereceram, de modo predominante, apenas recomendações metodológicas, algo bem característico das pedagogias

---

[6] Alusão à obra de Hildebrandt e Laging (1986).

tecnicistas, ou seja, aprende-se a atribuir grande importância ao "como ensinar", sem, no entanto, a necessária análise sociológica, política, filosófica e sócio-histórica dos conteúdos desse ensino e suas possíveis consequências.

O sociólogo inglês Michael Young (1986) também dá certo destaque ao questionamento da "natureza do conhecimento". Na sua visão, os conhecimentos vinculados no currículo são percebidos pelos estudantes e pessoas em geral como "naturalizados"[7], em razão da ausência da análise de sua construção histórica, social e arbitrária. Caso sejam perscrutados, desvelar-se-ão os conflitos que geraram, ao longo da história, a seleção, a organização e a distribuição do conhecimento escolar. Ao investigar o que ocorre nas relações interpessoais alunos-professor, aspecto, de certa forma, também considerado na "pedagogia do oprimido" de Paulo Freire, Young defende o diálogo genuíno, a escuta do educador e a voz dos educandos. Para o autor, é justamente nessa relação que os significados realmente se estabelecem, visto que o conhecimento é uma construção social. Tanto a visão de mundo do professor como o modo pelo qual ele concebe e trata[8] os alunos influenciam os significados construídos e a possibilidade de sua aprendizagem pelos estudantes.

As teorias educacionais críticas, a partir da década de 1970, nutriram-se com as contribuições das investigações que passaram a questionar a lógica quantitativa empregada na análise dos sistemas de ensino focada prioritariamente nas taxas de promoção, retenção e evasão. O movimento conhecido como Nova Sociologia da Educação (NSE)[9] teve na figura de Michael Young um dos seus principais precursores. O foco das atenções foi direcionado à análise do fracasso das crianças e jovens da classe operária, com a intenção de problematizar o que ocorria no interior do percurso escolar das camadas populares. O que se destaca nessa vertente é o desenvolvimento de uma sociologia do conhecimento cuja tarefa consistiu em salientar o caráter socialmente construído das formas de consciência e

---

[7] Sempre existiu, já é dado, está posto.

[8] Young denomina esse processo de tipificação, ou seja, ação de rotular.

[9] Segundo Silva (2007), a Nova Sociologia da Educação (NSE) critica a sociologia aritmética por causa da sua concentração nas variáveis de entrada (classe social, renda, situação familiar) e nas variáveis de saída (resultados dos testes escolares, sucesso ou fracasso escolar), deixando de problematizar o que ocorre entre esses dois pontos.

de conhecimento, bem como suas estreitas relações com estruturas sociais, institucionais e econômicas.

A maior contribuição dessa corrente sociológica à educação crítica deu-se com base no questionamento das teorias que naturalizavam o fracasso escolar dos filhos das camadas populares, conferindo-lhes a responsabilidade pela sua vitimização em virtude de certa "carência cultural" (Silva, 2007). A Nova Sociologia da Educação tenciona desnaturalizar os resultados desse grupo diante dos conhecimentos ofertados pela escola, desvelando seu caráter histórico, social, contingente e arbitrário. Diferentemente de um olhar centrado em aspectos puramente epistemológicos, a questão não consiste em saber qual conhecimento é verdadeiro ou falso, mas em saber o que conta como conhecimento. Em contraste com a psicologia da aprendizagem, esta vertente crítica tampouco está preocupada em saber como se aprende. No campo da Educação Física, por exemplo, saber como se aprende pressuporia responder previamente quais são as bases sociais do conjunto de conhecimentos pertencentes ao currículo da Educação Física legitimado pela instituição escolar.

A preocupação, então, dirigiu-se para a crítica sociológica e histórica dos programas curriculares que vigoravam no ambiente educacional. Nessa visão, os currículos escolares são invenções sociais como resultado de um processo que envolve conflitos e disputas em torno de quais conhecimentos devem ser ensinados. O que importa, segundo Silva (2007), é como determinada disciplina e não outra acabou entrando no currículo, porque esse tema e não outro, porque essa forma de organização e não outra, ou seja, quais os valores e os interesses sociais envolvidos no processo seletivo daquilo que seria ensinado. De forma mais geral e abstrata, busca-se investigar as conexões entre, de um lado, os princípios de seleção, organização e distribuição do conhecimento escolar e, de outro, os princípios de distribuição dos recursos econômicos e sociais mais amplos. Em suma, a questão básica é a das conexões entre currículo e poder, entre a organização do conhecimento e a distribuição do poder por meio das fases do processo de ensino (planejamento, seleção de conteúdos, metodologia de ensino e avaliação).

Sob as influências desse construto teórico, é possível a adoção de uma postura mais fenomenológica para a análise do ensino. Nesse sentido, a observação atenta das pedagogias tecnicistas da Educação Física permitirá elucidar uma preocupação objetivista, na qual a organização dos conteúdos a serem ensinados corresponde a tipos diferentes de objetos que teriam existência independente dos indivíduos. Essa visão ignora a intencionalidade e expressividade da ação humana e todo o complexo processo de negociação intersubjetiva dos significados implícitos nas manifestações da cultura corporal. A NSE denuncia o disfarce de "inquestionáveis" com o qual esses currículos trataram os conhecimentos que deveriam ser continuamente interpretados à luz da história. Nos planos de ensino dos currículos esportivo, globalizante, desenvolvimentista e saudável, identificam-se a preocupação com o ensino da bandeja do basquete, do desenvolvimento da lateralidade ou da fórmula para o cálculo do Índice de Massa Corporal, sem que se estabeleçam quaisquer análises das motivações que fizeram eleger esses conhecimentos no currículo, como também sua trajetória sócio-histórica, a subjetividade que transportam etc.

A NSE concentra-se na forma como o conhecimento é elaborado intersubjetivamente na interação do professor com os alunos na sala de aula, afinal, do mesmo modo como ocorre em outros locais, a "realidade" constitui-se por significados intersubjetivamente construídos no intercâmbio social. É por isso que uma pessoa que não participa de determinado contexto social sente-se um estrangeiro quando procura engendrar-se nesse. Na situação educacional, para evitar a sensação de estranhamento, todo e qualquer conteúdo de ensino deverá ser submetido ao processo de interpretação e negociação em torno dos significados que lhe são atribuídos pelos estudantes e docentes na sala de aula. Discussões como essas, se pautadas no currículo, provavelmente alimentarão a tentativa de compreender quais são as visões de mundo que os atores da educação trazem para a sala de aula, bem como aquelas que eles ali desenvolvem. Como bem disse Young (1986), o conhecimento prévio que os professores têm dos alunos influencia não só o tipo de tratamento estabelecido como a profundidade dos assuntos e as formas de organização das atividades de ensino. Isso ocorre porque a avaliação que os docentes fazem acerca da capacidade mental dos alunos e alunas determina o estabelecimento dos objetivos educacionais, ou seja, as expectativas dos professores com relação ao seu próprio trabalho. Em grande parte, como se sabe, é a classe social a qual pertencem os estudantes que acaba determinando as opiniões docentes.

Como elementos inspiradores para a prática pedagógica, essas reflexões contribuem para reforçar a posição de Gimeno Sacristán (2000), quando afirma ser qualquer conteúdo de ensino uma construção social, o que o torna passível, portanto, de crítica, substituição, transformação ou modificação; em outras palavras, simplesmente não existem conteúdos irremovíveis. Com base nessa assertiva, os educadores e educadoras da escola precisam construir propostas que façam dialogar as tradições culturais e epistemológicas dos grupos subordinados com aquelas pertencentes aos grupos dominantes, desafiando constantemente as formas de estratificação e atribuição de prestígio, como, por exemplo, a valorização do xadrez em detrimento do jogo de damas, o pouco espaço destinado às danças quando comparadas aos esportes, a prevalência dos mais habilidosos para composição de equipes escolares e a invisibilidade dos demais, os regulamentos dos campeonatos internos e externos etc.

Embora a NSE enfatize a preocupação com os conteúdos de ensino, convém não incorrer no equívoco de acreditar que a simples transformação desse item permitirá a estruturação de currículos escolares que levem a escola a cumprir sua função social de democratizar os conhecimentos. O mesmo pode ser dito a respeito da solução de todos os problemas por meio da simples mudança de métodos de ensino. Em tempo, vale alertar que não se trata simplesmente de substituir conteúdos ou métodos. As teorias críticas da educação, no seu conjunto, ensinam a importância da análise incansável do currículo no seu sentido mais amplo – os conhecimentos que serão ensinados, as formas de organização das diversas atividades que compõem o cotidiano escolar, as formas de tratamento, a eleição dos objetivos de ensino, a escolha dos materiais didáticos etc.

Em geral, as pessoas que possuem alguma experiência escolar, mesmo na condição de alunos, conseguem identificar variações nas formas utilizadas pelos professores para organizar e conduzir as atividades de ensino. Todas concordam sobre a existência de uma quantidade enorme de variantes: os estudantes podem ter maior ou menor controle sobre o ritmo da transmissão; os objetivos a serem atingidos podem ser mais ou menos explícitos; os critérios de avaliação podem ser mais ou menos evidentes etc. Nas propostas curriculares desenvolvimentista e saudável da Educação Física, é o docente quem decide o que ensinar, quando ensinar, em que ritmo, como também define os critérios pelos quais se pode dizer que os estudantes aprenderam ou não.

Pode-se, nessas propostas, afirmar a existência de um elevado grau de controle sobre os objetivos e critérios. Já no currículo globalizante, a organização das atividades pautadas em jogos ou situações-problema proporciona certa abertura às hipóteses dos estudantes. Há, nesse caso, um grau muito maior de controle sobre o tempo e o ritmo das aprendizagens. Em compensação, tanto os objetivos a serem alcançados quanto os critérios de avaliação são pouco explícitos. Essas características, como se pode notar, revelam claramente uma íntima ligação entre educação, controle e poder.

O poder está essencialmente ligado ao que é legítimo e ilegítimo incluir no currículo. Essa decisão é uma expressão de poder. Decidir quais conteúdos serão trabalhados e quais não serão significa poder. No entanto, o controle diz respeito essencialmente à forma de organização das atividades de ensino e da avaliação. O controle está associado tanto à atividade de ensino selecionada pelo professor, ao ritmo, à forma de organização, ao tempo, ao espaço de participação concedido aos alunos quanto aos índices, às menções, atividades etc. empregados para "aferir" o que foi aprendido.

Em um currículo da Educação Física baseado na resolução de situações-problema ou que recorra ao jogo como estratégia, as fronteiras entre poder e controle são pouco nítidas. Contudo, isso não representa de modo algum ausência de poder, mas a recorrência a princípios diferentes de poder, afinal, a escolha por essa atividade deu-se em razão dos objetivos de ensino estabelecidos pelo docente. Do mesmo modo, não se pode dizer que, em virtude da maior possibilidade de decisão sobre as diversas dimensões da atividade (ritmo, tempo, espaço), o controle esteja ausente, simplesmente estão em ação outros princípios de controle, mais sutis, mas nem por isso menos eficazes; isto é, apesar da abertura proporcionada, há limites para as soluções apresentadas pelos alunos e certa inclinação por parte dos docentes para a qualificação diferenciada dessas soluções. Na verdade, tais concepções abertas à participação dos estudantes, conforme implicam uma maior visibilidade de estados subjetivos dos educandos, podem até ser mais eficazes no estabelecimento dos limites tanto no que concerne ao poder quanto ao controle.

Por fim, Bernstein (1998), outro teórico da pedagogia crítica, preocupou-se em investigar o modo pelo qual a escola ensina aos sujeitos suas posições de classe. A teoria sociológica por ele elaborada descreveu detalhadamente o modo pelo qual a escola fornece três sistemas de mensagem aos alunos:

(a) o currículo, que define qual conhecimento é válido; (b) a pedagogia, que define qual transmissão é válida e (c) a avaliação, que define qual realização é válida. Bernstein analisa como esses sistemas estão organizados para criar validações, gerando poder e controle. O poder relaciona-se com o currículo mais ou menos classificado, com fronteiras mais ou menos definidas, com áreas isoladas ou integrado. Não se trata de uma noção de poder marxista (dual entre ter ou não poder), mas uma visão de poder de Foucault (há diferentes formas de poder e de controle). O controle relaciona-se com a pedagogia. Quanto maior o controle da transmissão do conhecimento pelo professor, mais enquadrada é a transmissão (no controle do espaço, tempo, ritmo). Tanto no currículo como na forma de transmissão se aprendem os códigos: um conjunto de regras implícitas que permitem perceber os contextos e se ajustar a eles. É justamente por meio desses códigos que as pessoas aprendem suas posições de classe, ajustando-se a elas. Portanto, para Bernstein, há uma pedagogia invisível na escola, que se organiza por meio de códigos.

Uma análise do currículo escolar com base nessa perspectiva permite afirmar que é na escola, sobretudo pelas atividades de ensino propostas, que se aprendem as posições dos diversos grupos culturais no emaranhado social em razão da tradução das estruturas de classe social em estruturas de consciência. Afinal, são justamente os alunos socialmente privilegiados que nessas propostas abertas oferecem respostas e comportamentos mais condizentes com as intenções do professor ou professora. Nesse ponto, entra em causa o importantíssimo conceito de código.

O código, segundo Bernstein, é a gramática implícita e diferencialmente adquirida pelas pessoas dos diferentes grupos sociais nos diversos contextos da experiência humana. Uma gramática é aquilo que permite distinguir nos diferentes contextos quais são os significados mais relevantes e quais não são e como expressá-los publicamente. É o código que faz a ligação entre as estruturas macro da sociedade, a consciência individual e as interações sociais do nível micro.

O importante é que a posição ocupada na divisão social determina o tipo de código aprendido. O tipo de código determina, por sua vez, a consciência da pessoa, o que ela pensa e, portanto, os significados que ela realiza ou produz na interação social. Se relembrarmos que a classe é a posição que as pessoas ocupam na divisão social do trabalho ao exercerem uma função mais ou menos especializada, mais ligada à produção de materiais ou à produção simbólica, com maior ou menor necessidade de escolarização etc., é possível afirmar que, pelos códigos, as vivências das relações que inicialmente são próprias ao mundo do trabalho poderão transferir-se para outras instâncias sociais: patrão/empregado e chefe/subordinado para treinador/atleta, professor/aluno etc.

Em um currículo pautado no ensino esportivo, por exemplo, os alunos aprenderão o que significa ganhar e o que significa perder, bem como que para ter sucesso são necessários a obediência e o não questionamento às regras e um conjunto específico de técnicas e comportamentos que caracterizam as diversas modalidades. Também aprenderão que ganhar é socialmente mais importante do que perder e aqueles que ganham acumulam bônus sociais extremamente mais valorizados do ponto de vista social que aqueles que perdem. Daí se pode depreender que tipos de aprendizagens são obtidos quando esse currículo provoca constantemente a vitória daqueles que chegaram à escola com um patrimônio de conhecimentos que lhes permite vencer e a derrota daqueles cujos conhecimentos iniciais se afastam das exigências para o sucesso naquelas atividades – sinteticamente, vemos reforçada a oposição social entre vencedores e perdedores.

Os exemplos anteriores permitem perceber a subjetividade que acompanha os intercâmbios entre os diferentes grupos, sobretudo, quando se encontram no mesmo espaço social. O importante, no entanto, é notar que a posição ocupada na divisão social determina o tipo de código aprendido. Esse determina, por sua vez, a consciência de cada pessoa, o que ela pensa, sente e os significados que produz na interação social. O código pode ser aprendido em diversas instâncias pela experiência vivida no interior das estruturas sociais nas quais ele se expressa. No caso da educação escolar, tais estruturas se configuram por meio da estruturação dos objetivos, seleção de conteúdos, organização das atividades, escolha dos materiais didáticos e da avaliação. Nesse sentido, tanto o fracasso vivido nas aulas de Educação Física quanto o sucesso veiculam determinados códigos que potencializam as aprendizagens da condição de classe dos diversos grupos que compõem a sociedade. Convém chamar a atenção para a discrepância entre os códigos supostos pela escola e disseminados pelas atividades de ensino e o código das crianças e jovens pertencentes aos grupos culturais historicamente desprestigiados pela educação escolar em geral e pelos currículos tecnicistas da Educação Física em particular; tal fato pode estar na origem do seu fracasso ou resistência. Além disso, contrariando o pensamento educacional considerado "progressista", colocamos em dúvida o papel supostamente "progressista" do ensino centrado no aluno. Conforme foi exposto, esse ensino simplesmente muda os princípios de poder e controle no interior do currículo, deixando intactos os princípios de poder da divisão social.

É visível o esforço dos professores para diversificar as estratégias nas escolhas das equipes para a aprendizagem das mesmas modalidades esportivas – comumente originadas nos setores economicamente dominantes. Ao tomar-se como base as ideias de controle e poder é possível dizer que, seja qual for a configuração das equipes ou a modalidade em questão, praticamente os mesmos alunos fracassarão. Sob os desígnios de um currículo que valoriza quem executa corretamente os movimentos, não importa quais sejam os conteúdos, mesmo abandonando os esportes e adotando a dança ou as lutas também produzir-se-ão vítimas e algozes. O que se quer colocar em xeque com ilustrações tão corriqueiras é a hegemonia do pensamento pedagógico tecnicista que promoveu com tamanha intensidade e homogeneidade esse quadro.

Com base nas análises de Bernstein, Silva (2007) dirá que o currículo crítico pode ser compreendido como uma crítica aos aspectos invisíveis do currículo que influenciavam na modelagem de jovens a adaptar-se à estrutura social injusta. Por esse motivo, o "currículo oculto" foi amplamente investigado. Entre os aspectos do currículo desocultados pela pedagogia crítica, estão: (a) as atitudes e os valores aprendidos, como o conformismo, a obediência, o individualismo (próprios da subordinação), além de posições adequadas de homem/mulher e a identificação com determinada etnia e classe; (b) os meios pelos quais se aprendem esses aspectos, tais como: o modo de organização do espaço, o controle do tempo (assiduidade, pontualidade, fragmentação das aulas), os rituais, as regras e a aprendizagem dos conhecimentos de uma única cultura tida como válida e inacessível aos dominados pela falta de recursos simbólicos.

Tudo isso obriga a questionar a permanência *ad infinitum* da íntima ligação entre três fatores: 1) o que se entende por aprendizagem na Educação Física; 2) a realização satisfatória de atividades motoras expressa pelo jogar bem, ganhar, movimentar-se segundo padrões etc., e 3) a avaliação que posiciona o bom ou mau aluno conforme suas capacidades de produzir resultados reconhecidos pela sociedade mais ampla nessas atividades. Esse ponto é extremamente importante, afinal, quando se trata de jogar bem ou marcar pontos, pular corda sem errar ou repetir incansavelmente uma sequência de exercícios, o mérito da excelência (e os códigos que daí advêm) é reconhecido por uma sociedade que, sob a luz de um pensamento hegemônico, exalta alguns e descarta os demais, sem que sejam questionados os meios para tal ou as atividades empregadas. Desnecessário dizer que, em um currículo que objetive as técnicas do vôlei ou do xadrez, por exemplo, os alunos das comunidades mais humildes terão menores possibilidades de sucesso; o mesmo ocorrerá sempre que o formato das atividades de ensino exigirem dos participantes habilidades e comportamentos característicos dos grupos dominantes. Nesses casos, a reprodução dos códigos sociais da classe dominante é evidenciada no interior da escola e disseminada de diversas maneiras a todos os seus atores e atrizes. O paradoxo se estabelece quando o que se pretende é a elaboração de um currículo que corresponda aos pressupostos da atual função da educação escolar, qual seja a promoção de oportunidades de sucesso e aprendizagem para todos os alunos, independentemente das suas condições de classe.

Um outro aspecto relativo ao ensino da Educação Física e que bem reflete seus códigos sociais diz respeito à sua constituição histórica como espaço de aprendizagem externo ao projeto educativo da instituição escolar. Inúmeros discursos atribuem-lhe especificidades e características que o afastam das demais áreas do conhecimento que se encontram no mesmo ambiente, daí decorrendo um tratamento diferenciado. Em algumas escolas, por exemplo, o componente é ministrado no período inverso ao horário letivo dos estudantes ou suas turmas são compostas de forma diferenciada. Em outras instituições, mesmo vigorando a polivalência na Educação Infantil e nos anos iniciais do Ensino Fundamental, são contratados professores exclusivamente para lecionar Educação Física, sendo esse procedimento justificado pela especificidade do trabalho com o corpo/movimento.

Conforme debatido em inúmeros trabalhos, esse fenômeno tem origem na própria trajetória do componente e no dualismo racionalista que conferiu epistemologias distintas às disciplinas que abordam as questões corporais e intelectuais. Também poderíamos atribuir a aludida diferença aos diversos papéis sociais destinados àqueles que utilizavam seus corpos para trabalhar e àqueles que executavam tarefas intelectuais, ou ainda a hierarquização disciplinar da história da ciência que atribui *status* diversificados às áreas do conhecimento, colocando no ponto mais alto as ciências exatas e relegando às humanidades e manifestações expressivas as posições inferiores.

Convém recordar que tal hierarquização de saberes traduziu-se em divisões no interior da própria área apontadas em trabalho recente (Neira, 2008b), e refletiu-se inclusive nas modificações das políticas de formação profissional[10]. Enquanto os universitários que atuarão na Educação Básica frequentam um curso mais aligeirado e de cunho humanista, aos atuantes na esfera não formal (clubes, academias de ginástica, clínicas, *spas* etc.) é reservada uma formação mais longa, calcada nos conhecimentos biológicos distribuídos em disciplinas tradicionalmente vinculadas à área médica. Pode-se mencionar também que, em algumas instituições de Ensino Superior, os docentes responsáveis pelas disciplinas pedagógicas concentram seus focos de pesquisa e atividades acadêmicas em outros campos, estabelecendo pouca ou nenhuma relação com a área. Esse fato, por exemplo, é visível na relação que os graduandos estabelecem com os conhecimentos da área, atribuindo-lhe conotações recreativas, físico-desportivas ou biológicas sem qualquer relação com o seu atual contexto de produção de conhecimentos. Afinal, era de se esperar, que ao menos aqueles que ainda estão na universidade, tivessem acesso aos atuais debates no campo da Educação Física escolar. Como se nota, a estratificação visível na intervenção social confere "ares de ciência" aos atuantes naqueles espaços onde a atividade física é emprega como instrumento para conquista e obtenção da saúde ou melhoria do desempenho motor, visando à excelência, enquanto os profissionais para atuar no ensino escolar recebem menores aportes teóricos tanto no que se refere aos níveis quantitativos quanto aos qualitativos. Nesta altura, deixa-se a cargo do leitor a responsabilidade de decifrar não só os códigos que implicaram a constituição desses percursos curriculares distintos, suas motivações e consequências sociais, bem como aqueles que serão gerados por meio dessas experiências formativas.

---

[10] A legislação em vigor (BRASIL, 2004) conferiu atribuições, responsabilidades, competências específicas, carga horária e trajetórias formativas distintas para os cursos de licenciatura em Educação Física e graduação em Educação Física.

4

Teorias pós-críticas: a discussão contemporânea e suas contribuições para a construção do currículo da Educação Física

Esta seção prossegue com a apresentação e discussão dos movimentos teóricos e curriculares, a fim de fundamentar a perspectiva cultural para o ensino da Educação Física. Aborda o contexto multicultural da sociedade contemporânea e os principais conceitos que subsidiam a análise do processo de escolarização na atualidade, em que se torna imprescindível refletir acerca das características da população que frequenta uma escola compulsória e compromissada com a construção de uma sociedade que se pretende promotora de relações mais democráticas e equitativas.

Pressupostos

A seção anterior apresentou e debateu os principais conceitos que fundamentam a teorização crítica da educação e, baseando-se neles, estabeleceu relações com as propostas curriculares da Educação Física. Conforme mencionado nas páginas inicias, as teorias críticas da educação fundaram-se, basicamente, na análise do fenômeno educativo e descreveram a multiplicidade de relações sociais que configuram a dinâmica escolar, consubstanciada no currículo, valendo-se da construção teórica do materialismo-histórico e da compreensão da sociedade como cenário onde se desenrola a luta de classes. Foi visto que a teorização curricular crítica desenvolveu-se, sobretudo, com base na compreensão da escola como *locus* privilegiado para reprodução social e cultural. Já as teorias pós-críticas a seguir, serão apresentadas, discutidas e confrontadas com a construção curricular da Educação Física. Sucintamente, é possível dizer que agregam as teorias críticas e as ampliam pelo diálogo com outros construtos teóricos. Para facilitar a compreensão desta seção, recomenda-se que o leitor mantenha presente os conceitos discutidos nas páginas precedentes.

Tendo identificado os principais marcadores que caracterizaram as teorias críticas do currículo, será mapeado o contexto da teorização pós-crítica com a intenção de aclarar os elementos constituintes de sua concepção. Para iniciar essa jornada, convém elucidar o significado do termo "pós" recorrendo às reflexões de Bhabha (1998). Posteriormente, serão balizados o contexto histórico, político e social de sua construção e debatidos seus principais aportes teóricos.

O que é, afinal, "pós"?

Homi Bhabha, nome destacado da teorização pós-colonialista[1], afirma que a intensidade com a qual a categoria "classe social" tem sido tratada resultou na consciência das diversas posições de sujeito (etnia, gênero, orientação sexual, geração etc.) que constituem qualquer identidade no mundo moderno. Já o termo "pós", na visão do autor, embora controvertido, é usado como um jargão para definir a sociedade contemporânea: pós-moderna, pós-colonial, pós-feminista. Essas considerações fizeram emergir a necessidade de análises dos processos em que são produzidas as identidades. Daí a recorrência à construção de novos marcadores para situar as análises contemporâneas.

Ao contrário do que se afirma, "pós" não é aqui entendido como uma localização no tempo, ou seja, pós-crítico não é simplesmente uma concepção que surge *após* o pensamento crítico; tampouco é entendido como um movimento de oposição, ou seja, pós-crítico, pós-moderno, pós-colonial não é um modo de pensar *contrário* às concepções do pensamento crítico, do pensamento moderno ou do pensamento colonial. Em vez disso, o termo "pós" expressa uma reflexão sobre o objeto em estudo que amplia o modo de compreendê-lo. "Pós" é ir além. *Além* significa uma distância espacial que ultrapassa qualquer imposição de limites. É posicionar-se depois, adiante. Neste caso específico, trata-se de uma posição à frente dos limites impostos pelas epistemologias atuais. Ir além, ser "pós" é pensar, refletir, analisar e viver, de algum modo, além das fronteiras de nossos tempos. Ir além de si é impensável sem um "retorno" ao presente. Ir além de si é a possibilidade de retornar com novos olhares, revisando e reconstruindo as condições sociais e políticas do presente.

Bhabha não compreende o presente como reprodução do passado, mas também não significa negar o que existiu. Do mesmo modo, o presente não é a garantia de previsões acerca do futuro. O presente é feito de vários olhares sobre o mesmo fato, inclusive aqueles que predominaram no passado, a fim de torná-los mais inteligíveis do que foi possível em outras épocas. Significa dizer que a história não é simplesmente aquela narrada

---

[1] Entende-se por teoria pós-colonialista as análises das trocas culturais depois de findo o colonialismo político. Resumidamente, como se verá nas páginas subsequentes, é possível dizer que as perspectivas pós-coloniais expressam a resistência a todas as formas de globalismos intensificadas com a queda do Muro de Berlim.

ou prevista por certos grupos sociais. Existem outras histórias, ou melhor, outras formas de narrar a história. Somos todos marcados por rupturas, descontinuidades e desigualdades. Somos constituídos por múltiplas histórias que se influenciam mutuamente. Entre elas, histórias vividas e narradas por uma multiplicidade de vozes dissidentes que estavam, de algum modo, posicionadas além das fronteiras impostas pelo poder.

O ir e vir, estar aqui e além, faz da fronteira[2] o lugar a partir do qual algo "não percebido" começa a se tornar presente: a escuta e proposição das vozes até então silenciadas das mulheres, dos negros, das sexualidades vigiadas, dos grupos minoritários,[3] da cultura infantil, dos diversos grupos étnicos, entre tantas outras; e o questionamento dos pilares da modernidade – a ciência, a razão e o progresso. É nessa transição de fronteiras, nesse entre-lugares, que surgem outras linguagens, outras paisagens sociais, outras formas de se explicar a realidade, outras formas de viver nestes tempos.

As concepções pós-críticas, portanto, reconhecem o pensamento crítico e nutrem-se dele. No entanto, questionam seus limites, suas imposições, suas fronteiras, pois entendem que, embora o pensamento crítico possa comunicar uma verdade sobre o objeto bastante aceita pela maioria das pessoas de determinada comunidade, ela é apenas *uma* das verdades. O pensamento "pós" vai além. Ele possibilita a ampliação da investigação do objeto ao validar outras vozes, outros conhecimentos para explicá-lo. O termo "pós" expande as fronteiras da explicação. Em tom de síntese, seria adequado dizer que as perspectivas pós-críticas apreendem o pensamento crítico e, encontrando seus limites, travam diálogos promissores com outras explicações, arriscando-se a ultrapassar as fronteiras anteriores.

O currículo "pós"

Paraíso (2004) anuncia que o currículo "pós" recebe as influências de uma série de ferramentas conceituais, de operações analíticas e de processos investigativos que o diferenciam tanto das teorias tradicionais como das

---

[2] Autores como Bhabha (1998), Hall (2003) e García Canclini (1998) têm utilizado a ideia de fronteira para nomear espaços em que culturas diferentes entram em contato.

[3] O termo "minoritários" não se refere a aspectos quantitativos, e, sim, àqueles grupos culturais que não possuem representatividade nas decisões políticas.

teorias críticas precedentes. Os efeitos combinados dessas correntes, ampliados pelas contribuições da chamada "virada linguística"[4], expressam-se naquilo que se convencionou chamar de "teorias pós-críticas em educação".

O currículo pós-crítico inclui novas temáticas e categorias para maior compreensão das relações entre poder e identidade social, entre a escola e a sociedade pós-moderna. Nesse sentido, a teorização pós-crítica incorpora o multiculturalismo crítico, os estudos feministas, a teoria *queer*, os estudos étnicos e raciais, os pós-modernistas, os pós-estruturalistas, os Estudos Culturais, os pós-colonialistas, os ecológicos, a filosofia da diferença, a filosofia intercultural, a visão de pedagogia como cultura e da cultura como pedagogia – pressupostos que serão abordados mais adiante.

Cabe registrar que as teorias pós-críticas da educação constituem sistemas abertos, compostos por linhas variadas que, além de tomar emprestado argumentos de diferentes enfoques, criam outros. O currículo pós-crítico jamais poderá ser predefinido como os demais. Ele não é linear, prescritivo. Ele é uma escrita constante. O currículo pós-crítico é múltiplo, ele é múltiplos currículos.

As teorias pós-críticas realizam, no campo educacional brasileiro, substituições, rupturas e mudanças de ênfases com relação às teorias críticas. Suas produções e invenções têm elaborado e proposto práticas educacionais, currículos e pedagogias que apontam para a diferença, a abertura, a transgressão, a subversão, a multiplicação de sentidos. A teorização pós-crítica desestabiliza os especialistas da educação e abre espaços para que todos os professores se tornem curriculistas.

Silva (2007) adverte que as teorias pós-críticas em educação explicitam aquilo que não constitui objeto de seus interesses: não gostam de explicações universais, nem de totalidades, nem de completudes ou plenitudes. Em vez disso, optam claramente por explicações e narrativas parciais, pelo local e pelo particular. Não se preocupam com comprovações daquilo que

---

[4] Na análise pós-estruturalista, a virada linguística é o momento no qual a linguagem e o discurso passaram a ser considerados centrais na teorização social. Ganha ênfase a ideia de que os elementos da vida social são construídos pela linguagem e de modo discursivo. Assim, noções como verdade, sujeito, conhecimento, identidade e poder, por exemplo, não têm correspondência com objetos que os precederiam externamente, nem tampouco são independentes da linguagem e do discurso. Na análise pós-estruturalista, todas as noções frutificaram a partir de jogos de linguagem e retórica (Silva, 2000).

já foi sistematizado na educação, nem com "revelações" ou "descobertas". Preferem a invenção, a criação, o artefato, a produção. Não acreditam nas questões mais caras à teorização crítica: as "supostas" autonomia e emancipação do sujeito ou da sua subjetividade, aos quais comumente se apegam os educadores críticos. Consideram o sujeito um efeito da linguagem, dos textos, dos discursos, das relações de poder, da história, dos processos de subjetivação. Na teoria pós-crítica, segundo o autor, o que mais interessa são as diferentes práticas educativas – suas técnicas e procedimentos – que constroem, produzem, modificam e tentam fixar um modo de ser (identidade) a certos tipos de sujeito e de objeto. Qualquer forma de verdade ou de sua afirmação, na teoria pós-crítica, é uma invenção, uma ficção.

Os autores pós-críticos compreendem que o sujeito não é uma essência, não está descrito por nenhuma teoria *a priori* que tenta explicá-lo e sobredeterminá-lo. O sujeito não é algo dado, uma propriedade da condição humana que preexiste ao mundo social, como pensaram, guardadas as devidas epistemes, autores modernos, como Descartes, Kant, Marx, Piaget, entre outros. Ele é constantemente subjetivado, ou seja, o que importa é a relação estabelecida com os regimes de verdade que insistem em fixar sua identidade. Conforme Veiga-Neto (2003), é preciso examinar as diversas práticas discursivas e não discursivas, os diversos saberes que cercam e constituem o sujeito para poder problematizar como chegou a ser o que se diz que ele é e como ele foi engendrado nessa história. Contrariamente às concepções tradicional, tecnicista e crítica, para a teorização pós-crítica do currículo, a identidade do sujeito nunca é fixada, ou seja, os objetivos formativos surgem como possibilidades, jamais como certezas.

As ideias de Hall (2000), ao conceberem a identidade de forma cada vez mais fragmentária, nunca singular, mas multiplamente construída por discursos, práticas e posições que se cruzam e que ainda podem ser antagônicas, fortificam os posicionamentos das teorias curriculares pós-críticas quanto à improbabilidade do sujeito que se quer formar. Esse deslocamento do sujeito de uma essência preestabelecida ou de um ideal a ser alcançado tem proporcionado severas implicações para a pedagogia crítica, pois, como se viu na seção anterior, a educação crítica comprometeu-se com a formação de determinado tipo de sujeito, aquele que, emancipado dos aspectos arbitrários e manipuladores presentes nas ideias sociais, políticas e econômicas, construiria a sua autoconsciência, sua autonomia e transformaria a sociedade por meio da desconstrução das estruturas de classe que influenciavam a seleção de conteúdos e a condução das práticas pedagógicas.

Além disso, adverte Silva (2007), as teorias pós-críticas não se interessam por modos "certos" de ensinar, formas "adequadas" de avaliar, "técnicas preestabelecidas" de planejar ou por conhecimentos "legítimos"; a não ser para problematizar essas comprovações, esses modos, essas formas, essas técnicas e conhecimentos. As teorias pós-críticas encontram muitas possibilidades de entender e explicar o currículo, a pedagogia, os sujeitos da educação, o conhecimento escolar, as políticas educacionais, os processos de avaliação, os artefatos tecnológicos etc.

Como consequência de seus interesses, as teorias pós-críticas da educação têm questionado o conhecimento (e seus efeitos de verdade e poder), o sujeito (e os diferentes modos e processos de subjetivação), os textos educacionais (e as diferentes práticas que produzem e instituem). Para Louro (1997) e Corazza (1997), as teorias pós-críticas problematizam as promessas modernas de liberdade, conscientização, justiça, cidadania e democracia, tão difundidas pelas pedagogias críticas. Duvidam dos discursos salvacionistas da psicologia do desenvolvimento, dos efeitos das atividades integradoras ou cooperativas. Discutem questões dos tempos e espaços educacionais, mostrando os processos de feitura da escola moderna, bem como pensam, de distintas formas, a diferença, a identidade e a luta por representação. Abrem mão da função de prescrever, de dizer aos outros como devem ser, fazer e agir. Buscam, acima de tudo, implodir e radicalizar a crítica àquilo que já foi significado na educação e procuram fazer aparecer outras formas de significação, construídas coletivamente nas fronteiras do conhecimento para produzir novas práticas, novos conhecimentos, outros modos de ser. Assumem o risco de educar na diferença, na divergência, no dissenso, para que o consenso nunca mais feche os horizontes sociais, empurrando os indivíduos para o conservadorismo e suas fronteiras, ou tente conter a radical heterogeneidade da cultura.

No currículo pós-crítico, a contestação e o questionamento são uma constante, mas não com base em uma posição superior, vanguardista e epistemologicamente verdadeira. As ocorrências dão-se com base no interior das relações de poder e do questionamento de si próprio (currículo pós-crítico) e do seu envolvimento no estabelecimento de hierarquias, posições e autoridades privilegiadas. No pensamento pós-crítico, não é a epistemologia, o conhecimento que define as ações políticas e sociais. No pensamento pós-crítico, a epistemologia é definida politicamente por meio de práticas discursivas, por meio das relações de poder.

Contexto

Nos últimos anos, as teorias social e cultural têm enfatizado como o deslocamento das estruturas e das referências que tradicionalmente ancoravam o indivíduo no sistema social, como, por exemplo, o trabalho, a família, a ciência e a religião, influenciam o processo de transformação da sociedade. As mudanças vêm sendo amplamente expostas nos meios de comunicação de massa que, ao facilitar uma exposição contínua de modos e comportamentos diversificados, oferecem constantemente uma visão de homem múltipla, plural e paralelamente fragmentária. Tamanha divulgação, ao mesmo tempo que elimina a distância e o tempo e torna o mundo mais próximo, possibilitando o risco de homogeneizá-lo, permite perceber quem é o sujeito e as contradições e desigualdades sociais com que vive.

Na contemporaneidade, os meios de produção, circulação e intercâmbio cultural estendem-se pelos cantos do globo, expandindo para todos os lados uma infinita quantidade de informações graças à intensa revolução tecnológica. A produção, proliferação das comunidades virtuais, saturação das mídias e o acesso irrestrito aos meios de comunicação bombardeiam crianças, adultos e idosos irrestritamente, proporcionando uma vertigem social em razão da mediação da realidade por meio da indústria cultural. Essa condição, denominada hiper-realidade, diminui a capacidade de os sujeitos encontrarem soluções para os problemas cotidianos, gerarem paixões pelos compromissos ou terem fé na compreensão das coisas do mundo (Steinberg e Kincheloe, 2001).

As mudanças sociais e culturais tornaram-se mais intensas desde a Segunda Guerra Mundial. Decorrentes de uma série de decisivas transformações nos modos de produção, de uma nova distribuição de forças políticas e econômicas e das alterações nas relações socioculturais mundiais, têm proporcionado grandes deslocamentos de diversas populações pelo globo, comumente associados às guerras civis, perseguições políticas, desemprego, fome, miséria e cataclismos.[5] Entre os fatores anunciados, ganha relevo o desmantelamento das colônias europeias que, apesar de independentes, continuam a refletir em seu interior as condições anteriores de existência em razão das arraigadas formas de domínio cultural e político que historicamente posicionaram os colonizadores em condições econômica e socialmente vantajosas. Nas ex-colônias, seguem prevalecendo os interesses e modelos de controle das grandes potências, cujo resultado tem sido a pobreza generalizada e os conflitos étnicos, culturais e religiosos.

O fim da Guerra Fria, por sua vez, ocasionou o declínio do comunismo de Estado como modelo de oposição ao capitalismo e a iminente tentativa dos países ricos, liderada pelos Estados Unidos da América, de "trazer" os ex-Estados soviéticos para dentro do projeto de construção de uma "nova ordem mundial", desconsiderando fatores internos inerentes ao desenvolvimento e controle das diversas etnias que compunham a antiga União Soviética e os outros países do denominado Segundo Mundo.

Outro elemento decisivo que implica profundas transformações sociais é a atual "globalização". Apesar dos fatores anteriores estarem atrelados a condições particulares de existência, as mudanças desencadeadas têm sido associadas às políticas que tentam tornar hegemônica a ideologia neoliberal. Afinal, entre os seus interesses está inscrito um projeto mais amplo de globalização. Hall (1997) atribui a esse fenômeno a difusão por todo o planeta de corporações transnacionais que assumem papel de destaque na economia e no controle do capital e, como consequência, vêm ocasionando mudanças nas relações de produção, enfraquecendo os Estados-Nações e minando a capacidade dos países mais antigos e tradicionais, bem como das sociedades emergentes, de estabelecerem seus modos de ser ou controlar o próprio ritmo de desenvolvimento. Há de se ressaltar que, em comum, esses elementos apresentam uma intensa assimetria de poder – no domínio econômico, no político e no cultural.

As transformações, porém, não são apenas econômicas, dado que envolvem aspectos políticos, sociais e culturais. Tanto Bauman (1999) como

---

[5] O relatório do IPCC/ONU, divulgado em Paris (02.2.2007) e que abordou os "novos cenários climáticos", sinaliza para razões de fundo econômico oriundas da exacerbação da produção e do consumo.

Hall (2003) argumentam que a globalização econômica está inextricavelmente articulada com a globalização cultural, o que não implica que a primeira seja determinante da segunda. Mesmo em se tratando de um sistema que opera nos cinco continentes, seus efeitos são contraditórios e não produzem resultados homogeneizantes no mundo inteiro. Como ponto comum, a globalização tem aberto um fosso cada vez maior entre os que têm e os que não têm valorizado as tecnologias informacionais, as imagens, o individualismo e o particular, em troca do declínio do espaço público.

Diante do exposto, entende-se que todas as transformações decorrentes do processo da globalização não podem ser compreendidas se não for considerado o contexto cultural onde ocorrem, nem tampouco, sem que sejam deslindadas as intricadas relações entre o global e o local. Na complexa situação de intenso fluxo cultural, ao mesmo tempo que a globalização revela e familiariza com a diversidade cultural, produz uma coexistência tensa entre os diversos grupos culturais que colidem a todo momento mediante a veiculação de diferentes significados na escola, nos locais de trabalho, na mídia, enfim, nos diversos espaços de convívio social.

As transformações da vida local e cotidiana são decorrentes das relações objetivas travadas com a vida global. A vida na sociedade global aprofunda a interdependência das nações, povos, clãs, tribos, classes, grupos, famílias e indivíduos, seja no recanto privado, seja no espaço público, mediante relações de dominação, apropriação, resistência e integração. Apesar das forças homogeneizantes, a busca por equacionar interesses acaba por estabelecer alianças que criam outras formas de dominação e resistência. Tal fenômeno tem proporcionado alterações no modo de viver, na cultura das pessoas e dos grupos e transformado justamente as estruturas sociais que estabilizavam o sujeito e que lhe davam a sensação fixa de pertencimento, de identidade.

Se o processo de globalização não é novidade na história da humanidade, não há como negar que está em curso uma nova tentativa ou outro ciclo de ocidentalização do mundo. Esse movimento originário dos países ricos da Europa e revigorado pelos Estados Unidos da América, por ser, ao mesmo tempo, social, econômico, político e cultural, segue caminhos contraditórios, porém, articulados, que ampliam as desigualdades. Pode-se resumir esse ciclo pela tentativa de imposição de valores, padrões estéticos, modos de vida e trabalho, formas de pensamento e até as possibilidades de imaginação aos quais todos estão submetidos.[6] É nesse bojo de imposições que eclodem os princípios da liberdade, igualdade e propriedade articulados por um contrato social que compreende o mercado, a produção, o lucro e a mais-valia – elementos básicos definidores das tentativas e formas de expansão da civilização ocidental. Aos poucos, essas imposições se depararam com as lutas por melhores condições e oportunidades de fixação e geraram a institucionalização dos princípios da democracia, dos direitos e da cidadania, perseguidos pela sociedade atual, e que, simultaneamente, esbarram nos princípios da racionalização das organizações públicas e privadas, tanto as econômicas quanto as sociais, culturais, educacionais e religiosas, entre outras.

A ideia de ocidentalização em curso já havia sido pensada pelos filósofos dos séculos XVII, equacionada por Marx no século XIX e desenvolvida por sociólogos como Max Weber na passagem do século XX. Até o momento, o problema que atinge todos os povos do mundo é compreender as condições, vantagens, desvantagens e os custos agregados a esse processo, ou seja, que consequências advirão para a humanidade do ponto de vista global e local. Para Ianni (2005), está em marcha a racionalização do mundo, fenômeno que compreende as relações, os processos e as estruturas com que se aperfeiçoam a dominação, a apropriação, a integração e o antagonismo. O sociólogo considera difícil compreender esse ciclo sem levar em conta a cultura ocidental pensada pelos iluministas, na qual a racionalização desempenhava papel preponderante. Na sua visão, é o que desencanta o mundo.

A racionalização é operada por meio das agências multilaterais, públicas e privadas, que exercem missão colonizadora civilizatória, afirmando por meio de práticas discursivas que sem racionalizar nada pode funcionar. Por conseguinte, recorre-se a diversos artefatos que vão desde a criação de

---

[6] Um exemplo marcante desse processo é a atual imposição hegemônica de um estilo de vida ativo e saudável como forma "correta" de ser. Advinda de setores privilegiados econômica e socialmente, a "vida ativa" é socializada pelos meios de comunicação de massa, pelos currículos escolares, pela produção científica e, gradativamente, incorporada por diversos setores da sociedade. Haja vista os inúmeros programas com esse tom presentes não somente nos clubes esportivos e academias, como também nas escolas, nos hospitais, hotéis, produção editorial, administrações públicas, empresas etc.

uma moeda forte, passando pelos programas de formação, intercâmbios das diversas formas de mão de obra e de intelectuais locais, até a afirmação dos melhores líderes, da melhor ideologia, do que é melhor, mais avançado, civilizado, moderno, das melhores escolas e programas educacionais. Tudo isso e muito mais é prioritariamente divulgado em inglês, o idioma eleito como a melhor forma de comunicação em uma sociedade global. Em tal quadro, o papel das agências multilaterais é levar ajuda às localidades e aos países desprivilegiados, para que possam se desenvolver economicamente, tendo em vista o máximo possível de eficiência interna e externa, bem como o aumento da produtividade e equidade social.

Sob vários aspectos, esse novo ciclo coloca a indústria cultural em posto de destaque com a expansão dos meios de comunicação de massa e produção do tipo internacional-popular, multiplicando a simpatia pelos produtos culturais difundidos e reduzindo os custos dessa aproximação tanto econômicos quanto psíquicos (Ianni, 2005). O aumento do acesso às mídias diminuem distâncias e tempos, promovendo descontinuidades nos modos de vida e aceleração da história.

É óbvio que o processo de ocidentalização/globalização não é tranquilo. A cultura na sociedade global, as religiões e as seitas, as línguas e os dialetos, os nacionalismos e as nacionalidades, as ideologias e as utopias ressurgem como erupções vulcânicas. Todavia, são-lhes atribuídos significados diferentes em outros locais, criando novas formas de resistência e marcas de fronteira.

Com a ajuda de Hall (1997, 1998, 2003), Bhabha (1998), Bauman (1999) e Ianni (2005), é possível verificar que esse fenômeno decorre, em primeiro lugar, porque a ocidentalização/globalização, com a sua força cultural homogeneizadora, ao quebrar as estruturas nacionais que abrigavam todas as identidades culturais sob o teto do Estado-Nação – as identidades nacionais das comunidades imaginadas[7] –, abriu portas para as múltiplas formas de resistência à globalização com diversos fundamentalismos, localismos e

---

[7] Hall (1998) sugere que a ideia de identidade nacional funcionou, nos Estados modernos, como o melhor meio de unificar e representar uma condição de pertencimento em localidades compostas por diferentes membros (classes, gêneros, etnias, dialetos etc.). Reforça o autor que, apesar de atravessada por profundas divisões e diferenças internas, a identidade nacional funciona como um dispositivo discursivo que constitui a cultura nacional como uma comunidade imaginada: as memórias do passado, o desejo de convivência em conjunto e a perpetuação da herança.

singularismos. Segundo, porque as novas estruturas mundiais de dominação não foram sedimentadas e, pelo que parece, nunca serão. Terceiro, porque se enfraquecem as tentativas de imposição dos conceitos universais que expressavam e articulavam significativamente os modos de ser, pensar e imaginar dos grupos dominantes, ou seja, a imposição de uma identidade cultural hegemônica. Se as identidades nacionais estão em declínio, novas identidades híbridas vêm ocupando seu lugar. Em outras palavras, os ressurgimentos não abarcam apenas as tradições culturais, mas também a revelação de um novo todo, no qual as identidades nacionais permanecem fortes no que diz respeito aos direitos, mas as formações singulares adquirem outros significados. As identidades locais, regionais e comunitárias têm se tornado cada vez mais importantes (Hall, 1998). Daí ser viável a interação com diversos grupos que, mesmo pertencentes a contextos nacionais, são reconhecidos também pelo seu pertencimento a culturas locais. Vêm-se os ribeirinhos, os sertanejos, os metalúrgicos, os sem-terra, os sem-teto, os pais separados, o empresariado, a comunidade *gay*, os habitantes da periferia etc., todos coabitando e lutando por espaços para produção e reprodução de significados.

Com o declínio da sociedade nacional e a suprema regulação social por parte do Estado, modificam-se as articulações e mediações nas quais se inserem as partes e o todo, as singularidades, as particularidades e as universalidades. Nessa direção, são reforçadas a indústria cultural, a cultura popular, o neoliberalismo, a social democracia e as religiões (Ianni, 2005). No âmbito da sociedade global, a tentativa de universalizar sentidos abriu portas para que as sociedades tribais, regionais e nacionais, compreendendo sua cultura, línguas e dialetos, religiões e crenças, tradições e utopias, não se dissolvessem, mas se autorrecriassem. Não é à toa que novas formas de organização familiar, de sustento, de seitas, de grupos e de buscas por prazer têm surgido e sido recriadas com incrível velocidade.

A globalização pode ser qualquer coisa, porém, pelo menos a curto e médio prazos, é o destino irremediável do mundo, um processo que afeta todos. Vive-se um processo de globalização e, ao ser globalizado, todos sofrem suas consequências. Não significa que a globalização seja algo natural e que todos devam atender ao que é imposto ou que se tornará o senso comum destes tempos. Ao contrário, a globalização é um processo homogeneizante, conforme sugeriu Gramsci (1991), ela é estruturada no sentido da dominância, contudo não é capaz de controlar tudo à sua volta. A globalização atravessa fronteiras e interconecta qualquer comunidade e organização com novas experiências culturais; destradicionaliza qualquer sociedade, proporcionando novas combinações de espaço-tempo. Por conta disso, seus efeitos não são uniformes. Sofrem com as contínuas reinterpretações que os diversos grupos culturais efetuam diante das novas imposições e informações. Essa relação incorre na aceleração dos processos globais e na compressão espaço-tempo, fazendo com que um evento em determinado lugar produza quase instantaneamente impactos diferentes em pessoas e lugares distantes.

Segundo Bauman (1999), a expressão "compressão espaço-tempo" pode explicar o fenômeno da globalização. Entender essa compressão é a possibilidade de compreender que os efeitos da globalização não são universais como alguns supõem. A globalização tanto une como separa, e as causas de ambas são idênticas. Explica Bauman que os dois processos caminham juntos, pois as dimensões planetárias dos negócios, das finanças, do comércio e do fluxo de informação põem em andamento um processo de fixação no espaço. É isso que diferencia, de forma cada vez mais cruel, as condições de vida de vários segmentos de cada população. A liberdade de movimento, atrelada ao mais alto nível de consumo de mercadorias, sempre causa uma distribuição desigual, transformando-se no principal fator de estratificação dos tempos pós-modernos.

Queira-se ou não, todos estão em movimento, mesmo que fisicamente imóveis. A imobilidade é uma marca indesejada em tempos de mudanças constantes. Do mesmo modo, seus efeitos são radicalmente desiguais. Estar imóvel e na localidade, em um tempo no qual quem dita as normas são os globais, é algo absolutamente indesejado. Qualquer um que fique "parado no tempo" será desconsiderado; significa privação e degradação. Isso é decorrente do fim dos espaços públicos, removidos, cada vez mais, para longe do alcance da vida localizada. As localidades não conseguem mais determinar e gerar seus sentidos e se tornam cada vez mais dependentes de ações globais que atribuem os sentidos que elas próprias não conseguem controlar. Por outro lado, os localismos produzem efeitos inesperados que escapam ao controle homogeneizante. Na contramão, os intelectuais globalizados afirmam a imperiosa necessidade dos sonhos e consolos localizados. É justamente nesse ponto que o discurso em prol da comunidade ganha força.

Uma parte da globalização é o efeito segregador do espaço que separa e exclui as pessoas. Nas pontas da globalização, vêm-se tanto os efeitos do fundamentalismo, das particularidades, do localismo, quanto a hibridização da alta cultura globalizada. Esta é capaz de frequentar diversos espaços locais e tomar a cultura do outro para si (ao seu modo), ou apenas consumi-la. As diversas manifestações culturais, como a culinária, vestimentas, artefatos, danças, lutas etc. que, em um primeiro e não tão longínquo momento pertenciam a grupos restritos, sofreram, na contemporaneidade, os arrochos da globalização e foram ressignificadas e apropriadas por diferentes grupos. Com isso, o centro da produção de sentidos que transmite e determina os significados do mundo pós-moderno, elaborado pelas elites cada vez mais globais e emancipadas das restrições locais, afasta-se e rompe a comunicação imediata com aqueles que consomem e reinterpretam os sentidos gerados. É, entretanto, o entrelaçamento dessa polarização que confere a complexidade dos efeitos da globalização.

Entre os efeitos da compressão espaço-tempo, encontra-se a versão bauminiana do "proprietário ausente". Os proprietários das empresas, os acionistas, os que dão o tom da economia sempre estiveram distantes do local. Sendo assim, inexistem quaisquer preocupações com os efeitos locais desse processo. Eles transitam no ciberespaço, comprando ou vendendo ações, ou circulam no espaço aéreo, indo e vindo, da forma mais rápida e eficiente possível. Nesses deslocamentos virtuais ou instantâneos, os proprietários ausentes decidem o que é certo ou errado na produção e organização das empresas e, com a mesma velocidade, determinam o passado, estabelecem o presente e enunciam o futuro de vida daqueles que empregam seus esforços para subsistir. Diante desse quadro, o poder político local perde força e capacidade de decisão. A empresa não pertence àqueles que lhes dão vida – funcionários, fornecedores ou a comunidade na qual está sitiada. Quando o proprietário ausente, senhor global, opta por vender suas ações ou toma decisões comprometedoras, não lhe interessa se os efeitos forem catastróficos para a localidade. O que importa é o mercado. Quem pode transitar em outros cenários determina a nova hierarquia mutável do espaço, transfere ou compra outra propriedade sem nela estar. Os funcionários, sua maior riqueza em outros tempos, raramente têm condições de acompanhar os novos rumos da empresa. Os fornecedores perdem seus rendimentos e a comunidade, com certeza, permanece onde está, imóvel e impotente. O impacto local pouco importa.

Entre seus efeitos estarrecedores, o proprietário ausente mina a capacidade de tomada de decisão do Estado, pois os recursos necessários e sua aplicação para as ações sociais são produzidos, distribuídos, apropriados e utilizados em outros espaços e vinculados aos determinantes econômicos dos "parceiros ausentes". Porém, os centros extraterritoriais decisórios não conseguem substituir o efetivo controle social promovido pelo Estado. O resultado é uma tentativa perene de enfraquecimento do espaço público e das obrigações do Estado, transferindo ou partilhando as obrigações que consolidaram a sua existência no projeto da modernidade com outras instituições privadas ou de economia mista,[8] que, em troca, ganham benefícios que não são transferidos à população imediata. Em troca, atribui-se ao Estado toda a culpa pela ineficiência gestora. Em razão da distância dos efeitos recorrentes das decisões comprometedoras, o proprietário ausente transfere o ônus das consequências sociais, como a miséria, o desemprego, a qualidade das moradias, da educação, dos espaços públicos e da segurança urbana para o Estado. Os bônus do negócio, sem dúvida, são aplicados em instâncias mais rentáveis, a fim de angariar maiores dividendos. Nessa aritmética, o setor privado só acumula lucro. A sensação que fica intencionalmente afirmada é que o serviço público, caso passe ao cuidado dos proprietários ausentes, transformar-se-á em um modelo eficaz. Então, a gestão das coisas públicas deve ser realizada pela mão desses proprietários. Viva os planos de saúde, a previdência privada, as concessionárias de rodovias, as rondas de vigilância particular, os planos de seguro, os condomínios fechados, o lazer institucional, os sistemas particulares de ensino! Para milhões de pessoas que não possuem recursos para aderir a esse sistema, restam os efeitos da imobilidade. Por sua vez, responsabilizam-se os excluídos pelo fracasso diante das perspectivas privatizantes. Afinal, advogam os proprietários ausentes, estes não possuem as competências necessárias para adequar-se aos novos tempos.

---

[8] É visível o aumento da participação de empresas privadas ou de economia mista nos setores públicos por natureza ou naqueles em que o predomínio estatal vigorava. Atente-se, especialmente, à educação e ao esporte mediante a avalanche de empresas e ONGs que vêm paulatinamente substituindo a presença estatal com base no discurso da ineficácia e improdutividade da participação pública.

No extremo da globalização, já se verificam algumas funções estatais ocupadas por facções criminosas, a fim de compensar os desconfortos da imobilidade, gerando mais ódio pela condição de inoperância local. A preocupação com os bens pessoais e com o futuro individual aumenta a incerteza. O colapso da ação do Estado sobre o bem-estar social ampliou a sensação de insegurança e da fragmentação das identidades.

Bauman ressalta que, entre as consequências da globalização, as transformações culturais têm ocasionado a bifurcação e a polarização da experiência humana. Mediante a vivência em sistemas simbólicos comuns, os símbolos culturais são mediados por duas interpretações distintas. Estar em movimento tem sido radicalmente oposto entre os que estão no topo da nova ordem hierárquica social e os que se encontram nos patamares inferiores, ou seja, a grande maioria da população. No meio deles, está a nova classe média, oscilando entre os dois extremos, suportando o impacto da polarização e, como consequência, acumulando uma aguda incerteza existencial, ansiedade e medo.

Se, em outros tempos, "o gado engordava frente aos olhos do patrão", o que impedia qualquer negligência ou ausência do proprietário que fazia vigorar a exploração total das potencialidades de sua propriedade, o contato com a alteridade do Outro era inevitável. Quando patrões e empregados, chefes e subordinados, dirigentes e comandados ombreavam-se cotidianamente, a negociação direta era ponto fundamental. Inversamente, na contemporaneidade, a atual globalização, por proporcionar a mobilidade para as pessoas que investem, desobrigou a sociedade das preocupações historicamente construídas ao longo da existência humana, entre elas, o diálogo produtivo, o encontro de alternativas coletivas, a obrigação com as gerações futuras e com a autorreprodução das condições de vida e trabalho. Se, em outros tempos, havia a imperiosa necessidade de contribuir com o cotidiano e a perpetuação da comunidade, agora, os proprietários ausentes estão livres de responsabilidade quando exploram até a última árvore, até a última gota de petróleo ou de suor. Esse custo não entra na contabilidade dos lucros. Nestes tempos, qualquer sinal de resistência ou turbulência levará o proprietário ausente a transferir seu capital e seus interesses lucrativos para outros ambientes mais dóceis. Não há necessidade de confrontar ou comprometer-se com o diferente, basta evitá-lo.

Como afirma Giddens (1991), a modernidade separou o espaço do lugar ao reforçar relações entre outros que estão ausentes, distantes (em termos locais) do contato face a face. Na pós-modernidade, essa separação ganha novos contornos. Os locais são inteiramente penetrados (mídias) e moldados por influências sociais produzidas a grandes distâncias. A forma visível do local proporciona a aparente impressão de que sua estrutura foi localmente produzida, mas, no entanto, esconde o distanciamento da sua produção. Se a distância é uma construção social, sua extensão varia em virtude da velocidade com a qual pode ser vencida e, por essa razão, a ideia de fronteira como marca de território das comunidades e da sua coesão interna é solapada pelo fim dos obstáculos físicos sobrepujados pela fluidez da informação. Os poderosos de agora são extraterrenos; não estão nos locais, pois precisam isolar-se da localidade para ficar imunes às interferências locais. Precisam evitar o contato com a alteridade do Outro, protegendo-se dos significados inesperados que a diversidade possa produzir.[9] Assim, a sociedade global cria novas formas de isolamento. Se, em outros tempos, as comunidades protegiam-se sob os muros das cidades, na atualidade, as cidades criam novos territórios nos quais os indesejados, os diferentes, os que não consomem encontram-se fisicamente inacessíveis. Se, em outros tempos, populações locais inteiras podiam conviver, debater, divergir, agora, nestes tempos, o espaço público é visto como deteriorado, diminuído em proporção e tornou-se cada vez mais seletivo – as questões públicas são discutidas no âmbito do privado, muitas vezes, regadas por subsídios públicos.

Bauman (1999) argumenta que as elites pagam, de boa vontade, seu isolamento e que o resto da população paga, involuntariamente e a contragosto, um pesado preço por esse processo. Quem não pode pagar pela sua segurança, saúde, moradia, aposentadoria, educação, lazer é colocado à margem e, sem que lhe perguntem sua opinião, colhe as consequências dessa separação.

---

[9] Essa estratégia possibilita, por exemplo, que o mesmo produto (automóvel, calçado, vestimenta, alimento, música, livro, programa de televisão etc.) seja produzido e vendido de forma idêntica em todos os lugares onde a empresa possui filiais, distribuidores ou parceiros, independentemente se o que é ofertado corresponde ou não às necessidades e características locais. No caso de fracasso, basta fechar as portas e mudar de local.

> O território **urbano** torna-se o campo de batalha de uma contínua guerra espacial, que às vezes irrompe no espetáculo público de motins internos, escaramuças rituais com a polícia, ocasionais tropelias de torcidas de futebol, mas travadas diariamente logo abaixo da superfície da versão oficial pública (publicada) da ordem rotineira. (p. 29)

A reação é visível. Os habitantes **desprovidos** dos bens públicos respondem com ações agressivas próprias, instalando fronteiras em guetos, grupos e comunidades. Apesar de seus gritos e suas vozes evocarem reivindicações territoriais, suas ações são vistas como violação ou perigo à manutenção da lei e da ordem (daqueles que estão isolados em seus muros e cercas elétricas dos condomínios fechados).[10]

"Quanto mais a vida social se torna mediada pelo mercado global de estilo, lugares e imagens e pelos sistemas de comunicação interligados" (Hall, 1998, p. 75), mais as identidades se tornam fragmentárias, criando formas particularistas do vínculo de pertencimento. As identidades da pós-modernidade transitam entre o fechamento das fronteiras dos diversos grupos e a tradução no sentimento de comunidade.

O atual contexto social, político e histórico, conforme o exposto, aponta para a necessidade de se repensar o local com base em suas relações com o global. Sendo assim, os sentimentos de pertencimento, expressos nas identidades culturais de classe, etnia, gênero, orientação sexual etc., tentam marcar territórios por meio de fronteiras que, ao mesmo tempo em que fecham suas portas para a diferença, abrem-se para o híbrido, para o transitório, para o temporário. Pensar a escola como um local repleto de contradições é pensar na relação que ela estabelece com o global. É estar atento às questões da relação universal/particular, nós/eles, eu/outro, dentro/fora e presença/ausência, tão características deste momento histórico. É pensar no currículo e nas identidades que produz, reproduz e divulga.

---

[10] Em 2008, por diversas vezes, esses movimentos ganharam as ruas e tiveram suas motivações dissimuladas e reinterpretadas nas páginas dos jornais e nos programas de televisão brasileiros. As paralisações provocadas pelos *motoboys* ao reclamarem do impedimento de circulação nas grandes vias da cidade de São Paulo ou a greve dos professores da rede estadual paulista contra o decreto que limitava a remoção nos três primeiros anos de serviço constituem exemplos desse fenômeno.

ESCOLA, CURRÍCULO E A SOCIEDADE CONTEMPORÂNEA

Embora a escola esteja imersa no contexto da sociedade pósmoderna, nota-se certo descompasso entre sua função social e as práticas que preenchem o seu currículo, tanto no que se refere a uma perspectiva reprodutora das condições de mercado quanto nas relações da sociedade multicultural. O fato é que a educação não está conectada aos processos culturais do atual contexto sócio-histórico.

Moreira e Candau (2003) alertam que a relação entre educação e cultura(s) está profundamente entrelaçada e não permite qualquer análise dos processos de escolarização sem uma profunda articulação entre ambos. Se, por um lado, é cada vez mais forte o caráter homogeneizador da perspectiva monocultural da educação, por outro, é cada vez mais forte a necessidade de romper essas amarras e abordar a questão da diferença no âmbito da escola.

Os autores apontam para a existência de um duplo movimento entre a cultura escolar e as demais práticas sociais. Ao mesmo tempo que a escola pode se constituir em um espaço de conformação e mesmice, mantendo a ideologia vigente, pode também proporcionar um rico espaço de oposição à cultura dominante e à consequente transformação da sociedade na direção almejada pelos setores favorecidos econômica e socialmente. Portanto, é lícito afirmar que a escola mantém uma relação de tensão entre esses significados, realizando, constantemente, novas práticas de significação.

Quando submetido à análise, nota-se que o discurso pedagógico das teorias educacionais não críticas está limitado às questões internas da escolarização, basicamente na prática docente com o foco nos métodos empregados para desencadear as aprendizagens esperadas. Assim, raramente são apresentadas discussões que abordem a dinâmica social que condiciona o fazer pedagógico e seus resultados, o que gera a concentração da responsabilidade pelo sucesso ou fracasso nas mãos dos professores.[11] É interessante perceber que todos os envolvidos, inclusive suas maiores vítimas, acabam atuando em concordância com esses princípios. Como se pode notar, a

---

[11] Veja-se, como exemplo, os noticiários que culpabilizam os professores pelos resultados dos alunos nas inúmeras avaliações oficiais de desempenho.

ideologia intrínseca a esse processo tem entre seus principais partidários os grupos economicamente dominantes e os proprietários ausentes, obviamente, os maiores interessados em tais resultados. Muitas vezes, os professores e professoras impulsionados pelo discurso da necessidade de mudança modificam seus métodos, mas são raras as vezes em que debatem a distribuição das tarefas ou as atribuições e os poderes dos aspectos macroestruturais da educação, como, por exemplo, quem está autorizado a elaborar os currículos e o que deve ser, ou não, ensinado. A discussão dos fundamentos teóricos e a análise crítica dos conteúdos e das finalidades de cada etapa da escolarização básica ou do nível superior, em geral, mantêm-se afastadas das pautas de discussão da comunidade educativa. Afinal, os profissionais da Educação Básica, diante da sobrecarga diária e da carência de oportunidades para formação e discussão, são alijados dos mecanismos de empoderamento que os alçariam à condição de críticos do processo (Neira, 2008b). Em razão disso, temáticas acerca da indisciplina dos alunos, garantia de respeito pessoal aos docentes e atividades para acalmar ou potencializar as aprendizagens recebem toda a atenção das agendas de formação docente, sem qualquer posicionamento mais crítico. Dessa forma é possível entender o sucesso no meio escolar de cursos práticos que atuam nessa direção, como as dinâmicas de grupo, os jogos cooperativos, as técnicas de estudo etc.

Nestes tempos em que o global é o local sem fronteiras, os fundamentos das teorias educacionais pós-críticas voltam-se para a análise de uma escola compreendida como parte integrante da rede social e política, dado que tal instituição tem se caracterizado pela manutenção da ideologia divulgada pela sociedade dominante. Na ótica pós-crítica, a escolarização é uma forma de política cultural. Ou seja, o processo de escolarização introduz, prepara e legitima formas particulares de vida social, pois a escola como instituição social também possui sua cultura própria com práticas sociais que expressam determinados significados, contribuindo em maior ou menor grau para que certos comportamentos sejam introjetados. Estes, por sua vez, dão suporte a certa visão de ser humano, sociedade e mundo. A cultura escolar, como prática de significação, caracteriza o passado, o presente e regula as ações do futuro. Assim, quando a escola, imbuída de determinada ideologia, seleciona valores e conhecimentos para serem aprendidos por todos os alunos e alunas e emprega, pelo currículo, seções da cultura mais ampla, recorrendo a diversas técnicas para distribuir aqueles saberes da forma mais racional possível, está, na prática, reproduzindo a divisão de classes, as desigualdades sociais e estabelecendo hierarquias por meio de um processo meritocrático, favorecendo o racismo, o classismo e o sexismo e, por conseguinte, debilitando qualquer proposta que implique relações sociais democráticas.

A escola, aparentemente neutra e desconectada da sociedade global, reforça as relações assimétricas de poder. Garante o sentimento de isolamento dos proprietários ausentes, das tribos juvenis, das minorias subjugadas e das comunidades. Como campo político de lutas, imposições de sentidos e resistências, a escola enaltece o etnocentrismo cultural (Nunes, 2007). Com base nessas explicações, é possível refletir criticamente acerca dos currículos presentes na Educação Física e constatar que nas práticas de ensino pautadas no desempenho, seja o da eficiência técnica característica da aprendizagem esportiva, seja o da aprendizagem motora esperada nas diversas fases do desenvolvimento, o resultado é sempre meritocrático, terminando por exaltar o capital cultural de determinado grupo e negligenciar os demais.

Em contrapartida, McLaren (1997) explana que os pressupostos das diversas teorias críticas da educação, quando somados às pós-críticas, reforçam a ideia da escolarização como o momento de habilitação social e pessoal para a inserção dialógica dos cidadãos em esferas mais amplas da sociedade – e na própria escola –, precedendo, eticamente, qualquer diploma técnico ou centramento no desenvolvimento de habilidades, competências ou valores que se relacionem com a lógica do mercado, ponto fundante do pensamento neoliberal. O autor argumenta que o processo de escolarização deve tencionar a construção de uma sociedade baseada em relações de não exploração e justiça social. Essa postura apresenta um novo panorama epistemológico para a análise da problemática social e suas influências no currículo da Educação Física. Os aspectos econômicos ressaltados pelas teorias críticas são aqui considerados, mas acrescidos dos referenciais do pós-modernismo, multiculturalismo, pós-colonialismo, pós-estrutualismo, da teoria *queer*, da filosofia intercultural e dos Estudos Culturais que, de forma sintética, focalizam os problemas com base nos interesses das diversas políticas de identidade e das diferenças presentes nas categorias de classe, etnia, gênero etc.

Após as análises do contexto de produção do currículo pós-crítico e da sua articulação com a escola multicultural e pós-moderna, é de fundamental importância conhecer as principais bases epistemológicas que conferem sentido ao currículo pós-crítico e orientam as propostas de uma perspectiva cultural da Educação Física. Há que se alertar, no entanto, que as sínteses abaixo não eximem o leitor da busca de um maior aprofundamento, mesmo porque, trata-se de interpretações elaboradas com base na cartografia das principais obras sobre cada construto teórico.

O PÓS-MODERNISMO

Retomando os comentários traçados no início desta seção no tocante ao termo "pós"[12] , mais do que uma tentativa de adequar uma definição para estes tempos, as análises do mundo contemporâneo estabelecidas por diversos estudiosos levam a pensar que não mais se vive sob as luzes lançadas pelo projeto moderno. No espectro das teorias pós-críticas da educação, destacam-se também as influências dos estudos e pesquisas realizados sob a luz do pós-modernismo. Em obra elucidativa, o filósofo francês Jean-François Lyotard (1989) concebe o pós-modernismo como um movimento intelectual definidor de um novo período histórico – a "pós-modernidade", radicalmente diferente da modernidade.

O pós-modernismo não representa uma corrente filosófica ou uma teoria coerente e unificada, pois carece de uma unidade metodológica ou sistemática. Pelo contrário, o pós-modernismo pode ser compreendido como um conjunto variado de perspectivas que abrangem uma diversidade de campos intelectuais, políticos, estéticos e epistemológicos que, em grande parte, visam romper com as noções de teoria, método e sistematização. Em termos sociais e políticos, o pós-modernismo toma como referência uma transição entre, de um lado, a modernidade, iniciada com a Renascença e consolidada no Iluminismo e, de outro, a pós-Modernidade, iniciada em algum ponto da metade do século XX. Os diversos campos do pós-modernismo apresentam algumas características em comum, tais como o questionamento da subjetividade, a valorização das interpretações parciais e locais, das metanarrativas e

---

[12] A denominação da análise contemporânea varia conforme o campo teórico. Além do termo "pós", é possível encontra neomodernidade, modernidade tardia e hipermodernidade. Em comum, todas destacam a necessidade de revisão das consequências da modernidade.

o diálogo com toda a forma de conhecimento e expressão. Uma vez que, no pensamento pós-modernista a linguagem passa a ser a alternativa para a reflexão filosófica, Giroux (1995) destaca seu caráter socialmente construído que possibilita interpretar os objetos culturais como textos, inclusive o currículo.

Sem pretender alçar voo por uma discussão filosófica, para compreender as transformações que engendraram o pensamento pós-moderno é importante "voltar no tempo" e esclarecer os princípios fundantes do projeto da modernidade e suas diferenças com relação às principais características da pós-modernidade. O intuito é elucidar as contribuições de suas análises para a construção de novas perspectivas para a escola e para o currículo da Educação Física.

O que é, ou o que foi a modernidade?

O projeto da modernidade, nas palavras de um dos seus mais conceituados analistas, o sociólogo português Boaventura de Sousa Santos (2003), caracteriza-se pela relação dinâmica entre seus pilares constituintes, quais sejam, a regulação e a emancipação. Tencionando controlar a si mesmo e ao ambiente, o projeto moderno buscou separar o sujeito e suas dimensões afetivas da razão.

A regulação deu-se entre o equilíbrio de três princípios: o Estado, o mercado e a comunidade, visando ao controle dos comportamentos sociais para garantir o exercício da cidadania e a participação coletiva em um Estado centralizado e democrático, cujo mercado proporcionasse oportunidades iguais aos cidadãos. À medida que a modernidade se identificou com o capitalismo, o pilar da regulação foi abalado e padeceu diante do jogo de forças entre Estado, mercado e comunidade, pendendo para o princípio do mercado, em detrimento do Estado e da comunidade.

O pilar da emancipação é constituído por três princípios de racionalização da vida coletiva: a racionalidade moral-prática do direito moderno; a racionalidade cognitivo-experimental da ciência moderna e da técnica e a racionalidade estético-expressiva das artes e da literatura moderna.

Tanto a regulação como a emancipação garantiriam ao sujeito moderno a libertação das inseguranças e dos sofrimentos advindos das incertezas dos fenômenos naturais (fome, catástrofes, pragas...) que acorrentaram a humanidade no período medievo, em razão da compreensão dos seus motivos e efeitos como desígnios de Deus. Essa emancipação ocorreria em virtude da construção dos conhecimentos necessários para subjugar e explorar os elementos da natureza para melhor usufruí-los em acordo com os interesses dos homens. No projeto moderno, somente a racionalidade podia gerar melhorias sociais e promover o progresso. Ao isolar a razão do sujeito, o projeto moderno eliminou as particularidades individuais e coletivas, voltando-se para a busca do conhecimento universal de todos os fenômenos e de si mesmo. Em semelhança ao desequilíbrio entre os princípios da regulação em virtude do capitalismo crescente, no pilar da emancipação, a racionalidade cognitivo-experimental da ciência e da técnica sobrepujou os demais princípios. Como consequência marcante na esfera de atuação profissional da Educação Física, por exemplo, o discurso científico e das técnicas ganhou visibilidade e negligenciou qualquer tentativa de expressão corporal que não se fundamentasse nos "princípios modernos".

Para a consolidação da racionalidade científico-técnica, o sujeito moderno isolou-se do seu objeto de estudo como tentativa de impedir a contaminação de suas explicações sobre a realidade e sobre os fenômenos com suas ideias, opiniões, sentimentos e vivências pessoais, visando ao alcance de resultados mais precisos. A partir de Descartes,[13] o método passa a ser a garantia do isolamento entre sujeito e objeto. Sucintamente, o método moderno consistia:

a) No emprego de uma linguagem matemática (medidas precisas, instrumentos, controle de variáveis e construção de algoritmos para modelar as regularidades observadas), extraída das relações construídas pela cultura da época (a ascensão da burguesia intensificou o comércio, criando a necessidade dos conhecimentos matemáticos para a realização dos negócios, do controle do tempo e das distâncias);

b) Em uma visão mecaniscista do Universo onde existiam leis (regularidades) a serem desvendadas pelo homem, o que lhe daria o poder de fazer previsões sobre a natureza e sobre toda a humanidade;

---

[13] Atribui-se ao filósofo e físico francês René Descartes (1596-1650) a inauguração do racionalismo da Idade Moderna.

c) Em uma visão reducionista de fragmentar em partes cada vez menores o fenômeno a ser controlado/investigado, mediante a concepção de que o conhecimento das partes poderia contribuir com o conhecimento do todo.

O método cartesiano destituiu as explicações acerca da humanidade e dos fenômenos naturais, das emoções e dos mitos que vigoravam na Idade Média, contribuindo para o estabelecimento da ciência moderna. A modernidade instaurou e determinou que qualquer conhecimento que não fosse submetido aos critérios do método e da racionalidade científica não poderia ser reconhecido como conhecimento.

Os pilares constituintes da modernidade, no entanto, também sucumbiram diante do desequilíbrio entre a regulação e a emancipação, pendendo favoravelmente ao primeiro em detrimento do segundo, na visão de Sousa Santos (2003), ao longo da história, a ciência estreitou seus laços com o modo de produção capitalista. Como resultado, verifica-se a destruição dos recursos naturais, a desigualdade na distribuição da produção dos recursos materiais, o aumento da intolerância e atrocidades entre os diversos grupos que compõem a humanidade e a difícil convivência entre as diferentes explicações existentes para um mesmo fenômeno.

As decorrências desse processo para a Educação Física são visíveis, por exemplo, no privilégio das práticas formativas direcionadas ao mercado produtivo. Valoriza-se a formação técnico-científica como a única digna de crédito e passível de colher reconhecimento e dividendos sociais. Aqueles profissionais[14] que se apresentam sob outra ótica não são sequer considerados.

A ruptura do pensamento moderno e as possibilidades do diálogo com a pós-modernidade

A publicação dos trabalhos de renomados cientistas como Einstein, Heisenberg, Prigogine e Gödel que, em meados do século XX, questionaram a impossibilidade da separação entre o sujeito e objeto e a

---

[14] Bracht (2003a) sinaliza diferenças importantes entre um ensino baseado na transmissão de conhecimentos de ordem tradicional (como fazem alguns professores de lutas, por exemplo) e os professores com formação acadêmica. Na ótica do autor, o conhecimento científico solapou o conhecimento da tradição.

consequente inviabilidade de se obterem "medidas precisas" para coletar dados acerca dos fenômenos investigados, impingiu um forte revés ao princípio científico-técnico do pilar da emancipação, desbancando a ciência moderna do seu *status* de única e inquestionável fonte de explicação da realidade. Do outro lado, o pilar da regulação, em virtude da associação com as brutalidades das relações de produção (nas condições físicas e morais do trabalho, nas de sobrevivência e nas de concorrência), foi posto sob suspeita.

O abalo do projeto moderno e de seu "paradigma dominante"[15] fez que o projeto pós-moderno ganhasse novos contornos. Ganharam força e visibilidade, tanto as construções teóricas quanto os procedimentos científicos advindos de interpretações alicerçadas na perspectiva das Ciências Humanas[16]. Buscando a conciliação entre os conhecimentos oriundos do paradigma dominante da ciência moderna e os conhecimentos das humanidades – como a metáfora e a narrativa provenientes da Literatura, a noção de cultura proveniente da Antropologia e a de contexto proveniente da História –, bem como com outros saberes desvalorizados pela ciência e pela modernidade, como é o caso do senso comum. Sousa Santos (2002) propõe o diálogo entre essas partes, argumentando que não há natureza que não seja compreendida pelo ser humano, se não for pela mediação dos símbolos de sua cultura. Para o sociólogo, há que se atentar à possibilidade de construção de um novo paradigma, o "paradigma emergente", pelo qual, os princípios renegados da modernidade, quais sejam, a comunidade e a racionalidade artístico-expressiva, possam retomar o espaço perdido como decorrência das relações de força constituídas naquele período.

O paradigma emergente estabeleceria um diálogo democrático e genuíno com áreas estrangeiras à ciência, por meio da "valorização" do conhecimento científico, do conhecimento vulgar do senso comum e do conhecimento das humanidades, considerados como pertencentes ao mesmo patamar de importância.

O diálogo entre as diferentes formas de conceber a realidade supõe o estabelecimento de "relações", "correspondências", "construções narrativas"

---

[15] Ver Khun (2003).

[16] De forma sucinta, é possível dizer que as Ciências Humanas são as disciplinas que tratam dos aspectos do homem como indivíduo e como ser social, tais como Antropologia, Filosofia, História, Sociologia, Ciência Política, Linguística, Psicologia, Pedagogia, Economia, Geografia e Direito.

ou pelo estabelecimento de "reflexões" entre os conceitos, regras, instrumentos e métodos de elaboração de um conhecimento novo e híbrido. Ao considerar os limites implícitos em qualquer maneira de explicar os fenômenos sociais e naturais, Sousa Santos (2002) é de opinião que um diálogo democrático entre esses conhecimentos pode conduzir a novas explicações da realidade. A quebra das fronteiras epistemológicas pode ocorrer por meio dos seguintes princípios:

a) Todo conhecimento científico-natural é também científico-social

Dada a impossibilidade de separar o sujeito do objeto, a natureza é concebida como uma explicação construída pelos sujeitos. Dessa forma, o centro da atividade científica não é o objeto, mas o sujeito. Mediante a mudança de foco, o sujeito investigador pode empregar o pensamento analógico para comparar e interpretar os objetos desconhecidos à luz dos conhecidos. A interdependência do sujeito com o objeto implicará, portanto, um reflexo do observador (e da sua cultura) no fenômeno observado.

b) Todo conhecimento é total e local

Dado que a compreensão de uma realidade complexa não é atingida pela soma de suas partes, o real não pode ser investigado por áreas disciplinares especializadas, mas deve ser recortado em razão de temas que investiguem o objeto de modo interdisciplinar. O conhecimento aprofunda-se à medida que são tecidas múltiplas relações entre diversos conceitos e teorias de naturezas e origens diversas. Como decorrência, o conhecimento produzido também pode ser traduzido de inúmeras formas, expandindo-se para novas áreas do conhecimento. Ao aprimorar a tessitura das relações, os investigadores ampliarão a visão do sistema (fenômeno) e preverão muitas outras possibilidades e consequências dos seus resultados.

c) Todo conhecimento é autoconhecimento.

A pesquisa científica precisa levar em conta, além do conhecimento construído acerca do objeto, os fatores constituintes do contexto político, econômico, social que subsidiaram a produção do conhecimento, o que inclui também a trajetória de vida pessoal do pesquisador e da comunidade de pesquisadores em questão, com seus valores humanos e religiosos. O conhecimento obtido deixa de valer simplesmente pelo que é, mas também pelo seu potencial contemplativo (prazeroso) acerca do que está implícito na sua produção. O que por si só também é conhecimento.

d) Todo conhecimento científico visa constituir-se em senso comum

Uma vez que a ciência pós-moderna reconhece seus limites para explicar racionalmente o real, pode dialogar com outras formas de conhecimento que, embora mistificadoras e conservadoras, são muitas vezes mais utópicas. O diálogo torna o conjunto mais racional e permite que o conhecimento científico constitua o senso comum. Além do diálogo externo com e entre as culturas, ganha visibilidade o diálogo interno, na ciência e entre as áreas que a compõe.

Mantendo como paisagem o atual contexto sócio-histórico, as propostas de Sousa Santos fazem sentido mediante a compreensão de algumas características do pensamento pós-moderno descritas a seguir.

Características do pós-modernismo

Do ponto de vista histórico, Featherstone (1997) explica que o pós-modernismo surge pela primeira vez como denominação de um movimento artístico difundido em Nova York, em meados dos anos 1960, com a intenção de superar os limites impostos pela arte moderna. Rapidamente, filósofos, cientistas sociais e críticos literários adotaram o termo, pois perceberam afinidades entre as manifestações dos artistas autodenominados pós-modernos e o debate acerca da decadência e dissolução do projeto moderno.

Do ponto de vista filosófico, a noção de pós-moderno ganha corpo com a obra já mencionada de Jean François Lyotard (1989). Em seu trabalho, o filosófo não busca uma crítica ou ruptura com o projeto moderno, mas uma superação dos métodos, epistemologias e categorias de pensamento da modernidade. O pensamento central de Lyotard ancora-se no conceito de *diferendo*. Esse conceito explicita que o conflito entre dois gêneros discursivos não pode ser julgado pela regra do outro, com base na perspectiva de determinado discurso, pois o resultado seria arbitrário e com prejuízo para uma das partes. O *diferendo* implica o silenciamento de uma das partes ou da exclusão de proposições de um outro discurso, um momento em que algo que poderia se expressar não o faz. A superação desse sentimento tornou necessário encontrar novas regras capazes de expressar o *diferendo*, não como um litígio, mas como uma possibilidade de análise crítica e filosófica para reescrever o que aconteceu, a fim de que cada momento, cada agora fosse um abrir-se a novas e infinitas possibilidades. Lyotard questiona as bases dogmáticas das metanarrativas iluministas e ataca a noção de autonomia do sujeito moderno. Para Lyotard, a pós-modernidade não seria o que vem depois da modernidade, mas o que vem antes e a acompanha, relembrando seus crimes e atrocidades.

Como pondera Sousa Santos, o pensamento moderno afirma a ordem e o controle e, para tal, elabora teorias e explicações, reunindo em um único sistema a compreensão total da estrutura e do funcionamento do universo e do mundo social. Em oposição, o pós-modernismo afasta-se profundamente das pretensões totalizantes do conhecimento, da formulação de grandes sistemas, quadros teóricos e da unidade, difundidos pelo pensamento moderno. Nega as narrativas mestras e suas pretensões universalistas que expressam a vontade de domínio e controle da natureza e dos seres humanos. O cenário pós-moderno alerta para o esgotamento desses elementos. Para os pós-modernistas, o contexto da sociedade tecnológica e econômica do século XXI exige novas formas de pensar. O pós-modernismo abre espaço para as pequenas narrativas, para as histórias de vida dos comuns, dos silenciados pelo *diferendo*. No pós-modernismo, o sujeito não precisa submeter-se à prova de uma regra geral do conhecimento científico. Com o pós-modernismo, pode-se pensar em outras possibilidades e questionar a inescapabilidade a qual o racionalismo moderno sujeitou a humanidade.

Silva (2003) é de opinião que o pós-modernismo também coloca em dúvida a noção de progresso que está no centro da concepção moderna de sociedade. No pós-modernismo, o progresso não é algo necessariamente desejável ou benigno, pois acumula também o signo do controle e do domínio sobre a natureza e sobre os grupos culturais diferentes – os não civilizados, os não industrializados, os não alfabetizados etc. No cenário pós-moderno, essa pretensão deve dar lugar à criatividade, à inspiração e ao sentimento. No pós-modernismo, criam-se e recriam-se formas alternativas de viver.

Filosoficamente, Moreira (1997) alerta que o pensamento moderno é estreitamente dependente de certos princípios considerados fundamentais, últimos e irredutíveis, baseados na noção de que o ser humano possui certas características essenciais, às quais devem servir de base para a construção da sociedade: razão, autonomia, honestidade, esforço, trabalho, cooperação etc. Do ponto de vista do pós-modernismo, entretanto, esses princípios são tão contingentes, arbitrários e históricos quanto quaisquer outros. O pós-modernismo é radicalmente antifundacional. O pós-modernismo resgata a origem intercultural da filosofia e acolhe formas múltiplas de pensar a vida e o humano.

A epistemologia moderna considera que o sujeito é soberano no controle de suas ações, pois é a razão que o conduz. Ele está no centro da ação social e sua consciência é o centro das suas ações. A consciência dos modernos é única e não admite divisões ou contradições. Sua identidade é fixa e estável. Recorrendo a diversas análises sociais contemporâneas, entre elas, o materialismo-histórico, a psicanálise, as teorias feministas, a linguística e o pós-estruturalismo, Hall (1998) explica que o pós-modernismo descentraliza a identidade, colocando em dúvida a alentada autonomia, centralidade e soberania do sujeito moderno. Em lugar da unidade da identidade do sujeito, abre-se espaço para as identidades fragmentadas, abertas, inacabadas e transitórias. O indivíduo, para o pós-modernismo, não pensa, fala ou produz, ele é pensado, falado e produzido. É dirigido pelo exterior por meio de estruturas, instituições e discursos. Enfim, para o pós-modernismo, o sujeito moderno é uma ficção. Silva (2001) é contundente: para o pós-modernismo, nunca fomos humanos.

Nas análises de Featherstone (1997), o pós-modernismo tem um estilo absolutamente contrário à linearidade e rigidez do pensamento moderno. No lugar do conhecimento compartimentado em disciplinas, o pós-modernismo é interdisciplinar e, até mesmo, antidisciplinar. O pós-modernismo estremece as fronteiras disciplinares e hibridiza saberes e epistemes. O pós-modernismo inclina-se para a incerteza e a dúvida, desconfiando profundamente da certeza e das afirmações categóricas. No lugar das grandes narrativas e da objetividade do pensamento moderno, prefere a subjetividade das interpretações parciais e localizadas e dá lugar para um jogo superficial de imagens e sensações intensas. Sob a condição pós-moderna, o pequeno relato e a invenção imaginativa podem modificar as regras do jogo e o consentimento estabelecido por uma comunidade de especialistas em torno de enunciados consensualmente validados, produzindo o dissenso e possibilitando a descoberta não apenas para os legitimados pelo saber moderno.

Finalizando, Silva (2007) sintetiza: o pós-modernismo dissolve as hierarquias que canonizaram os julgamentos de gosto e valor e privilegia o pastiche, a bricolagem, a ironia e a paródia. O pós-modernismo não rejeita simplesmente aquilo que critica, ambígua e ironicamente; sem ser mimético, imita, incorpora e inclui. O pensamento pós-moderno não nega conhecimentos, incorpora-os, apaga a condição "ou isso, ou aquilo" e cria a condição "e isso, e aquilo". O pós-modernismo privilegia a mistura, o hibridismo, a mestiçagem – de culturas, de pensamentos, de estéticas, de estilos, de modos de vida. O pós-modernismo prefere o local, o sincretismo, a alteridade, a diferença e o contingente ao universal, determinado e abstrato. O pós-modernismo realiza um colapso das pretensões populistas e rejeita as distinções categóricas e absolutas entre "alta" e "baixa" cultura; pretende diluir as fronteiras entre a arte e a vida, estetiza a vida cotidiana em direção a uma cultura de consumo simuladora, apagando a distinção entre aparência e realidade. No pós-modernismo, a vida é um simulacro. O mito, a magia e a arte ganham espaço.

Mesmo que não se aceitem certos elementos da perspectiva pós-moderna, não é difícil verificar a velocidade com a qual seu pensamento vem invadindo a cena social e cultural contemporânea. Os "novos" meios de comunicação e informação, por exemplo, parecem corporificar muitos dos elementos referentes ao pós-modernismo: simulacro, fragmentação, ironia, hibridismo, pequenas narrativas, mistura de gêneros etc. Nos diversos movimentos sociais e culturais, nas comunidades virtuais e nas diversas "tribos", observa-se a emergência de certa identidade pós-moderna: descentrada, múltipla, fragmentada. Instituições como o direito, a família, a escola, o sindicato e os regimes políticos elaborados na modernidade parecem crescentemente desacreditados. A saturação da base de conhecimentos e de informações disponíveis parece ter contribuído para solapar os sólidos critérios nos quais se baseava a autoridade do conhecimento, da titulação e a legitimidade da epistemologia oficial, o que leva a ciência e a tecnologia a não encontrarem mais, em si próprias, o prestígio que gozaram em outros tempos. O cenário é claramente incerto, duvidoso e indeterminado. A paisagem contemporânea é, em termos políticos, sociais, culturais e epistemológicos, nitidamente descentrada, ou seja, pós-moderna.

PÓS-MODERNIDADE E EDUCAÇÃO: NOVOS CAMINHOS, NOVAS POSSIBILIDADES

Por efetuar uma reviravolta nas noções epistemológicas da modernidade e nas ideias, nos fundamentos e valores que a acompanham, o pós-modernismo tem importantes implicações para a prática pedagógica. As noções de educação e ensino vigentes estão solidamente fincadas na modernidade e nas ideias modernas. No entendimento de Silva (2007), a escola, tal como se apresenta, é uma instituição moderna por excelência. Ela foi idealizada para transmitir o conhecimento científico, formar um ser humano supostamente racional e autônomo, difundir os princípios liberais da igualdade de oportunidades e moldar o cidadão e a cidadã da moderna democracia representativa do Estado-Nação. É por meio desse sujeito racional, autônomo, liberal e democrático que se pode chegar ao ideal moderno de uma sociedade racional, progressista e democrática. Sucintamente, é possível dizer que o questionamento pós-modernista constitui um ataque à própria ideia de educação.

O abalo dos princípios da modernidade fez que a educação se defrontasse com desafios inesperados. Por não poder mais ancorar seus objetivos e práticas nas certezas (hoje, incertezas), do projeto moderno, a educação tem saído em busca de novas formas de legitimação em uma sociedade marcada pela velocidade das mudanças e pela desconfiança. Se o sujeito perdeu seu pretenso controle das coisas do mundo, quem a escola pretende formar? O resultado atual tem sido uma desconexão entre teoria e prática, entre sociedade e a escola. A escola tem ficado um tanto a esmo, buscando soluções imediatas e utilitárias para os problemas que se modificam a todo instante, sem, no entanto, debruçar-se criticamente sobre eles.

A Educação Física, obviamente, também tomou assento nesse processo. A investigação de Nunes (2006) denunciou a incompatibilidade entre os currículos presentes na maioria das escolas e o atual contexto pós-moderno. As pedagogias tecnicistas ainda em voga (esportivista, desenvolvimentista, psicomotricidade e da educação para a saúde) encarnam plenamente os princípios da modernidade. São lineares, sequenciais, estáticas e segmentadas. Sua epistemologia é realista e objetivista. O ensino tecnicista está baseado em uma separação rígida entre "alta" e "baixa" cultura, entre conhecimento científico e conhecimento cotidiano. Ele segue fielmente o *script* das grandes narrativas da ciência, do método, do trabalho capitalista e do Estado-Nação que pressupõem um futuro estável e igualitário para quem dele se servir. Como foco principal, elegeu o sujeito racional, centrado e autônomo da modernidade. O currículo moderno tecnicista da Educação Física afirma uma identidade autêntica e verdadeira (Nunes, 2006). Sustentado pelos princípios modernos em meio à pós-modernidade, o currículo tecnicista da Educação Física tem gerado a incerteza e a insegurança na prática docente.

Inversamente, um currículo pós-crítico de Educação Física, ao apoiar-se nos referenciais pós-modernos, valoriza a produção, a criação do que ainda não foi pensado, contesta as estéticas canônicas, não se amarra em métodos rígidos e verdadeiros, planos previsíveis e tecnocráticos, descentraliza o poder do conhecimento do professor oriundo da cultura acadêmica e abre as portas para os conhecimentos de outros campos discursivos, do senso comum e para as práticas da cultura popular e da cultura paralela à escola. Afirma a diferença por meio da valorização de múltiplas identidades. Não se preocupa com o controle e a regulação. Com base nas influências pós-modernistas, no currículo pós-crítico da Educação Física, a incerteza abre portas para a fabulação, a invenção e a construção coletiva, para a análise do efêmero e do passageiro. No pensamento pós-moderno, o saber não é um meio de emancipação, mas uma possibilidade de compreender a complexidade da vida e de torná-la mais complexa.

Visto da perspectiva pós-moderna, o conhecimento não é mais disciplinar, é temático. Os temas são os campos por onde circulam os saberes. A realização de qualquer investigação emprega quantos campos discursivos forem necessários para produzir o conhecimento exigido por um projeto particular. O processo metodológico é pura alquimia, uma bricolagem que não prioriza um campo disciplinar e, por isso, subverte as orientações metodológicas formalizadas pela academia moderna (Corazza, 1997).

Se aceita a atual "condição pós-moderna" da sociedade, não há outra saída a não ser concordar com Silva (2007) e colocar sob suspeita a teorização crítica da educação. As teorias críticas seguem, em linhas gerais, os princípios das grandes narrativas da modernidade, pois encontram-se ainda dependentes do universalismo, essencialismo e fundacionalismo do pensamento moderno. A teorização crítica não existiria sem o pressuposto de um sujeito que, por meio de um currículo crítico, tornar-se-ia, finalmente, emancipado e libertado. O pós-modernismo desconfia profundamente das certezas e promessas emancipadoras e libertadoras da pedagogia crítica. Em última análise, o que está em jogo na teoria crítica é a vontade de poder e o controle da epistemologia moderna, cujo acesso foi negado às classes dominadas por meio do currículo tecnicista imposto pela ideologia dominante. Por mais paradoxal que seja, a pedagogia crítica e a pedagogia tecnicista apresentam uma genealogia comum, ambas consistem em projetos da modernidade. Com o pós-modernismo, os limites da teorização crítica são desvelados. De modo contundente, Silva anuncia: "o pós-modernismo assinala o fim da pedagogia crítica e o começo da pedagogia pós-crítica" (p. 116).

O pós-estruturalismo

O pós-estruturalismo é outra das correntes do pensamento contemporâneo que, acrescida ao pós-modernismo, contribui para uma perspectiva pós-crítica da educação. Com frequência, são realizadas análises sem qualquer distinção entre pós-estruturalismo e o pós-modernismo. Veiga-Neto (1995) chama a atenção para o risco dessa confusão e alerta para o fato de que, mesmo partilhando da crítica ao sujeito centrado e autônomo do modernismo e da filosofia da consciência (humanismo), pós-modernismo e pós-estruturalismo pertencem a campos epistemológicos diferentes. O primeiro se define relativamente a uma mudança de época e abrange um grande campo de objetos e preocupações, e o segundo limita-se a teorizar sobre a linguagem e o processo de significação.

Conforme mencionado em seção anterior, em sua vertente cultural, a Educação Física é a área de conhecimento que, na escola, se responsabiliza pelo estudo, análise, interpretação e produção das manifestações corporais por meio das quais os diferentes grupos sociais veiculam seus significados. Brincar, lutar, praticar esportes, fazer ginástica e dançar configuram textos da linguagem corporal, portanto, práticas de significação. Por essa razão, torna-se necessário conhecer os principais fundamentos da noção pós-estruturalista da linguagem, tendo em vista elucidar os referenciais que sustentam a teorização pós-crítica para o componente curricular.

Grosso modo, os estudos da linguagem apresentam noções estruturalistas e pós-estruturalistas. Retomando a definição do termo "pós", o pós-estruturalismo pode ser descrito como continuidade e ao mesmo tempo transformação e superação em relação ao estruturalismo. O pós-estruturalismo aponta os problemas e limitações enfrentadas pela visão estruturalista da linguagem quando se propõe explicitar a complexidade pela qual os homens e mulheres "leem" e interpretam a realidade. Mas o que é, afinal, estruturalismo?

O estruturalismo

Conforme argumentou-se em seção anterior, a filosofia da consciência já havia sido questionada por Hegel e Marx. Ambos afirmavam que a subjetividade e a consciência são resultados de um processo de formação histórica e cultural, fazendo emergir tanto o problema da fundamentação do conhecimento na subjetividade quanto sua capacidade de interpretar o real. A crise do pensamento moderno no século XIX conduz à formulação de vias alternativas para compreender o processo de construção do conhecimento, fundando a filosofia do século XX. Diversas áreas do saber, bem como algumas correntes filosóficas, apesar de evidentes diferenças, conferem à linguagem um grande potencial para explicação da realidade. O que há de comum é que o pensamento subjetivo, ao contrário do pensamento moderno, depende da linguagem, ou seja, dos diversos sistemas simbólicos nos quais se inserem os indivíduos. A questão central, portanto, passa a ser o sentido atribuído aos signos, o "como" a linguagem fala do real. Do ponto de vista lógico, a linguagem constitui-se de estruturas formais cuja relação com a realidade é independente da consciência individual, daí o termo estruturalismo.

O estruturalismo rompe com os princípios humanistas da autonomia do sujeito e seu subjetivismo, presentes na filosofia da consciência do início da modernidade. No estruturalismo, as estruturas são autônomas, objetivas e independentes do pensamento ou da mente humana, sendo constituintes da realidade em seus diferentes domínios: biológico, físico, cultural, linguístico. Mediante o referencial teórico estruturalista, o papel da ciência passa a ser, então, identificar, explicitar e descrever tais estruturas, suas regras e princípios constitutivos.

O estruturalismo é uma das principais origens do pensamento filosófico do século XX. Formulado pelo linguista suíço Ferdinand de Saussure (1857-1913), teve como principais representantes o antropólogo Claude Levi-Strauss, o crítico literário e fílmico Roman Jakobson, o semiólogo e crítico literário Roland Barthes, o psicanalista Jacques Lacan e o sociólogo marxista Louis Althusser.

Na teorização de Saussure (1977), a linguagem é entendida como uma estrutura, um sistema cuja unidade mínima se denomina signo. O signo (sinal) é aquilo que está no lugar de alguma coisa e, em certa medida, representa-a para alguém. O signo não é a coisa em si, ele dá sentido (à coisa), em virtude da sua capacidade de representá-la (a coisa) em um processo de comunicação. Bola, ginástica, aptidão física, bambolê e cortada, entre tantos, são signos que representam "coisas" facilmente identificáveis na linguagem do campo da Educação Física.

Os signos são formados pelo conjunto significado/significante. O significado é o conceito dado arbitrariamente ao signo em cada cultura e o significante é a imagem mental atribuída ao signo. Resumidamente, não há nada que estabeleça um vínculo natural entre significado e significante, esse vínculo é sempre uma construção social. Os signos representam as coisas tomando como base as convenções sociais estabelecidas por determinado grupo. Eles, no entanto, só significam alguma coisa pela diferença que estabelecem entre si. O conceito de diferença é central no estruturalismo, pois um signo se caracteriza pela sua oposição aos demais signos componentes da estrutura. O signo só faz sentido e é estabelecido mediante um processo de significação, ou atribuição de significados, em uma cadeia de diferenças e em uma operação de correspondência entre significados e significantes. Sua identidade, ou seja, aquilo que significa, é sempre dependente da sua diferença, isto é, aquilo que ele não significa. Para clarear, só é possível identificar o signo "bola" quando relacionado à diferença que estabelece com outros signos dele distintos, como corda, fitas, guarda-chuva etc. A estrutura define-se por relações de diferença. O que significa que a estrutura é um conjunto de relações definidas por regras de tal forma que os seus elementos, os signos, ao constituírem o todo da estrutura, só podem ser entendidos pelas relações que estabelecem como elementos que compõem um todo. A estrutura é aquilo que mantém, de forma subjacente, os elementos individuais no lugar, é aquilo que faz que o conjunto se sustente e tenha sentido. O sentido e o significado não são unidades independentes, eles se organizam em estruturas, em sistemas, em relações. No estruturalismo, o todo é mais do que a soma das suas partes, já que a estrutura é constitutiva do todo e é o que lhe confere unidade, sentido. Uma partida de basquete, uma luta de judô, uma dança clássica são, nesse sentido, bem maiores do que a soma da execução de suas técnicas. As partes da estrutura são determinadas pela totalidade do esporte, da luta e da dança. Uma jogada, um golpe ou os passos da coreografia, quando apresentados de forma isolada, perdem sentido. A bandeja, o *o-soto-gari* ou o *sault chevall*, se executados fora do contexto original, impossibilitarão uma adequada atribuição de significados, ou seja, corre-se o risco de uma interpretação equivocada.

O estruturalismo ajuda a compreender a crítica que se faz às aulas de Educação Física organizadas conforme o currículo desenvolvimentista. Na teoria crítica, os alunos e as alunas constroem seus conhecimentos (fatos, conceitos, explicações e interpretações) com base nas experiências vividas na família, na comunidade, no acesso às diversas mídias. Para Torres Santomé (1998) é com base nesse patrimônio que os estudantes estabelecem relações com o conhecimento e as experiências oferecidas pela escola e outras instituições. Ora, no cotidiano, o contato com as manifestações corporais dá-se pela sua totalidade, do jeito que ocorrem nas práticas sociais. Ao interagir com a experiência fragmentada (em partes) das aulas que priorizam a fixação de habilidades motoras, os alunos não conseguem compreender o que fazem, não lhes faz sentido. Constantemente, perguntam quando poderão jogar. Lentamente, diante dos discursos do professor ou de práticas coercitivas (que excluem os que não se alinham ao desejado), os estudantes criam suas estratégias de participação, suas estratégias para poder jogar, compor a equipe. Alguns acatam-nas, outros resistem.

O estruturalismo considera que toda estrutura é linguística, porém, não necessariamente verbal. Assim sendo, o modelo teórico da estrutura do sistema verbal é transferido para o campo de qualquer outra manifestação de linguagem não verbal, como a linguagem corporal, por exemplo, pois todas as formas de linguagem estabelecem relações de significação. Toda estrutura apresenta-se em forma de linguagem e seu sentido se expressa por meio da diferença dos diversos signos e dos significados a eles atribuídos. Em uma apresentação de Ginástica Rítmica Desportiva, por exemplo, sua estrutura – o todo – é compreendida, pela relação estabelecida entre as partes constituintes. Os signos bola, corda, fita, arco, massa, atleta não receberão o mesmo sentido, caso se apresentem isoladamente. A estrutura da linguagem não verbal Ginástica Rítmica Desportiva somente ganha sentido/significado pela relação entre suas partes.

O estruturalismo dos anos 1950-1960 analisou diversos campos e fenômenos sociais em acordo com o modelo linguístico desenvolvido por Saussure. A aplicação do conceito de "estrutura" foi visto pelos seus seguidores como uma possibilidade de estudo rigoroso e científico do mundo real. Os estruturalistas afirmam que qualquer fenômeno investigado apresenta a mesma estrutura dos fenômenos linguísticos, o que permite validar o estruturalismo como um método de análise de relações de significação por meio de regras e princípios que constituem qualquer estrutura ou sistema. No caso da manifestação esportiva, sua estrutura pode ser identificada mediante um conjunto de regras que possibilitam a igualdade de chances para os seus participantes, especialização de funções conforme a habilidade, princípios pautados na competição, racionalização, superação, mérito, quantificação dos resultados e cientificização do treinamento técnico-físico. Quando a ciência verificou que a emoção poderia atrapalhar o resultado, a mesma estrutura foi aplicada aos fatores psicológicos, ocasionando o surgimento de testes, medidas e treinamento específicos. Pode-se mudar a modalidade, adaptar algumas regras, mas a estrutura permanece. O que não atenda à estrutura predefinida não será considerado esporte. Ao retirar-se a competição do esporte, por exemplo, sua estrutura se modifica. Deixa de ser esporte e ganha novos significados – jogo cooperativo, educativo etc.

Entre as diversas investigações formuladas pelos estruturalistas, os trabalhos de Levi-Strauss (1976) trouxeram grandes contribuições para a sociedade multicultural contemporânea. Ao analisar as estruturas das relações de parentesco, dos mitos e da organização social das sociedades indígenas, o antropólogo demonstrou que não se tratava de culturas não desenvolvidas, constituídas por sujeitos irracionais. Todas as culturas, independente de sua história e localização, apresentam formas complexas e sofisticadas de organização social, mitos, linguagem etc. Estruturas que, para o antropólogo, seriam invariantes. Podem ser identificadas em todas as culturas e são indispensáveis para a vida em sociedade. Em uma visão estruturalista, a cultura dos povos periféricos também apresenta sistemas simbólicos, estruturas sociais organizadas e complexas, tal qual a cultura europeia iluminista e moderna. Segundo Levi-Strauss, suas diferenças limitam-se a particularidades.

No campo da educação, o sociólogo crítico Basil Bernstein foi quem desenvolveu uma perspectiva estruturalista da pedagogia e do currículo. Recentemente, o documento PCN+ do Ensino Médio (Brasil, 2002), disponibilizou uma análise estruturalista no campo da Educação Física, embora não haja qualquer menção a esse campo filosófico no seu referencial teórico. Nesse documento, a ênfase na linguagem não verbal presente na gestualidade das manifestações corporais recaiu na própria noção de estrutura da linguística com algumas de suas regras e princípios. Visando justificar a alocação da Educação Física como componente da área de Linguagens, Códigos e suas Tecnologias, atribuiu-se uma visão universalista aos conceitos de signo, símbolo, gramática, denotação e conotação para validar e compreender o estudo da gestualidade presente nas manifestações da cultura corporal. Sem dúvida, trata-se de uma noção estruturalista da linguagem corporal.

O estruturalismo estreita demasiadamente a leitura da realidade. Seus críticos não pouparam energia ao denunciar que o processo de significação (atribuição de sentido ao signo) configura-se, sobremaneira, rígido e fechado, tornando-o refém dos artifícios de sua construção e produção, ou seja, toda a atribuição de significado implica uma relação unívoca entre um signo e seu significante (imagem). Silva (2003), por exemplo, adverte que os sistemas de significação são descritos de forma tão dependente dos códigos, convenções, estilos e estruturas que dirigiram sua produção, que só podem significar aquilo que foi determinado por esses recursos semióticos, precisamente, no momento ou ato de sua produção.

Esse processo ganha visibilidade quando se observa a construção do pensamento moderno. Os significados modernos somente têm validade se atenderem aos artifícios do ato de sua construção, ou seja, validados pelo método científico. O conhecimento científico e o conhecimento de modo geral só têm validade se forem aprovados pela comunidade de pesquisadores ou especialistas legitimados pela sociedade. Isso ocorre por meio de discursos científicos ou práticas discursivas que afirmam tais significados.

Pensando assim, é possível entender melhor como a Educação Física se constituiu. O significado dado tanto ao componente como às suas práticas só tem valor se forem aprovados pela comunidade que lhes conferiu certos modos de ser e possibilitou suas transformações. Em virtude do seu vínculo com os princípios da emancipação técnico-científica, são-lhe atribuídas funções coerentes com os princípios científicos, entenda-se, elaborados com base nos métodos científicos. Qualquer forma de Educação Física que não se apresente em acordo com seus critérios constituintes será negada. O mesmo se afirma com relação às formas institucionalizadas das práticas da cultura corporal. A execução de qualquer gestualidade realizada de maneira diferente daquela cientificamente reconhecida gera um sentimento de repulsa ao modo executado e, por conseguinte, inicia-se a crítica e a correção, tentando adequá-la à identidade do gesto/signo construída e validada culturalmente em determinado contexto histórico e cultural. Tal fenômeno é bem evidente nas atividades escolares, pois a gestualidade enfatizada nas aulas corresponde àquela desenvolvida e afirmada por um grupo com grande poder simbólico (os atletas), cujas práticas e rotinas foram interpretadas à luz da metodologia científica.

Tanto a rigidez do processo de construção dos significados quanto suas pretensões cientificistas, proporcionaram diversos questionamentos ao estruturalismo, levando-o ao esgotamento. Como decorrência, surgiu o pós-estruturalismo, mantendo, contudo, alguns dos princípios estruturalistas.

O pensamento pós-estruturalista

A ênfase na linguagem produziu na teoria social e cultural contemporânea a crítica à filosofia humanista, colocando no lugar da autonomia do sujeito e da sua suposta consciência, um conjunto de dispositivos linguísticos pelos quais se define a realidade. Com o pós-estruturalismo, a própria natureza da linguagem também é redefinida. O pós-estruturalismo avança na compreensão do papel da linguagem formulado pelo estruturalismo, fundamentando-se, principalmente, na noção de "poder" de Michel Foucault e na de "diferença" de Jacques Derrida. O pós-estruturalismo marca a denominada "virada linguística".

Aqui a linguagem não é mais vista como algo neutro que apenas nomeia o real, aquilo que se vê ou sente, como mostrou o estruturalismo. No estruturalismo, a linguagem normalmente é concebida como neutra e representa a realidade, o que leva a supor a existência de um elo natural entre a dimensão das coisas e a das palavras. Com isso, as coisas, os atos, os sujeitos e os gestos são refletidos pelas palavras. A realidade é dada e objetiva, a linguagem a expressa. Ao sujeito do conhecimento, cabe desenvolver suas potencialidades e aprender a realidade. Aqui a linguagem apenas revela o interior dos sujeitos, seus pensamentos e sentimentos.

No entanto, a virada linguística deu novos contornos à significação e, por conseguinte, ao sujeito. A importância da linguagem ganha forças com as mudanças sociais, já anunciadas, que possibilitaram novas formas de interação dos grupos, nas quais apareceram novas linguagens e novos jogos de linguagens, com regras distintas e diversas, outras narrativas e outras formas de interpretar a realidade. A virada linguística gerou uma crise nos metadiscursos modernos que pretendiam interpretar toda a realidade mediante sua linguagem, o que legitimaria um único jogo de linguagem e o tornaria universal, tal como se deu com a linguagem científica. A virada linguística inviabilizou a existência de palavras certas e erradas em si, pois, com base nelas emergem a pluralidade de métodos e regras que constituem os discursos. Entende-se que a palavra correta é aquela que é aceita na comunidade linguística que a emprega, pois é isso que torna a comunicação possível.

> Foi então o momento em que a linguagem invadiu o campo problemático universal; foi então o momento em que na ausência do centro ou de origem, tudo se torna discurso – com a condição de nos entendermos sobre esta palavra – isto é, sistema no qual o significado central, originário ou transcendental, nunca está absolutamente presente fora de um sistema de diferenças. A ausência de significado transcendental amplia indefinidamente o campo e o jogo da significação (Derrida, 2002, p. 232).

A virada linguística vai expandir suas análises para além das práticas discursivas, englobando, entre outras, a linguagem corporal. Os gestos adquirem sentido e são validados em uma comunidade capaz de interpretá-los por meio dos acordos estabelecidos entre seus membros. Cada comunidade produz e torna disponível sua própria gestualidade, seja na forma de brincadeira, dança, luta etc. Cada comunidade cria seus jogos de linguagem corporal, com suas regras e métodos.

No pós-estruturalismo, a linguagem deixa de ser fixa e estável, centrada na presença e no valor de um significado correspondente de forma inequívoca. A linguagem passa a ser compreendida como movimento, em constante fluxo, sempre indefinida, sempre adiada. A linguagem, no pós-estruturalismo, nunca é a cópia fiel da realidade. É apenas uma possibilidade de interpretação, o que inviabiliza a neutralidade discursiva. O pós-estruturalismo nega a crença de que o verdadeiro significado de um discurso conduziria à coisa em si, tal como se portasse uma origem que lhe pertencesse, ou se colasse à coisa que apenas simboliza; nega a própria existência de uma origem do discurso. Os teóricos pós-estruturalistas não enxergam nos símbolos marcas coerentes, pertinentes e sistemáticas. Isso seria a morte da interpretação. O pós-estruturalismo põe em xeque a atividade estruturalista, pois rejeita a ideia de origem e afirma que não há nada anterior ao signo. Afinal, cada signo apenas remete a outros signos. Para o pós-estruturalismo, não há nada a ser interpretado, tudo já é interpretação.

A argumentação pós-estruturalista abala os campos da educação e da Educação Física. Questiona sua pretensa universalidade e abre espaços para a criação. Sem poder apreender o signo na totalidade de um significado inequívoco, a escolarização, as aulas, o cotidiano escolar transmutam-se em espaços de múltiplas possibilidades, interpretações permanentes, uma constante substituição de significantes. A análise de uma brincadeira, de uma dança, de uma luta, assim como suas vivências, consiste em experiências abertas, criativas, inesperadas, implicando novas possibilidades de escrita de uma brincadeira, dança ou luta.

Silva (2003) sintetiza na transformação da noção de poder uma das contribuições fundamentais do pós-estruturalismo. Nesse sistema, o poder não é algo fixo, não parte de um centro, nem tampouco é algo externo que possa ser tomado, como propuseram as teorias críticas, mas é algo que se encontra em toda parte, nas relações e nos modos que regulam o comportamento das pessoas. O poder age de modo que aquele que a ele se submete o compreenda como necessário, como natural. Acompanhando a argumentação de Foucault (1999), é o poder que define o que são as coisas, ele se exerce e só existe em ação. Na sua perspectiva, não é possível analisar e criticá-lo sem estar envolvido com ele. O poder é interdependente do conhecimento (o saber), pois o saber está imbricado no modo como se estrutura e regula o comportamento daqueles que se encontram submetidos ao poder. O saber é o condutor do poder. Onde há saber, há vontade de poder. É o saber que naturaliza o poder de modo que haja consentimento de todos envolvidos na sua trama. Para Foucault, saber e poder não são a mesma coisa, porém, trata-se dos dois lados do mesmo processo. No interior das relações de poder, em toda a trama social, todos estão envolvidos, todos são ativos, ninguém está isento das relações saber-poder. Então, a questão principal passa a ser como se exerce o poder.

O saber-poder está em uma série de dispositivos presentes nos discursos, nas leis, estruturas arquitetônicas, instituições como a escola e seus currículos, família, direito, Igreja, enunciados científicos, entre outros, que determinam o modo como são definidos os significados. Não existe poder sem saber. Nessa direção, ganha ênfase o conceito de discurso formulado por Foucault. Para o filósofo francês, o discurso fabrica os objetos sobre os quais se fala, criando efeitos de verdade sobre o que se fala e efeitos nos sujeitos que falam e sobre os quais se fala. Os discursos influenciam o modo de compreender a realidade, pois é por meio deles que os significados são produzidos, circulam e são validados. Os discursos, ao criar regimes e efeitos de verdade, autorizam quem pode falar e o que se pode falar, normalizam os modos de ser, o que é certo e o que é errado, o que pode e o que não pode ser feito na sociedade.

Se para a teorização crítica o currículo é um percurso no qual a ideologia dominante transmite seu poder às classes desfavorecidas, mantendo alguns por dentro do poder e outros de fora, para as teorias pós-críticas da educação, ao basear-se no pós-estruturalismo, o poder não se polariza simplesmente em uma relação entre classes econômicas distintas. O poder está descentrado e esparramado em qualquer relação que compõe e constitui a teia social. Onde há relação, existe disputa pela validação dos significados. Trata-se de saber-poder. O poder está além das relações de classe, está nas relações entre todas as identidades – etnia, gênero, sexualidade, idade, profissão, locais de moradia, níveis de habilidades motoras e perceptivas, estéticas corporais etc. Cabe à escola, mediante a pedagogia pós-crítica, desvelar os dispositivos que validam certos conhecimentos e, por conta disso, constroem determinadas ou difusas relações de opressão.

O poder sempre existirá em toda e qualquer relação. O que se discute são as formas de democratizá-lo. Diante disso, a teoria pós-crítica supera a ideia de emancipação das teorias críticas, pois, ao menos na sua visão, isso nunca será possível. Afinal, os sujeitos pensam e agem em conformidade com a complexidade do contexto sócio-histórico e dos sistemas simbólicos nos quais estão inseridos e, em meio à luta contínua pela significação da qual participam, uma luta por saber-poder.

Em coerência com a perspectiva pós-moderna, Silva (2003, 2007) deflagra que o pós-estruturalismo, tal como o estruturalismo, define o sujeito como fruto da linguagem, não possuindo nenhuma propriedade essencial ou originária. Nessa ótica, o sujeito só existe como resultado de um processo de produção histórica, cultural e social. É o saber-poder que está na origem do processo pelo qual alguém se torna determinado tipo de sujeito. O indivíduo não é dotado de uma identidade prévia, original; ele constrói sua identidade com base nos aparatos discursivos e institucionais que o definem como tal, como a escola e o currículo. Valendo-se da teorização de Derrida (2002), infere-se que, no pós-estruturalismo, a linguagem contribui intensamente para a formação da identidade. Em razão da sua proximidade e interioridade, a linguagem é a expressão imediata do "eu", da subjetividade e, consequentemente, da consciência. Não como espelho ou mimese da realidade, mas, sim, do modo com que se estabelece o contato do mundo com o indivíduo e deste com aquele. É fortalecido, portanto, o caráter produtivo da linguagem e do poder para definir tanto o que as coisas são como quem são os sujeitos.

Sinteticamente, a identidade pode ser vista como o conjunto de características que afirmam quem "nós" somos e quem são os "outros". A identidade define os grupos e ao mesmo tempo quem os grupos não são. A identidade – aquilo que "nós" somos – é uma construção discursiva tanto quanto a diferença – aquilo que "nós" não somos.

A identidade é construída pelo próprio grupo. A fim de marcar quem o grupo não é, quem não pertence ao grupo, recorre-se a diversos dispositivos linguísticos, aquele que não apresenta as mesmas características é visto como o diferente. Identidade e diferença, portanto, são produções discursivas permeadas por relações de saber-poder para definir quem é a norma, o idêntico, e marcar fronteiras entre quem deve ficar dentro (nós) e quem não deve (eles). No pós-estruturalismo, identidade e diferença não podem ser compreendidas fora do sistema de significação nos quais adquirem sentido. Essa construção é uma questão de poder, é uma questão política.

Pode-se entender, com base nos argumentos expostos, que ser professor de Educação Física não é algo natural, uma essência. Vestir certas roupas, possuir certos corpos, realizar com eficiência certas práticas corporais, defender certas ideias são decorrências de processos discursivos que afirmam, por meio de relações de saber-poder, qual a identidade de professor de Educação Física é a norma (Nunes, 2006). Apresentar-se de forma contrária à afirmada pelos discursos e pelas relações de saber-poder constitui a diferença. Ela pode causar espanto e ser renegada. Do mesmo modo, a escola e o currículo, como práticas discursivas permeadas pelo saber-poder, afirmam qual conhecimento merece ser contemplado – o importante e verdadeiro – e qual não precisa aparecer – o diferente e desnecessário.

A identidade e a diferença, como produtos da cultura e dos sistemas simbólicos que as compõem, não são fixas. Mostram-se indeterminadas e instáveis, tal qual a linguagem que as produziu. De forma semelhante ao pós-estruturalismo, o conceito/significado não está no objeto e tampouco coincide com ele. O significado apenas está no significante como traço. Sua suposta presença é uma ilusão que faz com que o signo funcione em um sistema de comunicação, independentemente da presença de quem o validou. Nos discursos, qualquer elemento que funcione como signo remete a outro elemento que não se encontra presente, isto é, cada signo traz o rastro de outros signos que não são o próprio (Derrida, 2001). O filósofo define a diferença com base na impossibilidade de se alcançar o significado do signo por meio de uma relação direta com o significante, como fora formulado pelos estruturalistas. No pós-estruturalismo, não existe identidade, tudo é diferença.

Para Derrida, o significado é uma abstração inalcançável. Vive-se em contato apenas com significantes que são mobilizados na perseguição dos significados dos signos. A essa propriedade do signo, o autor denominou "metafísica da presença". Derrida indica a existência de uma ideia, uma promessa da presença do signo na "coisa" a qual ele representa; no entanto, essa presença é sempre adiada, diferida. Por conta disso, o signo não carrega apenas a marca daquilo que ele substitui. Para a sua determinação, o signo traz junto o que ele não é, traz o que o diferencia. Significa que um signo não é apenas ele mesmo, a identidade. Ou seja, a identidade carrega consigo a diferença. Ao contrário do pensamento saussureano, Derrida afirma que não existe um sistema diferencial de significados e um de significantes. O significado não é anterior à sua marca, o significante. Ele é inteiramente dependente do sistema diferencial de significantes. Significado e significantes são inseparáveis. O significado não é fixo, mas extremamente móvel, instável, conforme o lugar de quem o emite e de quem o interpreta, isto é, o contexto sociocultural que o produziu. O processo de significação nunca é uma operação de correspondência, mas um processo de diferenciação (Silva, 2003). O signo caracteriza-se pelo constante adiamento de presenciar um significado e pela diferença que ele estabelece com relação a outros signos.

De certa forma, se o sujeito é governado pela internalização dos signos sociais, torna-se dependente de uma estrutura incerta, o que impossibilita determinar o significado das coisas. Essa indeterminação do processo de significação apresenta consequências para a identidade e para a diferença, pois ambas são marcadas pela instabilidade. Ambas não podem ser fixadas, determinadas. Ambas estão sempre em processo.

O significado está sempre em ação, em um processo permanente de significação. Daí se depreende que o processo de significação nada mais é que um processo de diferenciação. Em razão disso, o diferente é tudo o que não é semelhante a um determinado significante, abstraído de um significado imposto culturalmente. Pelo mesmo motivo, a identidade é tudo o que tem semelhança com o significante escolhido. Consequentemente, não existem significados verdadeiros ou falsos, dado que decorrem dos significantes validados como correspondentes ao significado, o que mais uma vez denuncia uma relação de saber-poder. Etnia, orientação sexual e classe, apenas para exemplificar, não são essências, signos cujos significados estão presos a um significante, mas são categorias discursivas nas quais operam formas de exclusão: o racismo, o sexismo, o classismo. O valor político dessas identidades não pode ser essencializado, mas sobredeterminado em termos relacionais, pois não existe nada fora do jogo da diferença. O que existe são efeitos de diferença. O signo, liberto de um significado único, transcendental, coloca o significante como falta, como ausência que pode, a qualquer momento, ser preenchido por múltiplas significações. Uma tarefa infinita, contrária à totalização de um sentido universal. A identidade não é definitiva. Ela está sempre a ser preenchida, afirmada, infinitamente.

Sendo assim, é lícito afirmar que a seleção dos conteúdos que precede a elaboração do currículo encontra-se diretamente ligada ao poder, não existem conteúdos essenciais ou imprescindíveis à composição do currículo. Com o pós-estruturalismo, a pedagogia pós-crítica da Educação Física contesta a presença de certos conteúdos no currículo e a ausência ou esquecimento de outros. Com o pós-estruturalismo, qualquer ideia de especificidade da Educação Física é abalada. O pós-estruturalismo ensina que mediante a afirmação de certos conhecimentos, a escola e a Educação Física validam certas formas de ser, agir e pensar, constituindo determinadas identidades e não outras.

A IDENTIDADE E A DIFERENÇA TÊM DE SER REPRESENTADAS

Na concepção pós-estruturalista, a diferença é marcada pela representação, isto é, pela marca visível em que a realidade ou seu objeto real é tornado presente para o social. Como o significado de um signo, aquilo que é supostamente representado, não está presente no significante (imagem), a representação do signo nunca é estável, determinada. Ela é constantemente passível de novas significações.

Assim, a representação passa a ter um caráter de política de identidade, pois o autor da representação, ao escolher o que torna presente para o social no ato de representar, exclui tudo o que não deseja ver representado. É isso o que acontece quando se tenta criar uma representação universal de ser humano, movimento, formas de jogar, juventude, crianças, professores, alunos etc. Tudo o que for agente estranho às características selecionadas para a representação pode ser considerado deformação, problema, equívoco. A identidade, como se viu, é dependente da relação saber-poder que a institucionalizou. Dessa forma, é possível compreender as dificuldades de relacionamento quando os alunos e alunas que não apresentam a identidade desejada pelos docentes – ser aluno é atender às determinações do professor, cumprir com as tarefas propostas, apresentar o rendimento esperado etc. Qualquer diferença deve ser corrigida!

A mesma argumentação poderá ser dirigida aos demais signos culturais. Em obra anterior (Neira e Nunes, 2007a), já foi citado que, na maioria das escolas, a identidade da Educação Física é representada predominantemente como espaço para a ocorrência de movimentos ou momento para realização de brincadeiras e esportes, em suma, de atividades físicas. Com base nessa representação hegemônica, qualquer aula de Educação Física que não apresente essas características será negada e vista como diferente. Assim, quando o professor inicia o desenvolvimento de um tema específico fazendo uso do quadro-negro ou de um cartaz como recursos didáticos, poderá ouvir dos estudantes comentários críticos sobre o seu trabalho. Sob o olhar pós-estruturalista, nesse caso específico, o professor precisa repensar não o que está fazendo naquele momento, mas, sim, quais foram os discursos e as práticas acessadas que levaram os alunos a elaborar as representações das aulas de Educação Física como limitadas às práticas motoras. Da mesma forma, o docente também deve questionar quais discursos e práticas contribuíram para que os alunos pensassem que a aula de Educação Física é um ambiente de diversão, que de vez em quando a aula pode ser livre etc., ou mesmo, debruçar-se sobre as representações socialmente compartilhadas com relação ao componente: disciplina que os alunos mais gostam, local de alegria e prazer, espaço para melhoria da saúde, o professor do componente é um esportista e tantos outros.

Na análise cultural, as representações atribuem sentidos, dado que não representam os objetos reais, mas criam efeitos de verdade a respeito das explicações sobre os objetos reais. Cada grupo social utiliza a representação para definir a sua identidade e a dos outros, fazendo-o pelo intermédio de disputas de poder inscritas na representação. No jogo do poder cultural, os grupos dominantes elaboram e divulgam as representações "universais". Qualquer representação pertencente às culturas alheias, caso se distingam da cultura dominante, receberá menor carga valorativa. A representação do Outro se constitui por uma mínima seleção de características presentes, cujo objetivo é apenas lidar com sua presença na esfera pública, sem conhecê-lo de fato, sem ter de enfrentar um contato mais intenso e conhecer seus pormenores, sutilezas etc. Trata-se de uma representação estática que submete o Outro à cultura autora da representação.

É interessante notar como na luta cultural da contemporaneidade a convivência com o diferente é acompanhada do termo "tolerância". Por mais valorosa que possa parecer, a "representação" da tolerância para com o Outro indica certa concepção de superioridade. Afinal, em um contexto sociopolítico, no qual se valoriza a diversidade cultural, posturas de assimilação ou extermínio das diferenças são concebidas como inadequadas. Desse modo, os grupos dominantes elaboram novas práticas discursivas acerca da obrigatoriedade de conviver com o Outro. Quem tolera é a norma, a identidade. Resta ao Outro, o diferente, os agradecimentos pela possibilidade de ser tolerado.

Se o que se pretende é transformar o quadro de grande desigualdade social e garantir a sobrevivência cultural dos grupos que desfrutam de menor poder, ou seja, dar-lhes o poder de se representar, sugere-se a elaboração e desenvolvimento do currículo pós-crítico da Educação Física. Quando as atividades pedagógicas que configuram o currículo recorrem ao diálogo, e não à tolerância, para desconstruir representações dominantes e construir outras, contribuem para uma melhor compreensão do processo de construção da representação dominante e com isso transformam tanto os estudantes quanto o sentido da representação. É o que se pode denominar de negociação por sentido. A condição hierárquica privilegiada inicial com a qual o sujeito atribui significado a um signo **poderá ser substituída**, mediante o diálogo, por outra.

Tal processo ocorre graças à mobilidade e a incerteza do signo presentes no conceito de diferença de Derrida. É essa mobilidade, incerteza e adiamento que possibilitam tamanha transformação e instabilidade das práticas sociais. Elas podem resistir, transgredir, subverter, carnavalizar e sobreviver às forças de silenciamento e deturpação da cultura posicionada de forma assimétrica nas relações de poder. A cultura, portanto, é um campo de luta por significação, é um terreno onde diversos grupos disputam pelo direito de se fazerem representar no âmbito social.

Em meio a essa luta, a cultura diferente é representada pela identidade dominante que confere para si os atributos válidos e, para marcar a diferença, estabelece o negativo para o Outro cultural. Foram os grupos dominantes que, ao discursar sobre o melhor movimento, corpo e estilo de vida, conferiram aos motoramente inábeis, sedentários ou praticantes de outras atividades corporais, a pecha de diferentes. O discurso corporal dominante, ao conferir a identidade, marcou a diferença. Quando o currículo da Educação Física, por meio de seus procedimentos e escolhas, pretende construir uma identidade universal, qual seja, o corpo perfeito da ginástica, o gesto técnico do esporte, o topo dos estágios de desenvolvimento, o estilo de vida ativo etc., nada faz além de promover uma prática pedagógica isolacionista e preconceituosa, pois, ao definir a identidade e estabelecer a diferença, impede qualquer ação dialógica.

O PÓS-ESTRUTURALISMO E AS SUAS CONTRIBUIÇÕES PARA O CURRÍCULO PÓS-CRÍTICO

Os pressupostos humanistas que sustentavam a educação foram abalados pelo pós-estruturalismo. Afinal, toda a filosofia da educação baseia-se no fundamento do desenvolvimento das potencialidades e capacidades humanas, de uma essência e de uma consciência que precede o sujeito a ser educado. Onde mais o princípio universal da razão é tão evidente? Onde mais o controle e a regulação atuam com esse propósito? Tanto a psicologia humanista quanto a do desenvolvimento, tanto as pedagogias opressoras quanto as libertadoras, primam pelo objetivo do desenvolvimento da consciência. Nem mesmo as teorias críticas escapam ao ataque pós-estruturalista, pois a ideia de uma consciência autocentrada e momentaneamente alienada à espera de uma suposta libertação vincula-se à noção de conscientização. O pós-estruturalismo, conforme o debate anterior, coloca em dúvida as noções de educação, das mais tradicionais às mais críticas. Como fica, então, a pedagogia e o currículo?

Procurando evitar os arroubos que soem aliciar os educadores, Silva (2007) alerta para a impossibilidade de se propor uma teoria pós-estruturalista do ensino, mesmo porque tal postura colocaria em risco justamente aquilo que o pós-estruturalismo se propõem a desestabilizar. O pós-estruturalismo, tal como o pós-modernismo, rejeita qualquer tipo de sistematização. Mas há, certamente, uma "atitude" pós-estruturalista que poderá influenciar a prática pedagógica.

Já se repetiu que no pós-estruturalismo, o significado não é uma essência, ele é construído e imposto em um campo de luta pela significação. Também se frisou a importância das negociações por sentido. Esse aspecto é particularmente válido para a reflexão em torno das explicações referentes ao critério de verdade do pensamento moderno e da função da escola como transmissora das verdades modernas.

Desse modo, é possível compreender a ênfase dada a certos conhecimentos divulgados pela escola, como a transmissão da cultura esportiva ainda presente nas aulas de Educação Física. O esporte é entendido como conhecimento válido para todos os grupos que frequentam a instituição educativa. Na perspectiva pós-estruturalista é fundamental investigar o processo que tornou essa explicação verdadeira, identificando as relações de poder e de significação que participaram do processo, por exemplo, quais métodos empíricos e referenciais teóricos foram considerados válidos ou não e por quais motivos, onde, quando, para que e por quem foram inventados, quais dispositivos foram utilizados para a sua afirmação etc.

Uma visão pós-estruturalista convidaria também a uma intensa reflexão sobre os conceitos transmitidos aos alunos pelas pedagogias tecnicistas da Educação Física. Quem definiu o conceito de saúde que o currículo saudável advoga? Em quais conhecimentos se amparam as ideias de autonomia, cooperação e respeito promovidos pelo currículo globalizante? Quem é o cidadão ou cidadã formados por meio do currículo esportivo? Por que vigoram os conhecimentos psicobiológicos nos currículos do componente em detrimento dos socioculturais? Será que as teorias que fundamentam o currículo desenvolvimentista podem ser universalizadas?

Como não há uma única verdade sobre a realidade, pois ela é dependente do processo de investigação/significação, o pós-estruturalismo rejeita a polarização entre oposições binárias, entre os pares de ideias em luta, como, por exemplo, gesto técnico e gesto sem técnica, saudável e não saudável, habilidoso e não habilidoso, disciplinado e indisciplinado, cultura popular e cultura erudita.

A filosofia da diferença de Derrida favorece a inclusão de todos os significados, de todas as vozes, de todas as culturas no currículo, isto é, a presença de múltiplas linguagens e suas múltiplas interpretações da realidade. Ao abarcar todas as tradições culturais, por conseguinte, suas formas de ser, pensar, agir, jogar, dançar etc., o currículo pós-crítico abre espaço para a permeabilidade, o contato e o diálogo entre as diferentes culturas. Nele, não se discute ou se atribui valoração a esta ou aquela prática corporal. No currículo pós-crítico da Educação Física, todas as manifestações culturais são válidas. Diante disso, vale retomar o posicionamento da pedagogia crítica, indagar quem definiu que a escola deve ensinar xadrez, basquete e vôlei ou outra modalidade esportiva, quem afirmou que é necessário desenvolver as habilidades motoras fundamentais ou seguir certos modelos estéticos e questionar o processo de construção da identidade e da diferença. Enfim, o pós-estruturalismo permite afirmar que, mediante um currículo pós-crítico da Educação Física, interessa saber como foram construídos, mediados, aceitos ou recusados os significados das manifestações da cultura corporal presentes na sociedade.

OS ESTUDOS CULTURAIS

A pedagogia crítica do currículo ensinou que é preciso descrever, discutir e problematizar as práticas e os conhecimentos socializados pela cultura escolar, bem como os que se encontram ausentes, por serem considerados triviais ou irrelevantes para o processo de escolarização e o consequente projeto de formação do cidadão. Em continuidade ao debate que posiciona o currículo no campo das teorias pós-críticas da educação, os Estudos Culturais têm se constituído em campo de teorização e investigação influente, dada a possibilidade do emprego de determinadas ferramentas analíticas, até o seu surgimento, ausentes quer do âmbito educacional, quer do âmbito dos denominados saberes populares, místicos ou intuitivos.

Os Estudos Culturais contribuíram para abalar a concepção de que a produção do conhecimento é fruto da continuidade natural da história ou de embates acadêmicos e epistemológicos que buscam uma explicação mais eficaz da realidade. Os Estudos Culturais questionaram a simplicidade dessa explicação e alertaram para a complexidade das relações sociais a que todos atravessam, em todas as direções e em permanente movimento, permeando os variados níveis da existência social.

Da sua gênese no movimento marxista denominado Nova Esquerda, na Inglaterra do segundo pós-guerra, à gradual incorporação do pensamento pós-estruturalista, passando pela teorização do movimento feminista, da teoria *queer*, do pós-colonialismo e do multiculturalismo[17] nos anos 1970 e 1980, os trabalhos produzidos com base nos Estudos Culturais procuram intervir em favor da construção de significados e valores mais democráticos, em uma sociedade marcada pela proliferação dos meios de comunicação de massa e pela tentativa de homogeneização cultural.

Origem e objeto de investigação

A literatura[18] mais difundida a respeito do tema atribui o surgimento dos Estudos Culturais aos esforços de alguns intelectuais, oriundos das classes populares da Inglaterra, para criticar a distorção empreendida pelos membros da denominada alta cultura em relação à cultura popular e à cultura de massa, uma reação à tendência elitista de concepção de cultura. Silva (2007) enfatiza que seus representantes defendem que no seio da classe

---

[17] À exceção do pós-estruturalismo, já apresentado, alguns destes conceitos serão tratados nos próximos tópicos.

[18] Tomaz Tadeu da Silva organizou e traduziu uma interessante síntese em *O que é, afinal, Estudos Culturais?*, publicado pela Editora Autêntica, em 2006.

popular não há somente mau gosto, passividade, submissão e assimilação, mas também resistência e produção. Escosteguy (2001) vê na divulgação e no acesso mais recente às produções em línguas não anglófonas a indicação de que o movimento do estudo da cultura ocorreu quase simultaneamente em outros países europeus, na África, na Ásia e na América Latina, promovido pelo avanço do capitalismo e das telecomunicações que favoreceram a incursão de outros grupos e sujeitos no mapa cultural e político do século XX. No Brasil, as maiores influências advieram de autores estadunidenses, australianos e daqueles radicados na Inglaterra.

Todavia, não há como negar que o movimento intelectual da Inglaterra do pós-guerra assumiu para si essa marca e provocou mudanças na teorização cultural. Sob tal influência, o conceito de cultura acolheu novas problematizações, ampliando seu espectro de análise e incorporando os domínios do popular. O caráter hierárquico, elitista e segregacionista da cultura, ou seja, seu enfoque como elemento de distinção social que realça a erudição, a tradição literária e artística, e os padrões estéticos elitizados por um grupo autodenominado superior, foram abandonados para contemplar o gosto das multidões, agregando novas possibilidades de sentido. Para debater a cultura, os Estudos Culturais introduzem a cultura de massa, elemento típico da indústria cultural e da sociedade *techno*, bem como a cultura e os artefatos oriundos de qualquer outro grupo, como a cultura infantil, juvenil, *gay*, empresarial, escolar, negra, étnica, acadêmica, esportiva etc. No âmbito dos Estudos Culturais, o conceito de cultura perde sua condição maiúscula e singular e ganha a pluralidade das culturas.

Se o termo cultura ganhou uma ênfase polissêmica, o mesmo pode ser observado em relação ao termo popular. Antes visto como algo a ser combatido e superado para a evolução da humanidade, o termo popular também oscila entre variados significados e intenções para seu uso. Do popular ao *pop*, presentificam múltiplas interpretações que podem indicar tradição, folclore, pessoa famosa ou querida, atraso, ignorância, alienação, cafonice, gosto e práticas da maioria, parcela desprivilegiada da população ou, mesmo a sua corruptela, sofisticado, minimalista, atual, despojado, *cult* etc. Os Estudos Culturais mostram que as palavras têm história e produzem sentidos em tempos e espaços que se tornam arenas políticas de negociação e imposição de significados e efeitos. Como ilustração, basta verificar que o termo Educação Física carrega múltiplos significados, defendidos por interlocutores diferentes em tempos e espaços diversos e que produzem variados sentidos e efeitos.

Schwarz (2000) identifica dois determinantes históricos para a emergência e o desenvolvimento dos Estudos Culturais. Primeiro, o fim do imperialismo britânico, que propiciou a migração de seus ex-colonos para sua "casa imaginada" – a Inglaterra, e fomentou preocupações políticas na organização da sociedade inglesa, até então inexistentes. Como resultado, a diáspora levou para o território bretão intelectuais de origem colonial com novos posicionamentos. De forma sintética, o ponto de vista a partir do olhar do colonizado sugeria conceitos, ideias e críticas ao pensamento acadêmico colonialista. Nessa paisagem, a própria ideia/identidade da Inglaterra e/ou do inglês foi renarrativizada, provocando novas rupturas e novos contornos culturais. A fim de compreender a construção da nova identidade "inglesa" desencadeada pelas diásporas, pode-se observar a atual composição das equipes esportivas daquele e de outros países colonialistas, como a França e Portugal. Outrora, era marcante a totalidade branca. A partir do pós-guerra, lentamente, a descendência colonizada marcou presença com corpos e nomes característicos de etnias africanas, asiáticas e caribenhas. Atletas do cenário esportivo internacional como Zinedine Zidane (francês, de origem argelina), Linford Christie (jamaicano, naturalizado inglês), Naide Gomes (natural de São Tomé e Príncipe, ex-colônia portuguesa) ou Deco (brasileiro, naturalizado português) tiveram seus nomes atrelados aos países colonizadores. No caso dos próprios Estudos Culturais, entre seus autores mais renomados, encontram-se Stuart Hall (jamaicano), Edward Said (palestino) e Gayatri Spivak (indiana). Sem dúvida, a Europa do século XXI apresenta uma configuração étnica bem diferente de outros tempos.

O segundo determinante consistiu na reorganização de todo o campo cultural a partir do impacto da expansão do capitalismo. Isso gerou a democratização do acesso às novas formas culturais como a TV e a publicidade, disseminando variadas imagens e textos culturais que diminuíram o poder cultural das elites. Como exemplo, destaca-se o enfraquecimento de algumas manifestações culturais que marcavam fronteiras entre a alta e a baixa cultura, anteriormente vistas como usufruto dos povos colonizadores. A literatura de ficção científica de Júlio Verne, a ópera de Verdi, o balé clássico e o futebol amador das elites padecem perante as produções da indústria cultural como os filmes de George Lucas, a ópera rock "Hair", o balé contemporâneo e o futebol profissional. Manifestações da cultura de massa que, sem dúvida, borram a fronteira entre a alta e a baixa cultura, produzindo novos deslocamentos e hibridismos entre os grupos, novas imagens e sentidos. Enfim, outras fronteiras. Com base nesses dados, torna-se iminente a questão que permeia os Estudos Culturais, qual seja: na era da globalização, da mídia e da proliferação das imagens, como e por que estudar a cultura?

Os objetivos

Os Estudos Culturais surgem em meio às movimentações de certos grupos sociais que se apropriam dos saberes emergentes de sua leitura de mundo, contrapondo-se àqueles que tentam impedir o anseio dos grupos desprivilegiados por uma sociedade democrática com livre acesso à educação. Uma educação em que as pessoas comuns, os representantes do povo, pudessem ter seus saberes valorizados e seus interesses contemplados. Os Estudos Culturais projetam criar condições para que esses grupos tenham sua participação valorizada em uma cultura na qual quem determina a moda, o bom gosto, os modos de comportamento, a moral, o conhecimento, entre outros, está sob a égide de um pensamento elitista que busca estabelecer distinção entre as pessoas. No final das contas, questionam-se as distinções hierárquicas entre cultura erudita e cultura popular, cultura alta e cultura baixa, cultura burguesa e cultura operária, sendo que nessa classificação o primeiro termo é visto como expressão máxima da produção ou do espírito humano, o que de melhor o homem já produziu. Em segundo, ficariam a oposição, as produções menores, desqualificadas, irrelevantes e responsáveis pelos empecilhos ao desenvolvimento da espécie humana. O pequeno espaço concedido às expressões culturais populares, operárias, juvenis etc. chega a ser visto como empobrecimento, desqualificação e derrocada da cultura. Na lógica hierárquica, a produção cultural do primeiro grupo/termo deveria ser cultivada para afastar a barbárie dos grupos populares, cujo modo de ser se caracterizaria pelo mau gosto, desordem, violência social, ignorância científica e política. Na concepção hierárquica de cultura, somente a harmonia e a beleza da cultura erudita poderiam afastar o povo de sua pseudocondição "sub-humana". Seus representantes deveriam ser aculturalizados ou afastados, marginalizados.

Em coerência com as discussões travadas nas seções anteriores a respeito da trajetória da educação, as análises promovidas acerca da concepção de cultura nos Estudos Culturais afirmam a importância de se rever a função social da escola pensada sob a ótica da transmissão dos conhecimentos privilegiados por determinado grupo cultural. Sucintamente, as investigações promovidas pelos Estudos Culturais contribuem para a construção de uma nova função social para a escola, com base no acolhimento e na incorporação ao currículo dos saberes originados no seio de outros grupos culturais.

Ao longo do século XX, vários movimentos tentaram fazer frente a um suposto declínio cultural provocado pelo avanço da cultura de massas e do seu aclamado nivelamento "por baixo" da compreensão de cultura. Saindo em defesa do estado cultivado de espírito como oposição à exterioridade materialista da civilização, foram promovidas ações nas escolas e universidades e, mais recentemente, em vários espaços sociais. As denominadas "grandes obras literárias, artísticas e musicais" viram ampliados seus espaços de divulgação tanto nas instituições dedicadas à formação quanto nas áreas de acesso dos "comuns", sob o discurso de "levar a verdadeira cultura para o povo". Haja vista a recente explosão de iniciativas promovidas por órgãos governamentais ou não, que possuem como matiz principal esse lema. Contrapondo-se às intenções de imposição hierárquica de gostos e sentidos, os agentes dos Estudos Culturais investem suas energias. Apesar das problematizações alentadas não serem unívocas, sua ênfase recai na importância da análise das produções culturais de uma sociedade e de seus diferentes textos e práticas, a fim de entender o comportamento e as ideias compartilhadas pelas pessoas que nela vivem. Por esse motivo, os Estudos Culturais realçam o aspecto político do significado de cultura e se engajam nas propostas de democratização das relações de poder e nas transformações sociais.

Desde seu início, conviveram no âmbito dos Estudos Culturais diferentes propósitos teóricos e perspectivas analíticas. Como ponto em comum, pairava a tentativa de reordenar as concepções de classe e cultura, centrando a discussão no simbólico e na vivência cotidiana, na tentativa de associá-las ao poder. Nos Estudos Culturais, as relações de classe ultrapassaram os limites dos locais de trabalho e das estruturas do capital e passaram a constituir-se na cultura, na linguagem, no simbólico, no inconsciente. Na argumentação de Schwarz (2000), essas múltiplas possibilidades de análise permitiram novos desafios a serem enfrentados para a investigação da cultura.

Os Estudos Culturais caracterizam-se por um campo de pesquisas composto por três pressupostos inseparáveis e interdependentes: um projeto político, uma inserção pós-moderna e uma perspectiva interdisciplinar. Tais aspectos nunca se fecham ou se concretizam, pois são constantemente alimentados e ressignificados pelo diálogo que estabelecem com novos autores e novos pontos de vista.

Como projeto político, os Estudos Culturais não pretendem ser imparciais ou neutros. Sua proposta constituinte é tomar partido dos grupos desprivilegiados nas relações de poder em sua luta pela significação. Os Estudos Culturais sempre estão do lado mais fraco. Suas análises tencionam funcionar como forma de intervenção social. Seu compromisso é examinar qualquer prática cultural baseando-se em sua constituição e seu envolvimento com e no interior das relações de poder. Os Estudos Culturais recusam desvincular a política do poder do processo que definem as experiências que valem e dos modos de ser que são tidos como corretos e legitimam certas identidades. Por conta disso, suas análises visam contribuir para o desenvolvimento de uma cultura pública e uma sociedade democrática. Os teóricos dos Estudos Culturais defendem a primazia da ação política como forma de resistência às práticas que impedem a democracia econômica e racial, e como forma de reconhecimento das diferenças culturais. Situam suas formas de trabalho na inter-relação entre as representações simbólicas, a vida cotidiana e as relações materiais de poder, a fim de empoderar as pessoas para uma atuação coletiva nos espaços públicos visando à melhora das suas condições de existência no seio de uma sociedade democrática.

O campo dos Estudos Culturais passou por várias modificações na sua base teórica. Nutriu-se, especialmente, do debate pós-moderno, sobretudo, na percepção do fim das grandes narrativas que constituíram o projeto moderno e a radicalização do papel da linguagem na definição da realidade. Apoiando-se na desconfiança gerada pelo pós-modernismo, os Estudos Culturais negam qualquer conhecimento como verdade absoluta. Sua base teórica exige que a explicação do real não se defina por uma única noção da realidade, o que implica o questionamento da visão universal de homem, mundo e sociedade propagadas por determinados setores da sociedade, bem como na interpelação das práticas que insistem em afirmar tal condição. Nesse campo, são centrais as noções de *diferendo* (Lyotard) e diferença (Derrida) discutidas anteriormente.

Por fim, as práticas culturais distanciam-se do fechamento de fronteiras promovido pelo conhecimento acadêmico moderno, que insiste em determinar contornos disciplinares para as análises da realidade. Como se viu, o conhecimento pós-moderno é temático. A complexidade das ações sociais e a impossibilidade de definição da realidade impedem que qualquer disciplina, por mais ampla que seja sua proposição, apreenda tamanha complexidade. Essas dificuldades fazem que o campo dos Estudos Culturais seja interdisciplinar e, muitas vezes, pós-disciplinar[19] (no sentido do termo pós já explicitado) e até mesmo antidisciplinar, recusando-se a compartimentar qualquer forma de conhecimento. Isso quer dizer que os Estudos Culturais se aproveitam de qualquer campo teórico que for necessário para produzir o conhecimento exigido por um projeto particular, inclusive o senso comum. No entendimento de Nelson, Treicher e Grossberg (1995), a metodologia que subsidia as investigações nos Estudos Culturais pode ser mais bem entendida como uma bricolagem,[20] pois, nas concepções que permeiam o campo, uma investigação não pode ser realizada de forma monológica, dado que incidiria em uma resposta contaminada pela disciplina que fundamentou o olhar sobre o objeto. Por sua vez, a prática é pragmática, estratégica e autorreflexiva.

Os pressupostos destacados vêm suscitando diferentes posicionamentos nas Ciências Humanas. Para alguns, os Estudos Culturais são celebrados como um novo campo teórico capaz de pensar a sociedade em uma época cada vez mais instável, a era da cultura, o que inviabiliza um suposto fechamento de ideias. Afinal, soaria pretensiosa qualquer iniciativa que se

---

[19] Na perspectiva pós-estruturalista, a palavra disciplina apresenta dois significados interdependentes na relação saber-poder. Nas análises de Foucault, refere-se a determinado conhecimento (saber) e às formas de regular o controle (poder) para a aprendizagem do conhecimento.

[20] No que se refere à bricolagem na pesquisa educacional, sugere-se a leitura da obra de Joe L. Kincheloe e Kathleen S. Berry, *Pesquisa em educação: conceituando a bricolagem*, publicada em 2007 pela Artmed Editora.

dispusesse a aclarar definitivamente como a cultura, que circula e penetra em todos os cantos do mundo com incrível velocidade, forma e informa seus sujeitos. Por outro lado, existem aqueles que criticam seu projeto, afirmando suas intenções de demolir a tradição cultural da humanidade, trocando o estudo das grandes obras-primas pela análise dos fenômenos menores, como os promovidos pela cultura de massa. Os posicionamentos daí oriundos alertam para o fato de que, sem a proliferação da cultura alta, a humanidade estaria fadada ao desperdício, à ignorância, à violência e ao consumo. Como se nota, tal qual a cultura, os Estudos Culturais estão no centro do debate contemporâneo.

O conceito de cultura nos Estudos Culturais

O conceito de cultura[21] é extremamente complexo e polissêmico. Em razão disso, os Estudos Culturais vêm buscando uma definição que corresponda aos seus pressupostos e desconstrua a visão hegemônica ainda presente na paisagem social. Como se verá, ao fazê-lo, contribuirão de modo decisivo para um melhor entendimento da pedagogia pós-crítica.

A contextualização do termo cultura remete, obrigatoriamente, à passagem da Idade Média para a Idade Moderna, momento no qual o pensamento antropocêntrico (o homem no centro das explicações da realidade), em meio à luta por poder, tomou o lugar das ideias teocêntricas (Deus no centro das explicações da realidade). Na Idade Média, o poder decisório estava nas mãos dos poucos herdeiros dos reinos e territórios "escolhidos" pelos desígnios de Deus e dos homens que compunham a Instituição que O representava, a Igreja. Relembrando, a modernidade caracterizou-se como uma nova ordem social e como um projeto no qual todos os fenômenos naturais e as ações humanas passaram a ser explicados pelos sujeitos dotados de uma essência, a razão. Rompendo com o pensamento moderno, as análises pós-modernistas do atual quadro social deslocaram o homem, com sua consciência e sua subjetividade, do centro das decisões e explicações a

---

[21] Em obra anterior (Neira e Nunes, 2006), foi apresentada uma síntese do percurso histórico e das concepções de cultura que permeiam o fazer pedagógico, sendo desnecessário, portanto, retomá-la.

respeito do real. A crise da modernidade e do seu sujeito e o pós-modernismo abriram as portas para a linguagem como possibilidade de explicação dos fenômenos naturais e das ações dos humanos. Sendo a linguagem um veículo de comunicação dos significados construídos socialmente, a cultura tornou-se o foco das atenções das análises da contemporaneidade.

Na argumentação de Hall (1997), o conceito de cultura decorre de dois movimentos: primeiro, uma aproximação com o conceito antropológico de cultura como toda e qualquer prática social produzida pelo homem; segundo, um contramovimento dessa definição, questionando seu aspecto universal. Para compreender a cultura, o autor propõe um olhar histórico e o diálogo com outros saberes, incorporando conceitos como formação social, poder, regulação, dominação, subordinação, resistência e luta. Para além de variadas formas de viver (línguas, instituições, estruturas de poder), o termo cultura compreende também as práticas sociais (textos, cânones, arquitetura, mercadorias etc.). Esse conceito confunde-se com a própria constituição do campo dos Estudos Culturais, pois, ao enfatizar a vida cotidiana das pessoas comuns, agregou suas produções e sentidos. O ponto central é a análise dos textos[22] e das representações[23] construídos para interpretar as práticas culturais vividas pelos diversos grupos. Os Estudos Culturais rompem com a clássica divisão entre "alta cultura" – aqueles que têm cultura e são considerados cultos – e "baixa cultura" – aqueles que não possuem cultura, os incultos, que precisam ser aculturados, educados conforme os padrões estabelecidos pelos representantes da denominada "alta cultura". Na análise dos Estudos Culturais, a cultura é vista como um território contestado, um ambiente de disputas por poder, um campo de luta pela definição dos significados. A elaboração teórica, nesse sentido, é um campo de intervenção política.

Na ótica dos Estudos Culturais, as sociedades capitalistas promovem a desigualdade entre etnias, gerações, classes, sexualidades diversas, entre outras, sendo a cultura o campo central em que as distinções hierárquicas de poder e possibilidades são definidas (Hall, 1997). É em meio a esse campo

---

[22] Silva (2000) explica que, em termos gerais, "texto" é qualquer conjunto de signos dotados de algum sentido. Nas análises pós-estruturalistas formuladas por Derrida, não há nada fora dos textos. Um texto é uma gama diversificada de artefatos linguísticos, como um livro didático, um filme, a sala de aula, uma manifestação da cultura, como a música, a dança, a propaganda etc.

[23] O conceito de representação foi desenvolvido em meio à discussão do pós-estruturalismo.

de contestação cultural que se dá a luta pela significação, espaço no qual os grupos subjugados procuram fazer frente às imposições dos significados que sustentam os interesses dos grupos dominantes e mais poderosos. Por assim dizer, os textos culturais são o próprio local onde os significados são travados, negociados, partilhados, divulgados e fixados. Nessa direção é que Stuart Hall e pensadores, como Garcia Canclini, Frederic Jameson, David Harvey e Homi Bhabha, afirmam que a cultura não pode ser mais compreendida apenas como acumulação ou transmissão de saberes, nem tampouco como produção estética, intelectual ou espiritual. A cultura precisa ser compreendida e analisada com base em seu vasto alcance na constituição de todos os aspectos da vida humana.

A centralidade da cultura tem uma dimensão substantiva, pois é no seu lugar que se organizam as relações sociais em qualquer momento histórico. Possui também uma dimensão epistemológica, denominada "virada cultural" que, por sua vez, diz respeito à dotação de poder dos discursos informantes que operam no circuito cultural, transformando nossa compreensão do mundo. As notícias divulgadas nas mídias, as imagens dos *outdoors*, os conceitos apresentados nos livros didáticos, as músicas de um grupo de pagode, a coreografia de uma dança, a comemoração no pódio de chegada, a arquitetura de uma casa, o *design* de um automóvel ou as aulas de Educação Física não são apenas manifestações culturais. Antes de tudo, são textos, artefatos produtivos que inventam sentidos e contribuem na produção de identidades e representações. Quando veiculados, atuam nas arenas contestadas da cultura, negociando os sentidos que determinam as hierarquias, ou seja, quem pode e quem não pode, quem é quem e como se deveria ser. Como consequência, Hall (1997) deflagra que a luta por poder deixa de ser física e passa a ser cada vez mais simbólica e discursiva. A luta por poder faz desse campo contestado uma arena de política cultural.

Ao definir cultura, o autor salienta toda e qualquer ação social que expressa ou comunica um significado, tanto para quem dela participa quanto para quem observa. Cada atividade social cria e precisa de um universo próprio de significados e práticas, isto é, sua própria cultura. A cultura, assim entendida, constitui-se em uma relação social, configurando-se como um terreno de confronto entre diversas práticas de significação que buscam validação e reconhecimento. Escola, rua, clube, ambiente de trabalho, hospital, família, futebol profissional, de rua ou de várzea etc. constituem-se em textos, em campos culturais com significados próprios, negociados em um constante, transitório e indefinido jogo de poder e em luta por poder. Na especificidade da área de Educação Física, ao defender a incorporação do conceito de cultura dos Estudos Culturais, Neira e Nunes (2006) transcendem os posicionamentos teóricos anteriores, atribuindo à cultura corporal uma dimensão de território em conflito, expresso na intencionalidade comunicativa do movimento humano.

O território cultural não é algo orgânico, compartimentado, dado que a cultura se localiza sobre fronteiras onde se tocam e entrecruzam outras significações. É justamente na fronteira que ocorre toda a ação dinâmica da cultura pela imposição ideológica de seus significados. Se for aceita a ideia que as culturas lutam pelo controle da informação e do conhecimento que permite ao homem interpretar e intervir na realidade, a cultura será concebida como um campo de luta pelo poder de definir a realidade. Claro está que a realidade não é algo natural, é uma construção da ação dos humanos, fruto dos significados construídos nas relações sociais, nas relações de poder.

Vista por Hall (1997) como sistema simbólico, é na cultura que as coisas são nomeadas mediante um processo de atribuição de sentidos e busca de estabilidade. Ao elaborar sistemas classificatórios, a cultura vai se estabilizando na medida em que cria fronteiras simbólicas para excluir o que está fora do lugar e da ordem e, assim, configura a desejada homogeneidade cultural. Na visão do autor, isso implica um esquecimento de suas inconsistências internas, das contradições e dos conflitos que marcaram a validação dos significados. Tem-se a impressão de que as coisas são naturalizadas e não podem ser alteradas. Todavia, a chamada cultura de fronteiras representa uma perturbação constante que precisa ser eliminada sob o risco de atrapalhar os padrões estabelecidos e, assim, o próprio processo de classificação e, consequentemente, de significação. Esse processo permite explicar por que são rejeitadas quaisquer propostas de modificação do que foi estabelecido no jogo cultural: certas formas de educar os filhos, cuidar da saúde, relacionamento conjugal, trabalho, brincar, dançar, métodos de ensino, escola etc.

O jogo do poder cultural, para definir significados e marcar fronteiras, ganha visibilidade quando são analisadas algumas manifestações da cultura corporal, como o carnaval, o esporte, a capoeira, o vôlei, o surfe, o circo e tantos outros[24]. Na arena de lutas pela imposição de sentidos, certas manifestações culturais são mantidas por muito tempo à margem da sociedade. Estar à margem é estar permanentemente na fronteira, logo, explica Hall (2003), visto como elemento perturbador ou desestabilizador da cultura. Ou seja, embora socialmente periférica, dado o incômodo causado, a cultura da fronteira torna-se simbolicamente central e força a cultura hegemônica a modificar os sentidos atribuídos à fronteiriça. Após décadas de luta e marginalizações, hoje, a capoeira é símbolo da identidade nacional e sua prática penetrou em ambientes como escola, clubes, academias da elite etc. Obviamente, não se trata de uma ocorrência casual, e, sim, produto de lutas por significação. Como forma de manifestação cultural, a capoeira ganhou mais do que um espaço de atuação, ela propiciou uma ação política da cultura negra. O mesmo se pode dizer da calça rancheira ou *jeans*, da tatuagem, de alguns pratos da culinária popular, de certas danças, como o *twist* e o flamenco, de certos brinquedos, como o bambolê e o diabolô etc. Esse movimento é permanente no jogo do poder cultural e caracteriza a maior parte das práticas da cultura corporal e seus representantes.

Como se nota, vêm se tornando corriqueiras as apropriações distorcidas das manifestações corporais, desconfigurando seu formato e conferindo-lhes uma nova função. Determinados setores, temendo seu enfraquecimento na luta cultural diante da emergência social de práticas oriundas dos grupos marginalizados, delas se apropriam, atribuindo-lhes sentidos em conformidade com os seus interesses e projetos. Tal postura nada mais é do que uma tentativa de incorporação das manifestações culturais transgressoras e de oposição aos ditames conservadores do pensamento universal. Veja-se o modo como as práticas corporais pertencentes a grupos não hegemônicos são abordadas e aproveitadas pelos detentores de maior poder simbólico. É comum o apagamento da história da suas lutas e origens em troca da validação de outros significados por meio da ciência moderna. É flagrante a constante alusão aos benefícios à saúde ou ao desenvolvimento motor que a capoeira propicia, bem como a comprovação da ciência ocidental com relação aos fundamentos da ioga ou a valorização da prática do *tai chi* para melhorar a concentração no trabalho. Piorando o quadro, essas

---

[24] Em trabalhos anteriores (Neira e Nunes, 2006, 2007a e 2007b), encontram-se disponíveis análises mais profundas a respeito do jogo das fronteiras culturais nas manifestações corporais.

afirmações, muitas vezes, partem dos representantes das próprias práticas culturais que não percebem as intenções subjacentes a tais tentativas de agregação. Assim, se for analisada a história de cada uma dessas manifestações, verificar-se-á, sem esforço, que seu surgimento antecede os discursos científicos que pretendem delas apropriar-se. Também se verá que setores que no passado delas se afastavam por preconceito, agora são seus mais fervorosos praticantes. Será que a ioga precisa da ciência moderna para afirmar seus fundamentos? A capoeira necessita justificar-se pelo desenvolvimentismo? E o *tai chi* deve submeter-se aos ditames utilitaristas? Até meados do século passado, quem poderia imaginar que a capoeira seria praticada nas universidades, que a ioga invadiria as clínicas e que o *tai chi* seria promovido no interior das empresas?

É possível notar o mesmo fenômeno na tentativa atual de fazer convergir e unificar as várias propostas curriculares da Educação Física. O discurso comumente propagado defende uma apropriação do que há de melhor em cada forma de pensar e ensinar a Educação Física. Ora, seguindo o que até aqui foi discutido, quem tem o poder de selecionar e classificar tal requisito? Vale alertar que a defesa de uma proposta mista que contemple com parcimônia os currículos, desenvolvimentista, globalizante, Educação para a Saúde, crítico e/ou pós-crítico, constitui-se, na verdade, em um procedimento que apaga os significados anunciados pelos textos de maior criticidade, promovido pela avalanche neoliberal. Ouve-se com frequência que todas as propostas são interessantes para a formação humana, aliás, convém uma ressalva, para a formação de um humano comum a certos interesses.

Apesar da já mencionada instabilidade do campo cultural, com base em Hall (2003), é possível identificar essa postura como uma investida dos setores poderosos para sobrepor, regular e cercear as energias transgressivas e resistentes dos grupos subjugados. Uma tentativa de contenção ao hibridismo social, étnico, de gênero e sexual que ameaça a cultura dominante. Corroborando a argumentação, Neira e Nunes (2007b) denunciam que as ações empreendidas pelos setores dominantes, na verdade, estão voltadas para a construção de fronteiras em outros lugares, outras vezes e de outras maneiras.

O conceito de identidade nos Estudos Culturais

Ao lado do conceito de cultura, o de identidade configura entre os aspectos mais relevantes dos Estudos Culturais no que respeita à pedagogia pós-crítica. Conforme o exposto nas páginas anteriores, o debate atual envolvendo a cultura tem ocasionado mudanças nas sociedades e, por conseguinte, nos sujeitos, uma vez que as estruturas sociais que os ancoram estão em permanente mudança. As análises de Hall (1997) conferem ao maior fluxo de produção, circulação e trocas culturais um novo desenho da contemporaneidade, o que leva a cultura e, logo, a linguagem, a assumirem uma função primordial quanto à estrutura e organização das sociedades. Considerando suas influências nos processos de representação, identidade, produção, consumo e regulação, os Estudos Culturais preocupam-se com qualquer artefato cultural, como o cinema, o esporte, o *shopping center*, a imprensa, o bufê infantil, o atleta, a publicidade, o brinquedo, a ciência, a escola, o currículo etc. A cultura assume papel constitutivo em todos os aspectos da vida social, pois todas as práticas sociais comunicam um significado. Hall enfatiza que a centralidade da cultura é um fator constituinte do sujeito, pois, ao considerar a identidade como resultado do processo de identificação fornecido pelos discursos culturais, os sujeitos são chamados a assumir determinadas posições nos sistemas simbólicos que caracterizam cada cultura. O autor assevera que a centralidade da cultura dissolveu a fronteira entre a subjetividade e a identidade, entre o psíquico e o social, possibilitando a configuração de diversas identidades de acordo com a multiplicidade cultural.

A questão das identidades e das formas como elas são representadas configuram-se como o centro da análise dos Estudos Culturais. O que interessa saber é como as identidades foram produzidas e como as representações que se fazem delas as afetam e as imobilizam. O que importa saber é como os discursos e as práticas atuam, para que os sujeitos assumam certas posições no sistema social, e como esses discursos e práticas constroem os sujeitos sobre os quais se pode falar. Talvez a melhor maneira de entender essa problemática seja por meio da discussão acerca de certas identidades. Como explicar o que é ser brasileiro? Por meio da imagem do paulistano que trabalha nos grandes centros empresariais, do jangadeiro cearense que enfrenta o sol escaldante, da mulher sedutora das propagandas de cerveja ou dos garotos que fazem malabarismos nos faróis dos grandes centros? Seriam plausíveis outras características, como povo religioso, acolhedor, batalhador, que convive muito bem com as diferenças,[25] "que não desiste nunca"[26] etc. Não importa qual seja o discurso proferido, o que importa são seus efeitos. O que fica claro é que as escolhas aqui realizadas ou outras ausentes indicam o sentido da imposição de identidades a certos grupos culturais por meio de práticas discursivas que constroem representações. Ou seja, enunciam quem ou o que é ser brasileiro ou brasileira e quem e o que não é. Em alguns momentos, os brasileiros e brasileiras poderão identificar-se com qualquer uma delas ou rejeitá-las. Entretanto, nunca se sentirão plenamente representados. Seus efeitos, porém, são sentidos nos momentos em que se deparam com elas e assumem ou resistem aos discursos com os quais são interpelados.

Em se tratando da experiência escolar da Educação Física, importa saber como o currículo, como sistema simbólico, conclama seus sujeitos a assumirem determinadas posições, afirmando as identidades projetadas como ideais para compor o quadro social e marcando as diferenças, ou seja, aqueles que devem ser corrigidos, transformados ou diante da impossibilidade de êxito, marginalizados.

Assim, cabe indagar os discursos presentes em alguns currículos da área, sobretudo quando se voltam para o ensino esportivo ou para a adoção da atividade física como estilo de vida. Se forem assumidas posições de sujeito em conformidade com os sistemas simbólicos nos quais os sujeitos participam, como garantir que a aprendizagem dos valores divulgados pelo esporte ou pela prática de exercícios, como responsabilidade, autocuidado, companheirismo, liderança, disciplina, determinação etc., possam ser transferidos para outros espaços sociais, cujo sistema simbólico opera em terreno e forma diferenciados? Dado que o processo de identificação é cambiante, os participantes assumem posições de sujeito em conformidade com os sistemas simbólicos que os interpelam e, mediante as experiências vividas, modificam-se. Quem atuar no sentido contrário será considerado diferente.

---

[25] Alusão feita ao mito da "democracia racial" atribuído ao contexto brasileiro.

[26] *Slogan* veiculado pela propaganda governamental durante o primeiro mandato do presidente Luis Inácio Lula da Silva (2003 – 2006).

Isso quer dizer que o comportamento em um culto religioso, o cumprimento com as tarefas do trabalho, o cuidado com a alimentação, a organização da vida cotidiana, as práticas de higiene ou o respeito ao assento prioritário nos meios de transporte são independentes da aprendizagem dos valores ressaltados no esporte e pelos exercícios físicos. Eles dependem do modo como as pessoas são interpeladas a assumir determinada posição de sujeito em cada contexto específico. É importante frisar que tais discursos tencionam validar certos modos de ser e afirmar certas verdades coerentes com o projeto de sociedade em curso. Afinal, a quem interessa a configuração de identidades obedientes e disciplinadas? Qual política social está em voga quando se responsabiliza o indivíduo pela aquisição e manutenção da própria saúde?

Na busca de respostas às questões suscitadas, recentes estudos vêm denunciando as influências do currículo da Educação Física sobre as identidades dos participantes do processo. Ao analisar a história de vida dos sujeitos do currículo tecnicista de Educação Física, Nunes (2006) considerou que os rituais, os discursos e as práticas presentes no modelo curricular esportivo conclamam os alunos, professores e comunidade a assumirem certos modos de ser, validando aqueles cuja atuação coaduna com o sistema simbólico divulgado, ou seja, a identidade e as normas esportivas, e afastam os resistentes às suas imposições. Na direção do silenciamento das identidades dos grupos culturais desprivilegiados, Chaim (2007), ao investigar o cotidiano de jovens de comunidades da periferia paulistana, constatou um distanciamento entre as práticas corporais cotidianas dos grupos juvenis e aquelas apresentadas nas aulas de Educação Física. Neira (2008a) mostrou como o processo de identificação influencia o fazer escolar. Em suas investigações acerca da prática pedagógica do componente orientada com base na cultura dos alunos, percebeu que uma organização curricular que tome como referência o patrimônio da cultura corporal popular possibilita o reconhecimento dos envolvidos no processo, tanto em relação à escola como espaço de convivência, ensino e aprendizagem quanto das identidades culturais dos grupos em questão.

As elaborações dos Estudos Culturais a respeito da identidade e da diferença deixam claro que as relações sociais assimétricas de poder estabelecem o jeito certo de ser e afirmam as experiências que valem. É por essa razão que, mesmo adquirindo somente os rudimentos da língua estrangeira moderna ou breves fragmentos das práticas esportivas, os estudantes, por meio da vivência escolar, veem reforçadas a importância do estudo de idiomas, dos esportes ou da frequência à escola. É nesse jogo que os grupos que detêm o poder simbólico de definir o que é válido afirmam para si a condição de identidade, de normal, de padrão a ser seguido, representando o Outro como o diferente, algo a ser corrigido ou deixado à margem das decisões sociais. À procura de caminhos para modificação desse quadro de segregação cultural, os Estudos Culturais alertam que a possibilidade da transformação social passa, necessariamente, pelas políticas de identidade, pela prática de possibilitar ao Outro, ao diferente, a oportunidade para construir sua própria representação na cultura. Obviamente, a escola é uma das instituições que podem somar esforços nesse sentido.

OLHANDO PARA ALÉM DAS FRONTEIRAS DA ESCOLA E DO CURRÍCULO

As contribuições dos Estudos Culturais permitiram conceber o currículo como um campo de luta em torno da significação e da identidade. Sendo assim, o conhecimento e o currículo podem ser vistos como campos culturais, como campos sujeitos à disputa e à interpretação, nos quais os diferentes grupos tentam estabelecer sua hegemonia e projetar as identidades desejáveis. Silva (2003, 2007) concebe o currículo como artefato cultural, dado que a "instituição" curricular é uma invenção social como qualquer outra e seus "conteúdos" nada mais são que os frutos de construções sociais. Como toda construção social, o currículo não pode ser compreendido sem a análise das relações de poder que fizeram e fazem com que se defenda certa proposta curricular e não outra, em que se incluam determinados conhecimentos e não outros.[27] Se for aceita essa premissa, o currículo deverá ser encarado como instrumento fundamental para a constituição de sujeitos críticos em relação ao projeto da modernidade, ou seja, críticos em relação à

---

[27] Notam-se, nas mais recentes publicações governamentais da Educação Física, a defesa de diferentes correntes e tendências da área. Cada qual, selecionando objetivos, conteúdos, métodos e formas de avaliar diferentes, cujos campos epistemológicos correspondem a variadas origens.

constituição de sujeitos autogovernados em uma sociedade disciplinar, bem como um dos elementos principais na formação das pessoas que construirão uma sociedade diferente.

Na ótica cultural, ganham destaque tanto as estreitas conexões entre a característica construída do currículo e a produção de identidades sociais e culturais quanto a descrição das diversas formas de conhecimento corporificadas no currículo como resultados de um processo de construção social. O conhecimento não é, portanto, uma revelação ou um reflexo da natureza ou da realidade, mas o produto de um processo de criação e interpretação social. Todas as formas de conhecimento são compreendidas como frutos de aparatos – discursos, práticas, instituições, instrumentos, paradigmas – que permitiram sua construção como tal.

Uma concepção de currículo inspirada nos Estudos Culturais equipara, de certa forma, o conhecimento propriamente escolar com o conhecimento cotidiano da comunidade escolar. Desse ponto de vista, ambos expressam significados social e culturalmente construídos, ambos buscam influenciar e modificar as pessoas e estão envolvidos por complexas relações de poder. Nas palavras de Silva (2007), a cultura escolar e a cultura paralela à escola estão permeadas por uma economia do afeto que busca produzir certo tipo de subjetividade e identidade.

Em um mundo social e cultural cada vez mais complexo, caracterizado pela incerteza e instabilidade; em um mundo atravessado pelo conflito e pelo confronto; em um mundo no qual as questões de diferença e da identidade se tornam centrais, é de se esperar que as contribuições dos Estudos Culturais possam encontrar um espaço importante nas perspectivas sobre o currículo ou, ao menos, na contestação dos currículos inspirados nas pedagogias tecnicistas. Queira-se ou não, para o bem ou para o mal, como já foi mencionado, a sociedade do século XXI vive sob certo esgotamento das metanarrativas iluministas (teorias) e das formas de vida moderna em seu plano existencial.

Das inúmeras consequências do enfoque cultural para a teorização curricular, destaca-se a diminuição das fronteiras entre o conhecimento acadêmico escolar e os conhecimentos do cotidiano e da cultura de massa. Sob a ótica dos Estudos Culturais, todo conhecimento, à medida que se constitui em um sistema de significação, é cultural. Além disso, como sistema de significação, todo conhecimento está estreitamente vinculado a relações de poder. Ao abordar todo e qualquer conhecimento como produto do processo cultural orientado por relações sociais assimétricas, a perspectiva dos Estudos Culturais efetua uma espécie de equivalência entre as diferentes formas culturais. De certo modo, pode-se dizer que, na educação, os Estudos Culturais ressignificam o fazer pedagógico, tornando centrais, porém de forma articulada, questões como culturas, identidade, fronteira, discurso, representação e poder. Os Estudos Culturais proporcionam novas formas de problematizar, descrever e compreender os fenômenos educacionais decorrentes da crise da modernidade e da sua transição para a pós-modernidade.

Se o conceito de "cultura" permite equipar a educação a outras instâncias culturais, é o conceito de "pedagogia" que possibilita a operação inversa. Tal como a educação, as outras instâncias culturais também são pedagógicas, também têm uma "pedagogia", também ensinam alguma coisa. Tanto a educação como as culturas em geral estão envolvidas em processos de transformação da identidade e da subjetividade. Ao mesmo tempo que a cultura em geral é vista como uma pedagogia, Silva (2007) vê a pedagogia como uma forma cultural: o cultural torna-se pedagógico e a pedagogia torna-se cultural. É dessa perspectiva que os processos escolares se tornam comparáveis aos processos de sistemas culturais extraescolares, como os programas de televisão, as práticas corporais, os eventos sociais etc. Seria lícito afirmar, portanto, que as instituições e instâncias culturais mais amplas também têm um currículo. É óbvio que não se trata de um currículo em um sentido mais restrito com objetivos planejados para o ensino de certo corpo de conhecimentos. Mesmo sem objetivar o ensino, todas as instituições ensinam alguma coisa, transmitem uma variedade de formas de conhecimento que, embora não sejam reconhecidas como tais, são vitais na formação da identidade e da subjetividade. Seria infinito o rol daquilo que se aprende ao assistir a um noticiário ou a uma propaganda na televisão, passear em um museu, frequentar *lan houses*, academias, centros esportivos, espetáculos circenses, teatrais, em contextos profissionais etc. Do ponto de vista pedagógico e cultural, adverte Silva, não se trata simplesmente de informação e entretenimento; trata-se, em ambos os casos, de formas de conhecimento que influenciarão o comportamento das pessoas de maneiras cruciais e até vitais. Em virtude disso, a forma envolvente pela qual a pedagogia cultural está presente na vida cotidiana não pode ser simplesmente ignorada por qualquer pedagogia contemporânea. Os Estudos Culturais, portanto, possibilitam a análise e a investigação da educação não formal, fundamentando análises dos significados veiculados acerca da cultura esportiva pelas transmissões televisivas; das ideias de corpo presentes nas revistas de grande circulação, livros didáticos, cultos religiosos ou no discurso médico e, até mesmo, nos significados que a mídia atribui às aulas de Educação Física quando os atletas brasileiros apresentam fracos desempenhos nos Jogos Olímpicos, diga-se de passagem, interpretações que expressam interesses e formas de saber-poder.

É curioso observar que a permeabilidade e a interpenetração entre as pedagogias culturais mais amplas e a pedagogia propriamente escolar têm sido exploradas por empresas que estendem, cada vez mais, seus currículos culturais para o currículo escolar propriamente dito. É o caso de algumas emissoras de televisão, fábricas de brinquedos ou produtos para informática e até algumas indústrias alimentícias. Tudo isso sem mencionar todo tipo de parceria estabelecida entre os setores externos e a escola pela via dos "patrocínios", "incentivos", "apoios", "convênios" e "colaborações", principalmente na esfera das práticas corporais. Não é difícil imaginar quais são as noções de comunicação e aprendizagem ensinadas aos alunos e alunas por meio dos programas televisivos; o tipo de conteúdo ensinado pelos brinquedos ou *softwares*, as noções nutricionais veiculadas por corporações multinacionais ou os conceitos de esporte, diferenças pessoais e sucesso, veiculados pelos inúmeros projetos "sociais" que invadiram a instituição escolar. Se as subjetividades são formadas no social, os sujeitos expressam e manifestam, por meio das produções culturais, os sistemas simbólicos que os constituem. Uma análise pautada nos Estudos Culturais permitiria desvelar as características identitárias informadas na escola por instâncias repletas de "boas intenções".

O que se vê é o apagamento das fronteiras entre tantas instituições e a escola, bem caracterizando a cena social e cultural contemporânea salientada pela discussão pós-modernista. Revoluções nos sistemas de informação e comunicação, como a Internet, por exemplo, tornam cada vez mais problemáticas as separações e distinções entre o conhecimento cotidiano, o conhecimento da cultura de massa e o conhecimento escolar. Ao identificar os meios e as formas dessas combinações, os Estudos Culturais conferem ao currículo o lugar central para o debate e a crítica culturais. É no currículo que as fronteiras são deslindadas, nele se estabelece uma intensa disputa pela validação de significados, quer sejam oriundos da cultura acadêmica, quer da cultura popular.

Ao equiparar a noção de cultura popular e cultura acadêmica, as contribuições dos Estudos Culturais sugerem que os conhecimentos advindos das comunidades escolares são tão dignos de compor o currículo escolar quanto aqueles originados nos setores privilegiados. Esse enfoque permite colocar em xeque a presença de conteúdos da Educação Física que se afastem completamente das práticas sociais dos alunos. Afinal, conforme foi destacado em seção anterior, a trajetória curricular do componente quando não conferiu exclusividade aos conteúdos oriundos da cultura dominante, tratou de prestigiar atividades e práticas corporais próprias da cultura escolar, inventadas com o objetivo primordial de transmitir os conhecimentos valorizados pelos grupos privilegiados. É o caso, por exemplo, dos jogos pré-desportivos, das sequências pedagógicas, dos contestes ou das atividades para o ensino de conhecimentos e atitudes, tão frequentes nos currículos esportivo, globalizante e desenvolvimentista.

Os Estudos Culturais contribuem para a reflexão sobre as intenções formativas de qualquer projeto educativo. Seu caráter pós-disciplinar leva a crer que olhar para a prática pedagógica apenas pelo viés da psicologia,[28] por mais bem intencionada e planejada que seja, não mais é possível sem a contribuição de outras análises sociais. Quando se planejam ações didáticas, a fim de garantir a aprendizagem dos mesmos conhecimentos por todos os estudantes, conformando-os aos estágios universais de desenvolvimento, corre-se o risco de promover a construção das diferenças.

O professor pode discursar sobre a importância da participação de todos, do respeito aos tempos de aprendizagem de cada um e organizar situações didáticas nas quais todos toquem o mesmo número de vezes na bola, dancem ou brinquem. Caso desconsidere que os alunos estão no mundo que os forma e informa e, portanto, releve o caráter competitivo, materialista e imagético da sociedade pós-moderna, ou seja, da cultura que afirma que os

---

[28] Referência à hegemonia das teorias psicológicas que, na segunda metade do século XX, caracterizou as múltiplas facetas do fenômeno pedagógico.

melhores são os eficientes, sem dúvida, os objetivos do seu trabalho estarão comprometidos. Ao propor "o jogo dos dez passes" como preparativo para o handebol, os estudantes não jogam handebol, nem tampouco analisam sua história, forma, intenção política, representantes culturais, condição dos praticantes, condição de produção, formas de opressão que o caracterizam etc. Quando a aula propõe o simples engajamento dos estudantes no referido jogo, termina por concretizar, com certa excelência, as relações de saber-poder e as identidades projetadas pelas pedagogias tecnicistas que inspiraram e alimentaram atividades como essa. Valendo-se da análise cultural, convém afirmar que as práticas pedagógicas citadas carecem de sentido em uma escola compromissada com a democratização do patrimônio cultural. Tal pedagogia insípida serve de meio para o desenvolvimento de comportamentos e identidades que a cultura dominante julga necessários para um bom desempenho social e desconsidera a história e as vozes de quem (também) constitui a sociedade.

O MULTICULTURALISMO, O PÓS-COLONIALISMO E OUTRAS FERRAMENTAS DE ANÁLISE

A inquietude que caracteriza a teorização pós-crítica do currículo possibilita uma permanente abertura para novos movimentos sociais de contestação e luta por representação, incorporando para suas análises os referenciais teóricos que sustentam as lutas sociais. Para além do pós-modernismo, pós-estruturalismo e dos Estudos Culturais, foram cartografados os campos teóricos do multiculturalismo e pós-colonialismo em razão do seu pertencimento às teorias pós-críticas que vêm ancorando as pesquisas[29] acerca da prática pedagógica da Educação Física. Há que se alertar, no entanto, que as portas encontram-se permanentemente abertas às contribuições de outras teorias[30] que, se agregadas, muito

---

[29] Os trabalhos mencionados, desenvolvidos ou em desenvolvimento, encontram-se vinculados ao Grupo de Pesquisas em Educação Física Escolar da Faculdade de Educação da Universidade de São Paulo.

[30] Para um maior aprofundamento, sugere-se a leitura das obras de Raul Fornet Betancourt, Raimon Panikhar, Antônio Sidekum, Dagmar E. Meyer, Nilma Lino Gomes, Jennifer Gore, Guacira Lopes Louro, Judith Buttler, Deborah Britzman, entre outros.

ampliarão e enriquecerão as análises pós-críticas do fenômeno educativo. Muito embora não tenham sido privilegiadas neste momento, vale ratificar a relevância que investigações pautadas na filosofia intercultural, nos estudos feministas e étnicos e na teoria *queer* acarretam para o campo da teorização curricular e para a prática pedagógica.

O multiculturalismo

As teorias críticas oriundas do materialismo histórico, ao aventarem a necessidade da emancipação do proletariado quanto à ideologia hegemônica como forma de proporcionar as transformações sociais referentes às relações de produção pela supressão das diferenças de classe social, deixaram à margem do debate social outras formas de discriminação, como as étnicas, de gênero, orientação sexual, geração etc. Por sua vez, as teorias pós-críticas, trouxeram à tona a política das diferenças. Ou seja, além do problema da relação classes sociais *versus* produção, ganharam relevância as questões existentes no interior das classes que não se resolvem com a mera redistribuição de renda. Na ótica pós-crítica, a resolução poderá advir do reconhecimento das diferenças e do fomento do diálogo entre os seus representantes.

A nova problemática, fruto das transformações sociais e das mudanças demográficas e culturais relatadas ao longo destas páginas, gerou outra tensão social: a equalização entre uma política de igualdade e uma política de diferença. Desencadearam-se diversas lutas sociais, embora independentes, assentadas nos mesmos pressupostos: o direito à igualdade e o direito à diferença. Trata-se de um agenciamento político que reconheça não só a necessidade da redistribuição social-econômica, como também o enfrentamento das diferenças culturais. As lutas travadas na seara das "políticas" devem partir do princípio de que todas as culturas se diferenciam internamente e, portanto, tão importante quanto reconhecer a diversidade entre as culturas é reconhecer a diversidade de cada cultura. Para além de identificá-la, há que se ter em conta a resistência, a diferença e a luta por visibilidade e reconhecimento que habitam o interior de um mesmo grupo cultural.

Em tempos pós-modernos, de globalização e tentativas de homogeneização cultural, os embates se evidenciam em todos os ambientes, como decorrência das diferenças que marcam os territórios e distinguem os grupos sociais e os sujeitos. Os embates envolvem tanto os que reivindicam o reconhecimento e o direito como aqueles que não querem perder os privilégios construídos, garantindo-lhes posições de poder assimétricas nas relações sociais e na determinação das coisas do mundo. Multiculturalismo nada mais é que esse movimento de luta e resistência, consequentemente, seus efeitos, positivos e negativos, têm afetado a sociedade contemporânea.

Sendo a escola um espaço constituinte da teia social e um dos primeiros locais de contato (e conflito) entre os diferentes, as lutas e os movimentos de resistência saltam aos olhos até dos mais desatentos, o que inviabiliza julgá-los irrelevantes ou dissimular sua premência. Quem é capaz de negar o aumento das fronteiras entre as diversas "tribos" que compõem as culturas juvenis ou entre elas e a cultura escolar? O conflito entre "punkeiros", pagodeiros, funkeiros, evangélicos, *clubbers*, grafiteiros, *rappers*, *emos* e tantos outros se não surpreende mais, causa indignação e insegurança. Ora se agregam, ora se opõem, fato que enuncia a problemática dos confrontos identitários na escola multicultural. Ainda no terreno escolar, o mesmo se pode dizer dos embates que por vezes emergem nas salas de aula em razão da diversidade étnica, dos locais de origem das famílias, das crenças pelas quais se norteiam alunos e professores, dos diferentes projetos de futuro, das ocupações profissionais dos pais, das preferências pelas vestimentas etc.

Apelidos depreciativos que aludem às características étnicas, docentes que externam valores religiosos, jovens que usam *piercings*, bonés, camisetas curtas, bermudas arriadas, coturnos, aparelhos eletrônicos etc. constituem-se em textos que afirmam identidades e diferenças. Por essa razão, o currículo pós-crítico incorpora o multiculturalismo e abrange a natureza das respostas provenientes do contato entre a diversidade cultural presente na instituição educativa e nas ações pedagógicas, e entre as teorias que sustentam as práticas escolares e as políticas públicas que determinam o funcionamento do ensino. Na escola democrática destes tempos, uma educação multiculturalmente orientada implica a assunção de um posicionamento claro a favor da luta contra a opressão, o preconceito e a discriminação aos quais foram submetidos alguns grupos historicamente desprovidos de poder, sem que se perca de vista a perene composição de novos grupos culturais.

Origem e correntes do multiculturalismo

Em semelhança ao que ocorreu com os Estudos Culturais, os movimentos reivindicatórios dos grupos desprivilegiados surgiram simultaneamente em diversas localidades. Após a Segunda Guerra Mundial, os países ricos do hemisfério Norte presenciaram um intenso fluxo migratório proveniente das ex-colônias, como decorrência de problemas sociais e econômicos criados na época da sua exploração pelas metrópoles. No Brasil, os fluxos migratórios[31] coincidiram com o período marcado pelas ondas desenvolvimentistas que deslocaram grupos culturais das regiões mais pobres para aquelas em franco desenvolvimento. A nova configuração social forçou a convivência com os diferentes, ampliando o contato entre culturas distintas. Nessa circunstância, os grupos subalternizados, sob os auspícios da homogeneização cultural do grupo dominante, viram nos movimentos reivindicatórios uma alternativa de manifestação de voz e representatividade de fato nessas nações. Nos Estados Unidos, em especial, o multiculturalismo surgiu como um movimento na educação, de reivindicação dos grupos culturais subordinados (negros, hispânicos, mulheres e homossexuais) contra o currículo universitário tradicional e a política de segregação das escolas (negros, hispânicos e asiáticos não tinham acesso as mesmas escolas dos americanos legítimos, ou seja, os brancos descendentes de europeus), e marcou os anos 1960 com violentos conflitos étnicos. O currículo da escola americana de então, compreendido como a cultura comum, dada a ausência das vozes reprimidas, consistia, na verdade, na expressão do privilégio da cultura branca, europeia, heterossexual, masculina, patriarcal, isto é, uma cultura bem particular.

Embora sua origem educacional seja bem conhecida, o termo multiculturalismo passou a constar de inúmeros documentos e discursos,

---

[31] Além do mito das três raças (a matriz lusa, a negra e a indígena), a constituição da diversidade cultural no Brasil ficou caracterizada pela acolhida de mão de obra imigrante oriunda de vários países ao longo da segunda metade do século XIX e nos primeiros anos do XX. Após a Segunda Guerra, ocorreu nova horda de imigração ocasionada por diversos conflitos que marcaram o fim do colonialismo europeu. Essa diáspora ganhou novos contornos com a ascensão do neoliberalismo e o declínio do comunismo. Em formato distinto, mas não sem conflitos, o Brasil desenvolvimentista presenciou o êxodo rural. Assim, tanto os países ricos quanto os emergentes têm sido palco de constantes deslocamentos de trabalhadores.

padecendo diante de constantes ressignificações. Hall (2003) sinaliza para os riscos de sua utilização universal e adverte que tamanha expansão tornou-o um significante oscilante. Nessa esteira, Kincheloe e Steinberg (1999) disparam que o multiculturalismo pode significar tudo e, ao mesmo tempo, nada. Pode abranger desde a luta dos diversos grupos culturais para serem reconhecidos no âmbito coletivo ou dar a sensação de apagamento das diferenças por conta de seu aspecto *mult*. Silva (2001) postula que, tal como ocorre com a cultura contemporânea, o multiculturalismo é fundamentalmente ambíguo. Por um lado, é um movimento legítimo de reivindicação dos grupos culturais subjugados para terem suas formas culturais reconhecidas e representadas no espaço público e, por outro, pode ser visto como uma solução para os "problemas" trazidos para a cultura dominante, pela presença de distintos grupos étnicos no interior das nações que se consideravam monoculturais. De uma forma ou de outra, o multiculturalismo não se separa das relações de poder que, antes de tudo, obrigaram diferentes culturas a viverem no mesmo espaço ou tomarem contato por meio da compressão espaço-tempo. Seja qual for seu sentido, o multiculturalismo nutre o atual momento histórico com intensas mudanças e conflitos culturais e marca a presença da complexa diversidade cultural decorrente das diferenças relativas à multiplicidade de matizes que caracterizam os grupos que coabitam o cenário contemporâneo. O multiculturalismo, em suma, pode ser visto como uma política inescapável à sociedade multicultural de hoje.

A força do seu viés político proporcionou uma intensa ebulição literária e uma farta classificação a respeito do que vem a ser multiculturalismo. McLaren (1997 e 2000), Bhabha (1998), Kincheloe e Steinberg (1999), Sousa Santos (2001), Canen e Oliveira (2002), Hickling-Hudson (2003), Hall (2003) e Candau (2008) têm apontado diferentes perspectivas pelas quais o multiculturalismo é percebido nos espaços sociais. Em comum, os autores apontam abordagens que reconhecem a diversidade, porém, com características e finalidades diferentes e nem sempre claras, transparentes.

Candau (2008) distingue dois aspectos centrais nas questões suscitadas pelo multiculturalismo. Mediante uma concepção descritiva, pode-se afirmar que a configuração de cada sociedade depende de seu contexto histórico, político e sociocultural. A descrição tenciona reconhecer diferentes regiões, comunidades, grupos, instituições, escolas, gerando elementos para análise e compreensão da constituição de cada contexto específico. Por outro lado, na concepção propositiva, o multiculturalismo deixa de ser apenas uma análise da realidade construída, e passa a ser visto como um modo de agir na dinâmica social. Na visão da autora,

> trata-se de um projeto político-cultural, de um modo de se trabalhar as relações culturais numa determinada sociedade, de conceber políticas públicas na perspectiva da radicalização da democracia, assim como de construir estratégias pedagógicas nesta perspectiva (p. 20).

Nas diferentes classificações[32] existentes acerca do multiculturalismo, independentemente dos adjetivos que o acompanhem, ficam evidentes três projetos políticos de atuação: conservador, assimilacionista e intercultural ou crítico. No primeiro, mediante uma forte conotação segregacionista, reforça-se o reconhecimento das diferenças e afirma-se a necessidade de uma identidade pura. Os diferentes grupos devem manter sua matriz cultural e possuir espaços próprios para garantir sua liberdade de expressão e a continuidade de suas tradições. Em diversos municípios brasileiros, são evidentes algumas instituições constituídas com base em uma cultura particular. Essa visão essencialista e estática de identidade cultural privilegia a formação de grupos homogêneos que se alocam em escolas, agremiações, partidos políticos, condomínios etc. Na prática, consolida-se uma forma de segregação social, pois alguns grupos dispõem de poder para alocar os outros em espaços desfavoráveis, reiterando posturas de preconceito e superioridade para com os afastados. Emergem daí, o extremismo odioso e o fechamento de fronteiras realizado por grupos fundamentalistas. Na educação, o multiculturalismo conservador está presente nas escolas que realizam exames seletivos para ingresso, agrupam os alunos por níveis de aprendizagem, selecionam aqueles que comporão as equipes representativas da escola em torneios e campeonatos ou que efetivam pressões para a saída de alguns alunos da instituição. No campo didático da Educação Física, o multicultura-

---

[32] Em obra anterior (Neira e Nunes, 2006 e Neira, 2007), foram debatidas as diferenças e implicações das várias classificações do multiculturalismo devidamente ilustrados por ocorrências nas aulas da Educação Física ou na cultura escolar.

lismo conservador manifesta-se naquelas aulas em que o professor separa os alunos, a fim de evitar conflitos, ocasião em que meninos e meninas ou os mais e menos habilidosos realizam atividades diferentes ou, até mesmo, em horários e espaços distintos. Nessa "pedagogia do faz-de-conta", os problemas estão ali, mas sua existência é dissimulada. Quando se evita o contato entre os diferentes, todos terminam a aula com uma mal-disfarçada sensação de alívio.

No segundo projeto político, o assimilacionista, está clara a ideia de que os grupos desprivilegiados nas relações sociais não dispõem da mesma oportunidade de acesso a determinados bens e serviços e, ainda, sofrem discriminações preconceituosas. Procurando escapar das prováveis consequências e promover uma convivência amistosa entre os diferentes, a política de assimilação promove ações visando à incorporação de todos à cultura hegemônica. As causas que geram as desigualdades e os preconceitos ficam intocáveis, pois o modo adequado de vida é aquele que pertence aos grupos dominantes. Combate-se a desigualdade com a homogeneização. No ambiente educacional mais amplo, quando os discursos da inclusão, universalização dos conteúdos e unificação da avaliação convocam todos ao ingresso no sistema escolar sob a aura da igualdade de oportunidades, estão a reforçar o aspecto assimilacionista do currículo, pois o que se pretende é o acompanhamento do ritmo de aprendizagem dos conteúdos extraídos da cultura hegemônica. Na Educação Física, o mesmo ocorre nas aulas pautadas pelas perspectivas psicomotora, desenvolvimentista e da promoção da saúde, pois, a intenção é o alcance de idênticos níveis de conhecimento, desenvolvimento e padrões de saúde, pouco importando a diversidade cultural corporal dos estudantes. Sendo assim, a política assimilacionista, ao promover currículos sedutores de integração "ao que há de melhor na sociedade", está, na verdade, a propagar uma "pedagogia açucarada". Sendo assim, o multiculturalismo assimilacionista contribui para a desligitimação de saberes, crenças, valores e práticas corporais pertencentes aos grupos subjugados. Na visão de McLaren (2000), "o discurso da diversidade e da inclusão é, muitas vezes, predicado com afirmações dissimuladas de assimilação e consenso, que servem como apoio aos modelos democráticos neoliberais de identidade" (p.18).

Quando as diferenças se dissimulam sob o discurso da inclusão, todos são convidados a ingressar no projeto de assimilação dos interesses hegemônicos. Se analisadas sob esta perspectiva, não há justificação plausível para aquelas atividades de ensino baseadas nos jogos em que todos devem participar da mesma maneira, atuar nas mesmas condições, aprender as mesmas técnicas, "tolerar" os que atuam de modo diferente etc. Tal qual advertem Stoer e Cortesão (1999), essas práticas apagam as diferenças que rodeiam os indivíduos e reforçam o daltonismo cultural, favorecendo uma perspectiva monocultural de educação.

O multiculturalismo é ainda influenciado por um terceiro projeto político, o intercultural ou crítico. Nele, a cultura é concebida como campo de conflito, de permanente construção e negociação de sentidos. A diferença não fica isolada em sua matriz, tampouco se afirma uma identidade homogênea baseada no princípio da universalidade. Para o multiculturalismo crítico, a sociedade é permeada por intensos processos de hibridização cultural, o que supõe a não existência de uma cultura pura, tampouco de uma cultura melhor que mereça assumir para si um caráter universal. As relações culturais são construídas nas e pelas relações de poder marcadas por hierarquias e fronteiras em contextos históricos e sociais específicos, gerando a diferença, a desigualdade e o preconceito. Na educação, o multiculturalismo crítico reconhece o Outro (aquele que é oposto a *nós*, ao nosso modo de ser, pensar e agir no mundo) e procura trazer todos, em condições equitativas, para o diálogo e para o conflito da construção coletiva. Trata-se, nas palavras de McLaren, de uma "pedagogia do dissenso" que promova uma prática de negociação cultural, que enfrente as relações hierárquicas de poder, que escancare o modo como o poder foi construído e quais as estratégias que utiliza para se manter em assimetria com os subjugados. Uma pedagogia que enfatize os processos de construção política e social da supremacia de certos grupos e identifique suas formas hegemônicas de convencimento e continuidade no poder. O multiculturalismo crítico, corrobora Silva (2001), enfatiza os processos institucionais, econômicos, estruturais que estariam na base de produção dos processos de discriminação e desigualdade baseados na diferença cultural.

O multiculturalismo, nessa vertente, faz lembrar que a igualdade não pode ser obtida simplesmente por meio do acesso ao currículo hegemônico existente, conforme solicitam as reivindicações educacionais de cunho neoliberal. A obtenção da igualdade depende de uma modificação substancial do currículo existente. Não haverá justiça curricular,[33] se o currículo não promover situações de reflexão sobre as formas pelas quais a diferença é produzida por relações sociais assimétricas. Para que a justiça permeie o currículo, Candau (2008) defende uma "pedagogia do conflito", cujo objetivo é o diálogo entre posicionamentos de origens diversas, fazendo do professor o agente na construção de relações interculturais positivas, ficando ao seu cargo a promoção de situações didáticas que viabilizem o contato e o convívio com a diferença. Sem dúvida, esse é o maior desafio para os educadores da escola de hoje.

Diante desse desafio, Neira e Nunes (2006 e 2007a) sugerem a adoção de alguns cuidados no desenvolvimento de uma ação pedagógica da Educação Física, multiculturalmente orientada. Ao incorporar as práticas corporais oriundas das diversas culturas no currículo, deve-se atentar para não transformá-las em meros objetos de consumo, atribuindo-lhes conotações turísticas ou exóticas. A prática pedagógica deve ser um espaço em que as vozes historicamente silenciadas sejam valorizadas. Sua presença deve ser tratada como a oportunidade das culturas estabelecerem contato umas com as outras, reconhecerem o modo como narram a realidade e por que assim o fazem. Para os autores, caso isso não ocorra, a diversidade será sempre um obstáculo para a solidariedade. Aconselham também a redobrar a atenção aos diversos recursos e práticas utilizados no decorrer das ações didáticas, pois, muitas vezes, pode-se recair em uma educação assimilacionista com vistas a salvar os menos favorecidos, reforçando preconceitos e representações. Corre-se ainda o risco de tornar a escola um espaço de conflito da cultura alta *versus* a baixa, criando situações desagradáveis entre os alunos ou entre os grupos. O ponto-chave é como validar as diversas explicações para o entendimento da realidade. Por último, é necessário reconhecer que o processo de interação cultural passa por uma análise das próprias manifestações culturais que produzem e reproduzem identidades e representações. Neira e Nunes reforçam a importância da investigação dos processos de construção histórica das práticas corporais pela adoção de uma postura etnográfica que permita desvelar os mecanismos de regulação, muitas vezes, discriminatórios e repressivos. Para tanto, convém estimular análises que transcendam o

---

[33] Conceito elaborado por Connell (1993) como referência à construção equilibrada do currículo. Justiça curricular significa a proposição de temáticas que façam referência à diversidade cultural presente na sociedade contemporânea.

local, ampliando-as para o regional e o global para que sejam identificados aspectos que se articulam à cultura patrimonial e, por meio do reconhecimento dos novos saberes, o respeito ao outro seja potencializado.

A fim de superar os problemas decorrentes dos diversos usos do multiculturalismo, o termo interculturalismo ou interculturalidade vem ganhando espaço neste debate, pois promove a interação e atribui o sentido de troca, descerramento, reciprocidade e solidariedade, que devem permear a convivência entre múltiplas culturas. Ao entrar em contato com outras, uma dada cultura pode ser desestabilizada, relativizada e, até mesmo, contestada em seus princípios básicos, expondo-se à crítica e elaborando uma autocrítica, o que possibilita a eliminação de alguns aspectos presentes nas tradições culturais que dificultam a constituição de ações dialógicas, tais como a opressão e a violência simbólica ou material. O interculturalismo ou multiculturalismo crítico associa-se à questão ética e solidária para com o oprimido.

Em tom de conclusão: se na contemporaneidade é latente a presença de processos de homogeneização cultural, é também visível a criação de espaços de resistência e luta. Se existe a tentativa da dominação e subordinação, da contenção e desligitimação, da apropriação e expropriação, sempre haverá contestação, distorção e tradução. A escola, como espaço que transmite a herança cultural e produz cultura, não pode fazer distinção entre conhecimentos e congelar a cultura em grupos distintos. Seu currículo deve fortalecer os grupos excluídos para que se tornem aptos a participar de um processo democrático radical. Com base em Laclau e Mouffe (1985), Hall (2003) explicita que a democracia radical é um estado transitório em favor da luta contra qualquer grupo oprimido. Transitório porque as lutas sociais levam à emergência de relações de poder que fazem surgir novas assimetrias sociais, o que transforma esse processo em uma dinâmica permanente.

O pós-colonialismo

A amplitude da discussão multiculturalista incorpora também outras vertentes de análise para investigar as relações assimétricas de poder e os efeitos dessas relações em todos os âmbitos do social. A compressão espaço-tempo e a luta por democracia e igualdade escancararam outros problemas da sociedade multicultural. Dado que as questões multiculturais encontram-se intimamente ligadas ao fenômeno pós-colonial, é lícito afirmar que o multiculturalismo é também pós-colonialista. Por sua vez, ao questionar as relações assimétricas de poder, as teorias pós-colonialistas somam-se às anteriores na composição do currículo pós-crítico.

Apesar de algumas controvérsias, pode-se dizer que a teorização pós-colonialista surge no contexto dos movimentos de libertação empreendidos por países que estavam sob controle, proteção e exploração do imperialismo de algumas nações europeias. Os movimentos de independência colonial, conforme se afirmou, embora iniciados em séculos anteriores, intensificaram-se após a Segunda Guerra Mundial, influindo diretamente na configuração multicultural da sociedade.

A obra precursora de Fritz Fanon,[34] psiquiatra e teórico político francês de origem caribenha, escrita no contexto da guerra de libertação da Argélia, trouxe à tona o sentimento do colonizado – a sensação de sentir-se estrangeiro em seu próprio país –, e o do colonizador – o medo e o desejo de conquistar e explorar o Outro. Sentimentos que, como se nota, enfatizam o antagonismo das relações coloniais e seus efeitos.

Como qualquer expressão "pós", o pós-colonialismo também é ambíguo por conta da multiplicidade de posições a seu respeito, fundidas em uma mesma categoria universalizante. O pós-colonialismo remete a uma ideia de temporalidade, uma era, ou seja, um termo utilizado para marcar o fechamento de um período histórico, como se seus efeitos tivessem terminado. Porém, essa definição também é ambígua, pois não esclarece que tal posicionamento é epistemológico ou cronológico. Em contrapartida, também se constata seu emprego como referência ao discurso de intelectuais deslocados do Terceiro Mundo que vêm se destacando no meio acadêmico anglo-americano. Ambos os argumentos fundamentam a compreensão de que o pós-colonialismo é contrário à sobredeterminação da estrutura capitalista do mundo moderno. Sua noção de identidade é discursiva, não estrutural e independente das relações de produção.

Para Bhabha (1998) e Hall (2003), o pós-colonialismo não se situa em uma ideia cronológica do tipo antes/depois. Assim como os demais con-

---

[34] *Pele negra, máscara branca*, publicada originalmente em 1952, e no Brasil em 1983.

ceitos "pós" aqui debatidos, esse movimento não implica a superação dos problemas decorrentes do colonialismo. Ao contrário, segundo Hall, o pós-colonialismo marca a passagem de uma configuração ou conjuntura histórica de poder para outra. A mudança de controle do poder entre as sociedades colonizadas e seus colonizadores está sendo reencenada entre lutas sociais nativas e entre elas e o sistema global. A assimetria de poder foi deslocada do protetorado do poder imperial para um sistema transnacional globalizado, mantendo os pós-colonizados em situação de extrema fragilidade econômica e militar. A marca da transição tem sido a diáspora constante e a generalização da miséria e do subdesenvolvimento, além da ampliação de conflitos étnicos pelo controle de governos que encampam variadas populações de origens étnicas, culturais e religiosas distintas. É importante frisar que não se trata de um simples ressurgimento de rivalidades entre etnias, embora isso possa persistir, mas, sim, da desigualdade estrutural herdada dos ex-colonizadores de um sistema global, desregulamentado e de livre mercado, que atende aos interesses e aos modelos ocidentais de controle. O resultado tem sido o aumento de tensões e conflitos sob a forma multicultural. As posições dos Bhabha e Hall remetem à ideia de que o pós-colonialismo não se refere apenas aos conflitos internos ou entre as nações pelo controle, mas abrangem, sobretudo, as mudanças ocorridas no seu interior.

Em virtude do seu caráter universal, há sérias distinções a serem feitas a respeito da perspectiva pós-colonial. Diferenciá-lo é necessário, haja vista a dificuldade de alocar todos os processos e efeitos de independência colonial, tanto no local como na metrópole, sob a mesma ferramenta de análise. Não é possível conceber uma única teoria pós-colonialista para situações históricas, posições políticas, formas de dominação, construção de identidades e desdobramentos culturais distintos, bem como analisar da mesma maneira todas as formas de inserção das ex-colônias no mundo globalizado. Basta lembrar que os movimentos de independência na América Latina se iniciaram no século XIX, liderados por filhos de colonizadores que subjugaram os povos nativos, enquanto no continente africano avançaram pelo século XX e traçaram percursos bem diferentes. E os Estados Unidos? Seria possível considerá-los uma nação pós-colonial, pois, além da sua condição de ex-colônia, não conquistaram povos do mesmo modo que a Grã-Bretanha, França, Portugal ou Espanha? É bom lembrar que na Ásia e Oceania também ocorreram formas de dominação e exploração efetivadas por povos não europeus.

O pós-colonialismo não se restringe apenas ao processo geral de descolonização, que marcou tanto as sociedades colonizadas como as colonizadoras. Ele relê a colonização como parte de um processo global essencialmente transnacional e transcultural, produzindo grandes narrativas imperiais do passado e o modo como o Outro pode estar no Ocidente sem que seja visto ou se sinta pertencente. É essa dupla inscrição que a teoria pós-colonialista busca deslindar, rompendo com as fronteiras que deslocam a noção de centro e periferia, e o modo como um descreve e molda o outro, embora nem sempre da mesma forma.

No Brasil, o pós-colonialismo merece um enfoque particular, pois trata-se de uma ex-colônia de Portugal, que, por sua vez, mantinha relações de dependência com a Inglaterra. A condição periférica de Portugal fez das elites brasileiras agentes da colonização, fato que caracteriza um colonialismo diferente do produzido pela Inglaterra ou pela França com relação às suas ex-colônias. Na ótica de Sousa Santos (2001), todos os passados estão conosco e essa presentificação (das histórias inglesas, portuguesas, nativas ou coloniais) tem consequências na educação mediante o modo como as disciplinas são apresentadas e na forma como narram o Outro, visando consolidar o domínio cultural, econômico e político. O período pós-colonial brasileiro foi marcado pela exclusão. Após a independência, a população indígena foi praticamente dizimada, concomitantemente, intensificaram-se os conflitos emancipatórios. Ampliando as narrativas do estrangeiro a respeito dos locais, como se observa nas obras de Debret[35] e Rugendas[36] que retratam a população escravizada em situação servil e submissa, as elites brasileiras produziram novos discursos colonizadores, materializados em diversos campos sociais, inclusive no currículo. Isso fica evidente com a constituição da identidade nacional promovida nas primeiras décadas do século XX. Apesar da ênfase no mito das três etnias, pela qual fizeram crer que os povos não brancos eram brasileiros como os brancos, tanto a história do negro como

---

[35] Jean-Baptiste Debret (1768-1848), pintor e desenhista francês, integrante da Missão Artística Francesa (1816), que fundou, no Rio de Janeiro, uma academia de Artes e Ofícios, mais tarde Academia Imperial de Belas Artes, onde lecionou pintura.

[36] Johann Moritz Rugendas (1802-1858), pintor alemão que viajou por todo Brasil durante 1822-1825 e pintou povos e costumes.

a do indígena e de todas as miscigenações ocorridas foram silenciadas e, diversas vezes, deturpadas em detrimento da construção da branquitude. Ou seja, a construção da identidade nacional adotou o branco como categoria de referência. Veja-se, por exemplo, a configuração da representação do caipira, do ribeirinho, do caiçara, dos quilombolas que permeiam o imaginário social. O Brasil, mesmo na atualidade, prima pela continuidade da exclusão, pela continuidade do estado colonial.

Pós-colonialismo e educação

As teorias pós-críticas, ao incorporar o pós-colonialismo, investigam as intenções presentes nas narrativas do Outro, na forma como ele é produzido e nas maneiras de divulgá-lo sob o manto da inclusão, que acabam por criar novos fetiches, representações e formas de consumo, marcando a diferença.

Um olhar mais atento para a trajetória histórica dos conteúdos do currículo permitirá notar a ênfase dada às obras literárias europeias, como *Chapeuzinho Vermelho*, *O Primo Basílio* ou *A vida e as estranhas aventuras de Robinson Crusoé*, ao estudo das produções artísticas de Raphael, Degas, Picasso ou Monet, à história europeia e americana, à cartografia eurocêntrica, às invenções da ciência ocidental moderna etc. Sob as análises pós-colonialistas, atualmente, os currículos das escolas brasileiras vêm sendo lentamente descolonizados com a inserção[37] dos pontos de vista, da história, dos saberes e das produções de negros, indígenas, ciganos, caiçaras, diversas etnias, mulheres e outras identidades colonizadas, traduzindo novas formas de narrar a realidade.

No tocante à Educação Física, uma rápida análise das propostas curriculares em vigor permitirá constatar que as diversas produções da cultura corporal popular não têm sido prestigiadas. É bem fácil verificar o predomínio de práticas europeias e estadunidenses. O ensino esportivo, por exemplo, ao apresentar de forma privilegiada o vôlei, o futebol, o basquete e o handebol, termina por contemplar quatro modalidades

---

[37] Como ilustração, basta verificar a recente legislação educacional (Lei nº 11.645/2008), quando obriga a inserção da temática "História e cultura afro-brasileira e indígena" no currículo escolar.

brancas, do hemisfério norte e com fortes raízes cristãs e masculinas, em detrimento de outras possibilidades certamente mais próximas dos referenciais culturais do povo brasileiro. Nos últimos tempos, tem-se verificado em algumas escolas ou redes de ensino, a criação de espaços para capoeira, catira, congo e maculelê, ou mesmo, para as práticas corporais características da cultura lúdica infantil e juvenil. Contudo, nem sempre a atenção e seriedade dispensadas, bem como a profundidade e a carga horária destinadas proporcionam um tratamento pedagógico pós-colonial adequado. Consequentemente, essas abordagens superficiais terminam por transmitir a impressão de simples perfumaria ou algo exótico e curioso. Em outras palavras, promovem uma pedagogia insípida, apolítica e pouco compromissada, mediante a extração das marcas culturais que caracterizam essas manifestações corporais e apoio nos discursos a respeito dos benefícios divulgados pela ciência branca e acadêmica que tais práticas desencadearão. Com isso, o currículo da Educação Física contribuirá para a colonização do patrimônio cultural corporal brasileiro. Como denuncia Gomes (2008), trazer representantes da capoeira e da cultura *hip hop* para fazer apresentações ou promover comemorações do Dia da Consciência Negra sem contextualizar esses movimentos com recorrência a uma discussão que articule manifestações e processos sociopolíticos de resistência e luta não favorece a construção de subjetividades abertas à diversidade.

O currículo pós-crítico permitirá entender as culturas dos espaços pós-coloniais como o resultado de uma complexa relação de poder em que tanto a cultura dominante quanto a cultura dominada se veem profundamente modificadas. Focalizam-se, de um lado, os processos de dominação cultural e, de outro, os processos de resistência cultural, bem como sua interação. Bhabha (1998) define por hibridismo tal mecanismo. O híbrido não é a soma das culturas anteriores, nem a predominância de uma sobre a outra, nem do poder, nem da resistência. O híbrido, no entendimento de Silva (2007), é uma nova construção cultural.

Uma perspectiva curricular pós-colonial questiona as experiências superficialmente multiculturais estimuladas na escola como as comemorações relativas à Festa Junina, Festa das Nações e Halloween, ou visitas a comunidades carentes, campanhas do agasalho, torneios da amizade etc., sem qualquer análise dos fatores e condições que determinaram tal conjuntura social. Silva (2001), em tom incisivo, afirma que

> uma perspectiva pós-colonial exige um currículo multicultural que não separe questões de conhecimento, cultura e estética de questões de poder, política e interpretação. Reivindica, fundamentalmente, um currículo descolonizado (p. 134).

Não obstante, Neira (2008b) atribui o aspecto colonizado dos currículos da Educação Física ao percurso curricular dos cursos de formação inicial e contínua de professores. Uma análise na teoria pós-colonial tornará visível a grande parcela de conteúdos originários de contextos distanciados da realidade educacional brasileira que compõem as disciplinas dos cursos de licenciatura. Enquanto uma pequena carga didática é destinada às disciplinas de formação pedagógica, um verdadeiro latifúndio é reservado às disciplinas biológicas e desportivas, nas quais se destacam tanto as teorias "científicas" estrangeiras quanto as modalidades prioritariamente estadunidenses e europeias. Fruto de um colonialismo pautado nas relações de poder, essa postura termina por prestigiar, já no currículo de formação docente, as práticas elitistas da cultura dos colonizadores em detrimento das manifestações da cultura popular brasileira. Claro está que os professores assim formados tenderão a naturalizar e reproduzir os mesmos valores no currículo escolar. Afinal, quando se leva em conta que a colonização curricular da Educação Física remonta ao século XIX, é fácil compreender os mecanismos empregados para cristalizar os pontos de vista hegemônicos.

Se o debate pós-colonialista analisa o ensino esportivo como forma de legitimação do pensamento que elegeu a escola como plataforma de divulgação dos valores de competitividade, autonomia, eficácia e desempenho que caracterizaram e caracterizam os grupos dominantes colonizadores, diferentemente, as análises dos Estudos Culturais vão afirmar que, como patrimônio cultural da humanidade, qualquer modalidade esportiva pode ganhar espaço no currículo da Educação Física – dos esportes tradicionais aos de aventura, radicais, rurais, etc. Por essa razão, o currículo pós-crítico, ao tematizar qualquer modalidade esportiva, deverá desocultar todo o emaranhado cultural com a qual foi constituída e esclarecer os motivos que a tornaram presente na experiência escolar. Para tanto, é necessário empreender questionamentos sobre as representações das práticas esportivas, para que, por meio de uma ação pedagógica dialógica e com a contribuição das diversas fontes do conhecimento, os sujeitos da educação possam reconhecer desde a diversidade de posicionamentos a respeito do assunto até suas origens. É debatendo sobre o tema, pesquisando suas raízes, vivenciando e refletindo sobre a variedade de formatos possíveis e existentes que sua ancoragem social será alcançada. A alocação de qualquer prática corporal no currículo escolar sem questionamento veiculará simbolicamente um conjunto de códigos alusivos à cultura dominante (com mais poder para tal) e distorcerá, pela desqualificação, aquelas práticas oriundas das culturas colonizadas.

A teorização pós-crítica apresentada e debatida na seção que ora se encerra fornece os elementos necessários para que o educador e a educadora possam pensar, propor e desenvolver um currículo da Educação Física na perspectiva cultural. Se as páginas anteriores fizeram emergir dúvidas e questionamentos por parte do leitor, pode-se afirmar que atingiram plenamente seu objetivo. Nada há de pior em termos pedagógicos, ou mesmo culturais, do que verdades e certezas. Em educação, assim como na ciência, tudo é transitório, efêmero, passageiro. É com esse espírito que se renova o convite para avançar às páginas seguintes e dar a conhecer um caminho possível, nada mais que uma sugestão, para o desenvolvimento de uma prática pedagógica coerente com os tempos atuais nos quais a escola ocupa um lugar fundamental na construção de uma sociedade mais democrática e equitativa.

5

O currículo e a pedagogia pós-crítica da Educação Física: agindo para transformar

Furor pedagogicus. Não importa que a ideia seja nova ou mais velha, muitíssimo antiga... Não importa de onde venha, se da Filosofia, Sociologia, Antropologia, Psicologia... Não importa quem a expresse. O que importa é que difira do pensamento dogmático da pedagogia. Então, nem bem é dita e escutada, há sempre uma multidão alvoroçada indagando: – Mas, então, se isso não é como eu pensava que fosse... Como fazer? Como é que eu vou agir na sala de aula? Como é que eu vou ensinar? Como...? Como...? Como...? – Praga, vírus, vício, cacoete pedagógico. Pergunta que não para de perguntar. Até quando existirão aqueles que a formulam? E pior: aqueles que respondem sem a mínima cerimônia? (Corazza, 2006, p.15).

A leitura do excerto em epígrafe bem serve para aliviar as questões que possam surgir antes, durante ou, até mesmo, ao final da leitura desta seção. O que se anuncia? Contrariando o *furor pedagogicus*, algo coerente com tudo o que se vem afirmando, não há qualquer intenção de apresentar "como fazer" o currículo pós-crítico de Educação Física. As palavras de Corazza inspiram a convidar os leitores e leitoras a se posicionarem como professores-artistas movidos por um único objetivo, como propõe Deleuze, desencadear devires.

Fazer um currículo pós-crítico nada mais é do que pensar a educação do mesmo modo que um artista vive a sua arte. A "escrita-currículo", tal qual a "escrita-artista", encontra-se em fluxo constante. Nela não há distinção entre teoria e prática. A teoria é tecida sobre a prática educacional. Todo conhecimento delineado é interpretativo, parcial e processual. Vive um devir duradouro continuamente modificado. O que se apresenta, portanto, longe de ser uma norma, é um convite, como bem diz Corazza, para que os professores e professoras deem prosseguimento à escrita-currículo que se anuncia.

Quando o que se propõe é a escrita perene e coletiva de um currículo pós-crítico, está-se a afirmar a crença de que todas as pessoas possuem um patrimônio cultural que precisa ser reconhecido, socializado e ampliado, de forma a suportar a realização de novas produções por todos aqueles que fazem a escola. Quando se mira na educação, como instrumento de justiça social, como elemento fundamental para a consolidação da sociedade democrática, adotam-se como pressupostos a luta por uma justa distribuição dos recursos públicos e pelo reconhecimento da dignidade e das vozes de todos os seus integrantes na composição do espaço coletivo. Afinal, o caráter de uma sociedade revela-se pela forma como ela trata os grupos que dispõem de menor poder, seja por condições de classe social, etnia, gênero, religião, faixa etária, saúde etc.

As linhas a seguir aprofundam a possibilidade de uma "escrita-currículo" de concepção pós-crítica como alternativa à homogeneização, às representações e à fixação de signos da cultura dominante, em suma, ao engessamento que a pedagogia monocultural da Educação Física insistentemente vem repetindo.

Tecendo um desenho curricular pós-crítico para a Educação Física

Um mapa possível para visualizar a transformação curricular baseada na teorização pós-crítica tem início com estudos pós-modernos de Doll (1997), avança na comparação entre algumas características de currículos modernos e pós-modernos e, por fim, descreve os indicadores que colaboram para uma "escrita-currículo" pós-crítica, assumindo, desde já, com base na teorização pós-estruturalista desenvolvida na seção anterior, que se trata de uma interpretação, passível de indagações com base em outros olhares.

Conforme foi discutido, o currículo moderno é um processo que tem por meta transmitir uma dada cultura (conhecimento acumulado pela humanidade) para um aluno receptor de conteúdos. A transmissão, baseada na promessa da explicação da realidade, recorre a estratégias organizadas em um percurso único (currículo) para todos e nas concepções da ciência moderna. Sob essa lógica, somente a racionalidade permitirá descobrir as regularidades referentes às leis que explicam os fenômenos naturais e o comportamento humano, ou seja, o currículo moderno promete desvelar os mecanismos de funcionamento das experiências concretas. A visão universal de currículo apela ainda para outra característica da ciência moderna, qual seja, a generalização dos poucos aspectos investigados, em condições controladas, como verdadeira e única explicação do fenômeno como um todo (reducionismo).

Contrapondo-se a esse fechamento, a noção de currículo pós-crítico pode apoiar-se em diversos paradigmas emergentes, tais como as Teorias da Complexidade e do Caos e, segundo Sousa Santos, pelo diálogo com outras formas de explicar o real, inclusive o senso comum. Das Teorias da Complexidade, Doll extrai a noção de que o currículo é constituído por pessoas, recursos e conhecimentos múltiplos, que estabelecem relações de diversas naturezas. Além disso, cada qual é em si mesmo complexo, constituindo-se de variados elementos e relações internas. Essas características aproximam o currículo da Teoria do Caos, visto que tamanho conjunto de elementos e relações impossibilita a previsão de todas as condições do fenômeno (educação, aula, alunos, informações, conceitos etc.), de modo a garantir o percurso da aprendizagem. Daí atribui-se à escrita-currículo um caráter aberto, não determinista, não linear e não sequencial, limitado e estabelecido apenas em termos amplos, que tecem a todo o momento uma rede de significados, com base na ação e interação dos seus participantes. Para Doll:

> na medida em que o curso ou a aula progride, a especificidade se torna mais apropriada e é trabalhada conjuntamente – entre professores, alunos e texto. Este planejamento conjunto não só permite flexibilidade – utilizar o inesperado – como também permite que os planejadores se compreendam e compreendam o seu assunto com um grau de profundidade de outra forma não obtido (p. 187).

Com a força imanente do termo *pós,* o pós-moderno transcende o moderno e utiliza o antigo dentro do novo, em vez de rejeitá-lo. É possível, portanto, uma escrita-currículo acrescida das produções de autores modernos, tendo em vista uma matriz sempre em processo, sempre em construção. Doll serve-se do conceito de "auto-organização" e explica sua ocorrência mediante uma perturbação sobre o sistema cognitivo (concebido como aberto) que desequilibre as relações internas e provoque uma mobilização (regulação) com base nas qualidades nele embutidas, o que fará desencadear a transformação de seus elementos na tentativa da manutenção de sua integridade. A transformação do sistema nada mais é do que uma tentativa de conservá-lo.

O desequilíbrio impulsiona o redesenvolvimento ou auto-organização quando a perturbação apresentar a dose correta: se for pequena, poderá não ser percebida e, se for muito grande, provavelmente causará o fechamento do sistema para sua proteção. Se for tomado como referência o projeto educativo, será necessário promover uma atmosfera que estimule a exploração (ambiente rico e aberto), permitindo, assim, múltiplos usos, interpretações e perspectivas. Como característica da auto-organização já reformulada pela concepção pós-moderna, a perturbação não leva necessariamente ao caminho objetivado, tal qual formularam as perspectivas psicológicas cognitivistas, em razão da imprevisibilidade dos fenômenos.

Contando com a riqueza de possibilidades provenientes dos alunos e do professor mediante as relações que se estabelecem na sala de aula, com base nas ações práticas propostas e vivenciadas, Doll propõe que objetivos, planos e propósitos do currículo sejam escritos de modo bem geral, antes do início de sua implantação, dada a dinâmica de auto-organização do sistema complexo (aula, alunos, materiais...), para que, posteriormente, os caminhos se enriqueçam de infinitas maneiras.

No tocante à *escrita-artista*[1] do percurso curricular, o autor sugere alguns princípios, aos quais denomina "quatro Rs", visando aumentar a segurança da trajetória bem como favorecer o processo de auto-organização de modo positivo, sem, no entanto, ter certeza disso. São eles: riqueza, recursão, relações e rigor.

O princípio de "riqueza" no currículo diz respeito à recorrência da diversidade de significados para um mesmo conceito ou situação, mediante as várias interpretações que os alunos fazem, bem como daquelas disponíveis em outras esferas; à diversidade de problemáticas (perturbações) propostas ou vivenciadas e à variedade de explorações estratégicas para resolver os problemas que podem ocorrer de infinitas maneiras, como transgressão dos padrões existentes, formulação de hipóteses, questionamentos, busca de evidências, imaginação, hibridização, fabulação etc. Na visão de Doll, a escolha do tipo e grau de riqueza do currículo depende das negociações entre

---

[1] A expressão utilizada não se encontra na obra de Doll. O grifo é nosso.

alunos, professores e dos textos[2] vivenciados, investigados e narrativizados (contextos históricos, conceitos, metáforas, mitos, múltiplas narrativas, manifestações culturais etc.).

O princípio de "recursão" no currículo sugere a conexão dos pensamentos em circuitos, ampliando e transformando a construção dos significados. A recursividade diz respeito à propriedade de um elemento constituinte de poder repetir-se de maneira teoricamente indefinida. Não se trata de uma mera repetição, mas do estabelecimento constante do diálogo e reflexão. Portanto, não basta vivenciar, ler, estudar uma riqueza de temas e problemas, é necessário também refletir acerca dos processos vivenciados e sobre o próprio processo de aprendizagem. A constância da reflexão sobre tudo o que se vivencia amplia a rede de relações entre os pensamentos e potencializa novas organizações, combinações e inquirições, além de estimular os olhares críticos do professor e dos alunos como procedimentos que colaboram na melhoria das aprendizagens.

O terceiro princípio, o das "relações", refere-se tanto às relações pedagógicas quanto às culturais. As relações pedagógicas dão-se no interior do currículo e o enriquecem, pois, à medida que o tema é investigado pela comunidade da sala, criam-se novos caminhos, ou seja, novas relações não previstas no início. As relações culturais são travadas entre o currículo e a cultura externa à escola quando se enfatizam a narração e o diálogo. A narração permite aflorar conceitos de história pelas histórias, os de linguagem pelo relato oral, pela gestualidade e outras formas de comunicação e o de lugar pela localidade das histórias. Já o diálogo aproxima os sujeitos entre si e os sujeitos e objetos nos seus aspectos locais, interconectando-os a outras culturas e proporcionando o senso de cultura(s) em uma rede global cada vez maior e em diferentes escalas, desde o local até o global, atravessando o ecossistema e o cosmos.

Por fim, e tão fundamental quanto os "Rs" anteriores, Doll destaca o "rigor" como princípio. O rigor é essencial para que o currículo não caia no relativismo. Adota como fundamentos a indeterminância e a interpretação. A indeterminância implica a dúvida radical do ironista liberal e a investigação das concepções ocultas que fundamentam as certezas, tornando-as sempre provisórias. A indeterminância é essencial para a investigação das formas

---

[2] No sentido sugerido por Jacques Derrida, discutido na seção anterior.

pelas quais as verdades foram sobredeterminadas. Por outro lado, a interpretação, como decorrência da indeterminância, conduz à busca constante por novas alternativas de relações e conexões entre as várias explicações quanto ao fenômeno que constitui a dúvida. É nesse sentido que a escrita-currículo vincula-se, obrigatoriamente, a novas produções por parte daqueles que fazem o currículo.

Diante dos princípios formulados por Doll, a vivência curricular possibilita a instauração da dúvida e da incerteza acerca das verdades assentadas em um modelo de escola transmissora de conteúdos para a aprendizagem dos saberes acumulados ou reconhecidos como universais. Desse modo, a concepção estática de cultura, presente em alguns livros didáticos ou determinadas propostas curriculares oficiais, tais como os Parâmetros Curriculares Nacionais (Brasil, 1997), sofre transformações. A cultura e a realidade são contestadas como processo acabado e passam a ser vistas como processo em permanente construção e negociação de sentidos.

As concepções curriculares não críticas concebem o conhecimento como reflexo de uma realidade que poderá ser acessada diretamente. Nelas, "conhecer é chegar ao real sem intermediação" (Silva, 2003, p.15). O currículo nada mais faz do que condensar o conhecimento existente para a aprendizagem dos alunos, tornando-o mero reflexo do real. Por sua vez, nas pedagogias críticas, o conhecimento presente no currículo ocupa o banco dos réus, pois, mesmo apresentado de forma distorcida, ainda é cópia do real. Em ambas, o modo como o conhecimento foi produzido, suas inconsistências internas, conflitos e contradições para a sua afirmação e reconhecimento são desconsiderados. Já na perspectiva curricular pós-crítica, a cultura é essencialmente dinâmica, é produção, criação e trabalho. Por conseguinte, um currículo pós-crítico de Educação Física apresenta como "eixos estruturantes": as diversas formas de linguagem, como práticas de significação, que comunicam e tornam inteligíveis as culturas nas quais se produziram e reproduziram as manifestações corporais; a investigação do contexto social de produção e das relações de poder que definiram os significados das práticas corporais, além do seu caráter de produção e criação. Isso significa dizer que a cultura não é um objeto passivo de recebimento e transmissão, que as manifestações culturais não são objetos de mera contemplação, assimilação e consumo. A cultura, suas diversas manifestações e seus sentidos produzidos e recebidos, por serem dinâmicos e submetidos ao caráter indeterminado de produção de significados da atividade linguística, são sempre novas atividades de significação. A realidade, ou melhor, o processo de significação, continuamente se defronta com a tensão entre as relações de poder que tentam fixá-lo e naturalizá-lo, características de todo projeto multiculturalista conservador e assimilacionista, e sua tendência ao deslizamento, resistência em ser aprisionado, fechado, definido.

Caso seja aceita a ideia de que a realidade é uma produção disciplinar que emprega certos dispositivos para controle dos significados e sentidos possíveis, não haverá nada mais ideológico do que o processo de significação. Torna-se viável, portanto, pensar em um currículo pós-crítico e nas suas formas de planejamento de ensino, objetivos, indicadores de aprendizagem e conteúdos como dispositivos maquínicos: estratégias políticas de lutas culturais pelos significados de educação, currículo, ensino, aprendizagem, aluno, escola, professor... Sob a inspiração de uma pedagogia cultural, os educadores tornam-se menos escolares e mais culturais. Menos parecidos com o professor e mais próximos ao artista, trabalhando na linha da divergência e da reconceptualização daquilo que está posto. A educação, ou seja, a elaboração e o desenvolvimento do currículo passam a ser vistos como uma prática artística ainda inimaginável e impossível de ser copiada. Uma prática do desassossego que instabiliza o conformado, o acomodado, os antigos problemas e as velhas soluções. Prática que estimula outros modos de ver e de ser visto, dizer e ser dito, representar e ser representado. Para que se possa pensar um currículo de Educação Física assim concebido, os conceitos aqui debatidos precisam ser adotados como pressupostos, não como amálgamas que emperram a criação, mas, sim, como possibilidades da escrita-artista.

A efetivação dessa escrita-currículo se ampara nas concepções de cultura, linguagem, área e currículo debatidas na seção anterior com o apoio das teorias pós-críticas. Daí convém alertar que uma proposta de Educação Física que tenciona a formação dos seus sujeitos para promoção e luta pela equidade social e que, por isso, recorre ao diálogo, decisão e atuação fundadas na responsabilidade individual e coletiva, caminha por trilhas incertas. Afinal, trata-se de uma prática cultural que traz implicações para as formas de regulação econômica, política e cultural na sociedade contemporânea e que coloca no mesmo patamar as técnicas científicas e as técnicas culturais, os saberes acadêmicos e os saberes do cotidiano, a ciência moderna e outras formas de se fazer ciência. Por tudo isso e, de certa forma, vislumbrando o incômodo trazido por tantas incertezas, serão apresentados alguns subsídios dessa proposta na esperança que, de alguma forma, possam ajudar os professores e alunos na escrita de outros currículos.

SUBSÍDIOS PARA UMA PRÁTICA PEDAGÓGICA PÓS-CRÍTICA DA EDUCAÇÃO FÍSICA

Antes de iniciar a discussão, é aconselhável não perder de vista que o currículo pós-crítico ancora-se nas perspectivas pós-estruturalistas, pós-modernas e pós-colonialistas e nos conceitos desenvolvidos pelos Estudos Culturais, pelo multiculturalismo crítico ou intercultural, entre outros, sem que se abandonem os elementos caros à pedagogia crítica, como hegemonia, resistência, cultura popular etc. Por essa razão, os tópicos a seguir não podem ser lidos e compreendidos de forma "moderna", ou seja, universal, reducionista e mecânica. As discussões que seguem devem ser tomadas como linhas de fuga que abrem múltiplas possibilidades para a escrita do currículo. O que interessa não é o que se apresenta, mas o seu potencial criativo. No limite, o que interessa é a transitoriedade do conhecimento e da vida. O sentido esperado é o da construção e da invenção de outras formas para lidar com a educação e com o currículo.

Ouvindo as vozes silenciadas

A presença das manifestações culturais dos historicamente desprivilegiados é bastante estranhada pelos defensores dos currículos monoculturais. Não demonstram pudor ao expor sua convicção de que o currículo da Educação Física deve suprimir a tematização de outras práticas corporais, sobretudo aquelas pertencentes aos grupos oprimidos, quer seja por etnia, classe, cultura ou gênero. Um rápido olhar sobre a literatura disponível permitirá constatar a abundância de publicações e propostas que sugerem um rol de conteúdos de ensino do componente e prometem a formação cidadã por meio de uma aprendizagem baseada em atividades previamente selecionadas. A argumentação para justificar essa oferta alega que o propósito da educação é "resgatar" da ignorância os estudantes (e docentes) que pouco sabem ou o pouco que sabem é insuficiente para uma cidadania plena e, portanto, cabe à escola transmitir os conteúdos selecionados por aqueles que se encontram no "topo" da pirâmide social. Em sua maioria, são homens e mulheres que acumulam vantagens sociais que se transformam em econômicas e, assim, subentende-se que, caso sejam seguidas suas recomendações, os carentes "do ponto de vista cultural" poderão ter acesso à "verdadeira cultura" e seguir os passos dos vencedores.

Mesmo alardeando a promessa do desenvolvimento de competências para a inserção no mercado de trabalho, tem se verificado que tal processo vem cobrando um alto preço. À custa de apagamento das culturas locais, a transmissão unilateral de conhecimentos e valores pertencentes à cultura dominante traz como maiores beneficiários seus próprios representantes. Quando a socialização de determinados conhecimentos é acompanhada de uma pulverização discursiva que os apresenta como precondição para o sucesso na sociedade capitalista, têm-se, por tabela, o desprezo e a desqualificação dos saberes inicialmente disponíveis. Os efeitos desse processo, aqui denominado "água de lastro,[3]" trazem mais malefícios que benesses às comunidades populares. Dado que as crianças e jovens não conseguem apoderar-se, por causa choque cultural, daqueles conteúdos tal qual lhes são ofertados, vêm impossibilitado seu trânsito na sociedade meritocrática de consumo. Simultaneamente, quando os professores, impondo seus conhecimentos, negligenciam as culturas de origem que os alunos levam à escola, também os ensinam a envergonhar-se de quem eles são, da sua própria identidade cultural.

Tamanha arrogância didática, explica Neira (2008b), justifica o "esquecimento" dos saberes dos conquistados e oprimidos no momento da elaboração curricular. Claro está que a inclusão desse patrimônio significará a diminuição do espaço para os conhecimentos comercializáveis,

---

[3] Metáfora recolhida durante os diálogos travados com o Prof. Dr. Antonio Carlos de Moraes da UFES. "Água de Lastro é a água recolhida no mar e armazenada em tanques nos porões dos navios, com o objetivo de dar estabilidade às embarcações quando elas estão navegando sem cargas. Constitui-se em uma das grandes ameaças ao equilíbrio marinho, pois transfere organismos exóticos e causa danos aos ecossistemas, à saúde humana, à biodiversidade e às atividades pesqueiras. Fonte: Disponível em <www.portodesantos.com.br>. Acesso em 12.11.2008.

considerando que os saberes subordinados não podem ser negociados pelo capitalismo industrial sem perder suas marcas históricas.

É de estranhar que no Brasil os currículos mais conhecidos da Educação Física apresentem alguns sintomas gravíssimos de amnésia com respeito às práticas corporais africanas e indígenas, tanto do passado como do presente: quais jogos, danças e lutas pertencentes a esses povos são estudados nas escolas brasileiras? Será que sequer os conhecemos? Com um currículo que ignora os conhecimentos dos grupos que compõem uma parcela significativa da população, veicula-se a impressão de que sua contínua condição desprivilegiada lhes é merecida. Diante disso, afirma-se que a experiência corporal euroestadunidense é de aplicação universal, ou seja, a única vivência histórica válida, e todos devem assumi-la como tal.

Eclodem, no entanto, alguns lampejos de resistência a esse processo. Tem sido constatado um aumento significativo de experiências localizadas que se empenham por incluir no currículo saberes relativos à cultura corporal não europeia, o que não significa uma grande mudança curricular. Para além das já conhecidas, outras práticas corporais passaram a compor os currículos do componente, sobretudo em eventos como o "dia de levar o brinquedo que mais gosta", oficinas para construção de brinquedos, apresentações de capoeira, festa das nações, mês do folclore etc., ou promover vivências das práticas corporais que momentaneamente ocupam destaque passageiro na sociedade de consumo, como tem sido o caso do *hip hop*, jiujítsu, escalada e, mais recentemente, do videogame. Em comum, todas conferem "ar" de novidade e atualização na didática da Educação Física, ou até servem de reserva de mercado para a escola. Apesar da natureza superficial, descontextualizada e desprovida de conflitos, cuja essência dessas experiências é dissimulada, alguns educadores salientam certo "progresso" da área. Muitas escolas assumem que a designação de um dia ou uma semana para a discussão e realização dessas atividades "alternativas" atende às necessidades da integração multicultural quanto à diversidade do ensino. O resultado observado tem sido a transformação dessas práticas em novos fetiches[4] da

---

[4] A palavra fetiche tem sua origem na palavra portuguesa "feitiço" e ganhou sua forma afrancesada conhecida. Seu uso designava as práticas religiosas do "outro" colonial. Sua etimologia desdobra-se ou em algo fabricado, ou em algo falsificado. Na teoria social, o termo é conhecido nas análises de Freud e Marx. Em Freud, o fetiche refere-se ao complexo de Édipo, no qual o filho, ao perceber a castração da mãe, substitui o desejo que tem por ela por outros objetos ou corpos, permitindo-lhe

sociedade de consumo. Torres Santomé (1998) dispara uma forte crítica a tais abordagens, atribuindo-lhes a pecha de "currículo de turistas". Ao trazer para o currículo as experiências dos grupos minoritários sem que sejam analisadas com profundidade as razões e os sentidos de suas produções culturais, está-se a afirmar um conhecimento exótico a ser, simplesmente, consumido.

A tematização[5] das práticas corporais dos grupos subordinados pode integrar-se ao currículo em duas frentes: em primeiro lugar, numa concepção integrada e articulada aos saberes das demais disciplinas, pelo desenvolvimento de projetos comuns. Ao tematizar a história de determinada região, as manifestações da cultura corporal a ela vinculadas poderiam ser inseridas como parte do patrimônio do seu povo. Essa posição superaria a tradicional alocação como "perfumaria" ou *souvenir*. Outra possibilidade se dá mediante a configuração de tema central para um projeto específico do currículo da Educação Física. Em ambas, a prática pedagógica buscaria o reconhecimento dos aspectos identitários do grupo/região/manifestação investigado(s) e radicalizaria a crítica social e cultural desses artefatos com base na perspectiva dos Estudos Culturais. À ação docente caberia destacar como os sentidos daquele grupo cultural foram produzidos, questionando os códigos e os artifícios pelos quais aquela(s) manifestação(ões) se apresenta(m) e/ou é(são) representada(s). Tratando-se de conhecimentos não canônicos, desprestigiados, a análise social e cultural consiste em uma dupla operação de fetichização – uma reconstrução inversa desse processo. O trabalho pedagógico visa reconhecer que o fetiche é um processo de construção; dessa maneira, as atividades de ensino procurarão desfetichizar aquilo que foi apresentado de início. No decorrer do percurso escolar, os estudantes terão a oportunidade de travar contato e aprofundar os conhecimentos alusivos à cultura corporal produzidos pelos distintos grupos que compõem a

---

superar o conhecimento da castração. No sentido marxiano, a mercadoria vira fetiche quando se apagam os rastros das relações sociais que a produziram, tornando o material desencarnado, algo que tem vida própria. Posteriormente, Baudrillard amplia o fetichismo da produção, extrapolando seu valor de uso para o desejo de consumo. No fetichismo do consumo, o objeto torna-se adoração, algo que seduz e arrebata o fetichista. O fetiche envolve algum processo de substituição, no qual o fetichista se esquece da condição de autor.

[5] A tematização em uma concepção pós-crítica será abordada mais adiante.

sociedade e os significados que lhes são atribuídos, por eles próprios ou pela cultura hegemônica.

A multiplicidade das vozes no currículo não só permitirá descobrir novas dimensões de muitas experiências, como também revelará novas formas de ver a cultura e a Educação Física dominantes. Em razão do longo tempo de permanência em um estado de opressão e esquecimento, a possibilidade de reconhecimento das práticas corporais dos grupos subordinados poderá sinalizar um novo caminho para definições mais complexas da teoria social e da autoridade ética. Os oprimidos geralmente adquirem conhecimentos singulares sobre as forças que movem a história. É justamente por isso que Kincheloe e Steinberg (1999) afirmam que os grupos subalternizados compreendem a cultura dos opressores muito melhor que os próprios opressores. Essas percepções subordinadas podem alterar substancialmente o que vem sendo denominado conhecimento/conteúdo da Educação Física. Se os currículos que agregam alguns saberes subordinados de forma superficial e descontextualizada desencadeiam transformações, não o fazem com o sentido e a intensidade desejados pelo multiculturalismo crítico ou intercultural. Especificamente falando, a simples proposição de aulas de forró, jogos tradicionais, axé, *black* ou dança de rua, mais do que unir os estudantes à sua história, ampliam seu afastamento, pois essas manifestações são apresentadas sem a devida discussão das suas conexões com o passado (o que elas expressavam no seu contexto real de produção) e o presente (a transformação sofrida/imposta pela indústria cultural e pelas transformações sociais), ou o necessário reconhecimento dos problemas enfrentados pelos grupos nos quais as referidas práticas sociais se originaram, se reproduziram e se hibridizaram. Como destacam McLaren e Farahmandpur (2002), a ênfase pedagógica dada muitas vezes recai sobre a crítica aos modos de ser, pensar e agir desses grupos. Em tal emaranhado, os métodos dos grupos dominantes desqualificam os saberes dos oprimidos, impedindo-os de aprender mais sobre sua cultura e compreender suas condições de opressão. Por essa via, nas palavras de Paulo Freire, o currículo ensina a amar o opressor.

Uma prática pedagógica fundamentada no multiculturalismo crítico, no pós-colonialismo e nos Estudos Culturais implica, obrigatoriamente, "desatualizar" o presente, isto é, coletar o vulgar, o trivial, aproximá-lo da luz e observá-lo de outro ângulo, ou seja, exige-se o questionamento dos conhecimentos que serão ensinados. Isso requer a comprovação e o exame do que se ensina para descobrir o que está escondido no evidente (Kincheloe e Steinberg, 1999). Uma coisa é saber que a capoeira é uma produção cultural do povo africano escravizado, outra, bem diferente, é compreender a escravidão, o que isso significou e ainda significa. Historicizar a capoeira passa, necessariamente, pela compreensão das suas lutas por reconhecimento, como manifestação identitária de uma população oprimida e os modos pelos quais ela é assimilada pela cultura de massa. A ação pedagógica consiste em afastar a capoeira e a escravidão, a todo custo, das visões romanceadas presentes na maioria das novelas da televisão, ou mesmo em algumas academias que promovem o seu ensino. O que será que aconteceu com cultura corporal africana desde o período colonial até a divulgação da capoeira pelos mestres Pastinha e Bimba no século XX? Da mesma forma, não basta saber dançar a quadrilha da festa junina ou conhecer a sua origem, saber o nome dos passos ou dos santos, é necessário compreender o seu significado contextual sem caricaturizar os moradores da zona rural. Extrapolando estas, é primordial que se promovam ações didáticas interpeladoras, para que os estudantes reconheçam os processos pelos quais uma manifestação transformou-se em caricatura e a quem isso favoreceu. Na conjuntura desses exemplos, inclui-se a tematização de todas as variedades das manifestações culturais não dominantes.

Não se trata de uma pedagogia que espera que os alunos se envolvam em uma luta social distante de seu contexto ou que dissemine o ódio pelos dispositivos de representação em voga. O que se propõe é a formulação de estratégias que possibilitem a transformação das condutas em relação aos grupos historicamente subjugados.

O início do processo é na sala de aula. Além da atenção às falas dos alunos no calor das discussões, ocasiões em que se manifestam posicionamentos e preconceitos, os docentes devem atentar também aos silêncios. As identidades presentes nas aulas, por serem móveis, são passíveis de opressão. Os silêncios dizem muitas coisas. A presença do saber subjugado, investigado por meio de uma manifestação, alia-se à presença das vozes subjugadas no cotidiano das aulas, possibilitando a ação concreta da transformação social. Ao articular as diferenças das manifestações investigadas com as identidades presentes na sala de aula, os professores podem propor situações em que as vozes silenciadas do grupo possam manifestar-se e serem ouvidas. Seus conhecimentos, posições e sugestões devem merecer a mesma atenção que as vozes acostumadas à evocação no ambiente escolar.

A pedagogia tecnicista, conforme apresentado nas seções anteriores, ensina que o conhecimento considerado válido foi produzido de forma neutra, nobre e altruísta. Transmite uma visão naturalizada de conhecimento e prática pedagógica. Esse ponto de vista deixa de lado tanto as questões culturais quanto as dimensões do poder que envolvem a produção do conhecimento. Todavia, é importante lembrar que qualquer conhecimento sempre enfrentará outras formas de conhecimento. As decisões tomadas em meio a essa luta repercutem nas escolas, nas instituições econômicas, na cultura popular e nas esferas políticas de maneira dramática e, na maioria das vezes, com consequências imprevistas. A ação docente como transmissora neutra de saberes manipulados de antemão desempenha determinado papel político que acompanha também a produção de conhecimento. Se existe alguma intenção na conversão das escolas em lugares de tomada de posição de professores e estudantes, a ideia do que se entende por politização precisa ser reconstruída. Tanto Shor e Freire (1986) quanto Bernstein (1998) incitam os professores a resistir às pretensões "apolíticas" embutidas em alguns currículos, para que se tenha deferência com eles e sejam recusados ou questionados os conteúdos incontestes, neutros, universais ou imprescindíveis que se fizerem presentes. No campo curricular da Educação Física, Neira (2007) identifica esses procedimentos nas propostas que idolatram a aquisição de determinadas competências por meio de atividades motoras ou que promovem o ensino de conceitos de fisiologia e nutrição para a adoção de um estilo de vida ativo e saudável. Os professores devem, por meio de análises críticas, identificar quais são os interesses políticos subliminares e resistir aos pressupostos hegemônicos e redentores, camuflados nesses currículos.

Pela sua rejeição às posições do currículo da cultura dominante, os docentes adeptos do currículo pós-crítico compreendem que, tanto eles quanto seus alunos, são produtores de conhecimento. Essa é uma das lições mais difíceis de ser aprendida – a modificação na própria ação pedagógica –, já que a maioria das experiências discentes dos educadores, tanto na Educação Básica como nos cursos de formação inicial e contínua, deu-se na contramão daquilo que se está propondo. É compreensível o incômodo experimentado por professores e alunos mediante a vivência, às vezes um tanto traumática, da adoção de uma postura inovadora de pesquisadores multiculturalistas e produtores de conhecimento. Entretanto, antes da imersão em uma imprescindível atividade investigativa, deverão familiarizar-se com as questões cognitivas, políticas e epistemológicas que circundam a pedagogia pós-crítica.

No caso dos docentes, uma vez familiarizados com o referencial e experiência pedagógica pós-críticos, sua vida profissional poderá sofrer fortes modificações. Na nova posição de produtores de conhecimento, os profissionais iniciam a construção do currículo ao valorizar a experiência dos alunos e promover seus pontos de vista sobre as forças sociais, econômicas e culturais que configuraram suas vidas, no caso da Educação Física, a construção histórico-social das práticas corporais às quais tiveram/têm acesso na cultura paralela à escola. No caminhar do currículo pós-crítico, tanto os alunos quanto os professores, gradativamente, vão se blindando contra as investidas homogeneizantes e reprodutoras do currículo moderno e monocultural. Todos constroem práticas e saberes, todos escrevem o currículo.

Sugerindo caminhos

Em meio ao processo de desmantelar as forças ideológicas, os docentes podem ensinar alguns métodos de pesquisa como a etnografia, conferindo aos alunos e a eles próprios a condição de etnógrafos. Aqui, docente e estudantes envolvem-se em uma cuidadosa "leitura e interpretação" dos múltiplos aspectos envolvidos em determinada prática social da cultura corporal, elencada como tema de estudo naquele período letivo. A prática e a produção coletiva exigem que todos os envolvidos estejam municiados de dados obtidos por meio de instrumentos elaborados coletivamente como observações, relatos, narrativas, constatações, entrevistas, questionários ou leituras orais dos signos pertencentes à prática corporal. Trata-se dos diversos "textos" a serem lidos e interpretados durante as atividades de ensino. O professor e o grupo discutirão suas impressões sobre os materiais coletados e intercambiarão pontos de vista, confrontando-os com as próprias experiências realizadas nas aulas ou em outras esferas culturais. Buscarão desvendar os múltiplos aspectos ainda encobertos em um primeiro olhar, o que se constitui em uma leitura de segundo nível, bem mais profunda e com a possibilidade de entretecer as informações disponíveis com outras leituras.

Canen e Oliveira (2002) denominam esse processo de hibridização discursiva. Quando se pretende enriquecer as análises dos estudantes sobre qualquer objeto, as autoras sugerem que se disponibilizem para o confronto outros textos (filmes, imagens, narrativas, experiências etc.) Ao focalizar uma dança veiculada por qualquer programa televisivo, o grupo poderá ser estimulado a "ler", não somente as coreografias, como também as letras das músicas. Indo mais a fundo, alunos e educador poderão confrontar esses elementos com outros materiais obtidos em novas fontes, o que ampliará a diversidade de informações e leituras: localizar representantes dessas manifestações (dançarinos, professores de dança etc.) e entrevistá-los sobre o contexto de criação, elaboração e produção das coreografias e verificar se os sentidos a elas atribuídos pelos seus representantes se aproximam daqueles elaborados por ocasião das interpretações iniciais. Recorrendo a atividades investigativas, o grupo procederá à "contextualização social" por meio da análise da variedade de situações atuais e anteriores da manifestação corporal e as relações envolvidas no tocante às hierarquias de etnia (essa dança é característica de determinado grupo étnico, por quê?), de classe (qual a classe social que tem espaço prioritário nessa dança, por quê?), de cultura (quais são seus adereços, técnicas, aspectos outros etc.) e de gênero (qual o papel atribuído à mulher e ao homem nessa dança, por quê?), ou seja, situará aquela manifestação da cultura corporal em um ambiente epistemológico, sociológico, político e sócio-histórico. Nesse sentido, alunos e professor analisarão como se configuram suas próprias relações com esse produto cultural: estabelecem relações românticas? De consumo? Críticas? Preconceituosas? Durante todo o percurso não linear, os alunos podem ressignificar a manifestação da cultura corporal, elaborando e reelaborando à sua maneira as coreografias conhecidas ou criar outras, em alguns casos, mantendo o sentido original e, em outros, alterando-o, ou seja, assumirão a condição de sujeitos por meio da "produção cultural". Como se nota, seguindo os pressupostos teóricos já debatidos, o currículo pós-crítico nada mais é que uma prática de significação.

Os docentes envolvidos ao mesmo tempo que rompem com a visão cristalizada de reprodução e assimilação, aprofundam a compreensão da prática pedagógica como atividade de análise social e cultural, de desfetichização, de crítica e de oposição. Durante esse processo, descobrem as forças construtoras, como códigos linguísticos, signos culturais, ações movidas pelo poder e ideologias incrustadas, e com isso aprendem a investigar, ensinar e pensar criticamente. Na sua condição de educadores pós-críticos estudam e se envolvem na produção de conhecimento, remodelam a sua vida profissional, dão novos nomes aos seus mundos e desafiam as forças que tradicionalmente colonizaram os currículos e as escolas.

Neira (2007) afirma que o impulso dado pelos valores neoliberais (competitividade, autonomia, saúde individual, competências para o exercício profissional etc.) aos currículos contemporâneos da Educação Física, quando confrontado com uma ação pedagógica pós-crítica, mostra-se paradoxal, pois se constitui, por um lado, pela alusão à sua autoatribuição como o caminho para uma vida feliz e, por outro, pela ignorância generalizada da forma como o poder opera para destruir os conhecimentos originais dos professores e estudantes adquiridos pela imersão na cultura. Essa contradição abala os esforços de emancipação de professores e estudantes que sofrem qualquer espécie de marginalização, impondo-lhes um conjunto de saberes que destoam do seu universo cultural. Como advogar vida saudável pela única via da atividade física regular para pessoas que realizam práticas corporais próprias ao seu grupo e absolutamente inadaptáveis aos princípios do treinamento? Como defender o emprego de atividades lúdicas para melhoria do convívio social e do lazer para aqueles que labutam em longas jornadas diárias e se utilizam do lento transporte público, sobrando-lhes pouco tempo para a atividade recreativa? Como aludir às benesses da sociedade cooperativa quando homens e mulheres dos setores desprivilegiados são vilipendiados dos seus direitos mais básicos de acesso aos meios necessários para sobrevivência?

Um currículo pós-crítico desvelará esses paradoxos e despertará nos atores da educação a necessidade de analisar o que sabem, tecer comparações com outras referências e compreender o processo de elaboração social do conhecimento sob influência do poder, chegando a reconhecer que, na mídia, escola, universidade ou qualquer outra instituição cultural, por vezes, são apresentados dogmas transfigurados em verdades universais.

As manifestações do poder têm sido motivo de muitas tensões no âmbito educativo, não somente no que se refere ao controle dos recursos financeiros, institucionais, políticos, ideológicos e da comunicação, como também no que diz respeito ao controle das representações da realidade. O currículo pós-crítico da Educação Física ao empreender, por exemplo, a análise histórica de algumas modalidades esportivas, permitirá aos alunos descobrir que determinados esportes apresentam uma trajetória intimamente relacionada com formas de opressão e/ou imposição dos valores sociais dos seus grupos de origem que, ao longo do tempo, desfrutaram de condições vantajosas.[6] É fato corriqueiro que o futebol moderno, nascido em meio à burguesia industrial, castrou as manifestações populares e impôs-se como conteúdo nas escolas britânicas e, por muito tempo, sua prática esteve restrita a grupos fechados. O mesmo pode ser citado com relação ao basquete, tênis, vôlei etc. Como tais práticas tornaram-se amplamente divulgadas e comercializadas? Será que elas trazem consigo aspectos naturais que as transformaram na melhor das opções para todos? Docentes e estudantes mais atentos, ao indagar os fatores que seguem sustentando a hegemonia dessas práticas corporais na sociedade contemporânea, descobrirão um emaranhado de relações de poder baseadas em interesses políticos e econômicos. Esses fatos, se debatidos no interior do currículo, denunciarão as forças empregadas pelo poder para legitimar a representação atual das modalidades citadas, como práticas neutras que unem os povos e os diferentes, param guerras, retiram as crianças da rua, educam, socializam etc. Para o "aprofundamento" dos conhecimentos, as atividades de ensino poderão recorrer a materiais midiáticos (gravação de partidas e programas esportivos), jornais, livros, artigos científicos, histórias de vida, relatos, entre outros, e, por meio da análise dos discursos emitidos, destrinchar seus conteúdos objetivos e subjetivos.

O aprofundamento permite conhecer como funciona o poder, como ele configura secretamente as representações e como elabora as percepções que os homens e mulheres têm de si próprios e do mundo que os rodeia. Atuando nessa direção, o professor/professora estará também em processo de formação. Ao pesquisar o futevôlei, descobrirá que a sua origem está re-

---

[6] Para elucidar esse fenômeno, recomendam-se as seguintes obras: Bourdieu (1983 e 1996), Elias e Dunning (1992) e Bracht (2003b).

lacionada à proibição da prática do futebol nas praias fluminenses durante o governo militar. Investigar o processo de formação social dessa prática, seu contexto histórico e político e entendê-la como ação de resistência e transgressão, sem dúvida, concederá, tanto aos docentes quanto aos estudantes, informações pertinentes para a análise crítica dos processos de subordinação que marcam as relações de poder. Do mesmo modo, a ação didática pós-crítica permitirá aos alunos relacionar essa manifestação com outros movimentos culturais de transgressão, como o futebol de salão[7] ou o jiu-jítsu brasileiro, e aprender sobre as possibilidades de produção de novas práticas de resistência e afirmação.

A prática pedagógica pós-crítica sugere que as temáticas do currículo sejam confrontadas com as noções de poder que envolvem hegemonia, gênero, classe social, cultura e racismo. Assim, tão importante quanto a vivência corporal do tema em estudo, são a leitura e interpretação das relações sociais imbricadas nas práticas corporais com base nessas categorias. Em qualquer projeto que aborde o futebol, o samba, a capoeira ou o videogame, por exemplo, docentes e alunos terão em mãos, na verdade, um texto profícuo ao debate, haja vista a variedade de inter-relações com as conotações étnicas, de gênero, classe social e cultura que tais manifestações adquiriram em diferentes momentos históricos. Na opinião de McLaren (1995), a análise histórica pautada nesses marcadores sociais constitui-se em posicionamento didático. Afinal, conforme argumentam as análises pós-estruturalistas, nem o racismo, nem o preconceito de classe ou gênero são princípios fixos. Muito pelo contrário, configuram-se em fenômenos contraditórios cuja forma se modifica constantemente em razão das alterações de estruturas políticas e econômicas.

Não se deve esquecer que, no início do século XX, a participação de atletas negros ou mulheres em partidas de futebol era vetada. Sambar e participar de Escolas de Samba, até os anos 1960, era uma experiência restrita às classes populares e a determinadas comunidades. A capoeira era prática proibida até o início dos anos 1940 e, apenas recentemente, os adeptos dos jogos eletrônicos conseguiram romper com alguns dos preconceitos que os circundavam. Com a mercadorização desses "produtos", é visível, na atualidade, a hibridização das suas práticas: o futebol invadiu as várzeas e alcançou

---

[7] Não confundir com futsal.

os bairros mais humildes, tornando-se uma das poucas profissões capazes de promover uma ascensão social de forma lícita, tanto para homens quanto para as mulheres. As Escolas de Samba comercializam seus enredos, e seus barracões têm sido tomados por pessoas pertencentes a diversos grupos sociais. A capoeira invadiu as academias e clubes da elite, transformando-se em símbolo nacional e já é possível acompanhar torneios nacionais e internacionais de videogame, cujos praticantes são tratados como atletas profissionais.

As manifestações da cultura corporal foram produzidas em um contexto sócio-histórico-político específico com determinadas intenções, sentidos e significados, porém, com o passar do tempo, foram ressignificadas, sofrendo inúmeras transformações por causa de suas íntimas inter-relações com a macroestrutura social. Um currículo pós-crítico da Educação Física empreenderá a análise das razões que impulsionaram as modificações das práticas corporais eleitas para estudo naquele período letivo. Nessa operação, os fatores relativos às questões de etnia, classe social, cultura e gênero serão obrigatoriamente iluminados e, como tarefa didática, tanto o docente quanto os estudantes poderão exercitar a própria ressignificação da manifestação corporal, analisando-a e adaptando-a ao contexto sociocultural no qual se encontram. Essa experiência deverá também transformar-se em foco de leitura, interpretação à análise crítica pelo grupo. A ausência de atividades de ensino que desconstruam a teia de relações que caracterizam a manifestação corporal em dado contexto fará que os estudantes permaneçam vítimas das perspectivas exclusivamente alicerçadas no senso comum e que, normalmente, relacionam as práticas corporais às finalidades mercadológicas de consumo, estéticas ou, quando provêm dos meios populares, adjetivadas por discursos preconceituosos.

O currículo pós-crítico da Educação Física cumpre a função de expor as hipóteses ingênuas que normalmente permeiam as ressignificações sofridas por uma prática corporal qualquer. Se o que se pretende é formar cidadãos para uma sociedade menos desigual, como não debater as questões de gênero presentes na trajetória do futebol ou do vôlei? Ou as questões de classe e etnia presentes na trajetória do *hip hop* e do *rap*? Como não indagar as questões de classe, gênero, cultura e etnia incrustadas no percurso histórico das ginásticas? Kincheloe e Steinberg (1999) alertam que a carência de atividades de aprofundamento fará persistir a cegueira cultural que impede o reconhecimento das relações sociais do mundo vivencial.

Os mitos frequentemente divulgados a respeito da vida saudável por intermédio da atividade física, da amizade por meio dos jogos, da conquista da igualdade e dos benefícios da participação inclusiva lançam uma sombra sobre as relações de poder que sustentam o racismo, o sexismo e os preconceitos de classe institucionais e reproduzem a desigualdade nas mesmas aulas de Educação Física em que se prometem o respeito e o convívio salutar. Embora, nos últimos anos, muitos educadores e educadoras tenham empreendido esforços no sentido da transformação desse quadro, entristece o fato de que poucos efeitos práticos têm sido notados na diminuição da exclusão e opressão.

É na intervenção pedagógica pós-crítica que o diálogo entre as manifestações da cultura corporal e a sociedade se desvela. É aqui que a história de homens e mulheres oprimidos representa um papel relevante no desenvolvimento de uma posição multicultural crítica. As histórias das práticas corporais revelam tendências parecidas às histórias do racismo, sexismo e classismo. Ultimamente, a forma dominante de expressão passou dos "ismos" individuais que implicavam ações manifestadas entre grupos, a ações institucionais que adquirem formato de políticas públicas e empreitadas socioeconômicas que negam o acesso das populações marginalizadas a determinadas experiências culturais. O sexismo institucional, vale ressaltar, é particularmente enganoso. Sempre que se promovem políticas sexualmente neutras, na verdade, o que ocorre é um novo impacto discriminatório. Veja-se, por exemplo, os comentários sexistas que ganham espaço na mídia brasileira sempre que as árbitras de futebol, na opinião de ilustres comentaristas, cometem erros de interpretação. Nota-se que a política "neutra" de eleger mulheres para arbitrar os jogos de futebol tem, no limite, desencadeado novas ações discriminatórias contra a presença feminina no território futebolístico.

A prática pedagógica de um currículo pós-crítico dará visibilidade a tais mutações, sua gênese e seu desenvolvimento contextual. As revelações preparam o ambiente para a desconstrução dos significados implícitos em expressões, como mérito, educação de qualidade, discriminação inversa, escolas de periferia, alunos difíceis, crianças-problema e valores familiares. Quando o processo de construção dessas expressões vem à tona, é possível tomar consciência de que as pessoas são vistas por estereótipos e por sua relação com o poder e categoria social. Apple (2003) explica que a desigualdade não é um simples preconceito ou fenômeno cultural, outrossim, baseia-se na forma pela qual certos grupos se localizam econômica e politicamente na sociedade.

Kincheloe e Steinberg (1999) recomendam que se desenterrem os conhecimentos subordinados, pois a história da subordinação foi propositadamente enterrada ou disfarçada. Seus conflitos e opressões foram perdidos sob uma estrutura teórica dominante; erradicada por uma triunfante história de ideias ou, talvez, seus conhecimentos tenham sido desqualificados e considerados primitivos, por não estarem à altura das definições dominantes do que se reconhece como científico, correto ou benéfico. As manifestações corporais dos culturalmente diferentes coincidem com este último significado, já que a cultura dominante considerou seus produtos culturais como estranhos, curiosos, indignos de lógica, primitivos, exóticos e subalternos. Basta verificar que, entre a imensa quantidade de jogos de tabuleiro existentes, em sua grande maioria pertencentes às culturas subordinadas, é o xadrez, com sua origem aristocrata, que ocupa um lugar de destaque no currículo escolar. Também é comum a atribuição de significados pejorativos à farra do boi, rinha de galos, danças regionais ou certos jogos de cartas que se encontram entre as manifestações corporais cujas histórias de disputas sociais foram "enterradas". O currículo pós-crítico exorta a cultura dominante a interromper a supressão do papel do conflito na história e, para tanto, toma emprestado o termo "genealogia" de Nietzsche, desenvolvido por Foucault (1992), para descrever o processo de recordar e incorporar as memórias de conhecimentos subordinados, de conflito, e as dimensões de poder que revelam as lutas atuais.

Mediante a especificação da natureza dos conteúdos e significados excluídos, a prática pedagógica pós-crítica prepara os indivíduos para a luta estratégica entre o conhecimento subordinado e o conhecimento dominante. Esse é o princípio que rege o que Silva (2007) definiu como uma pedagogia da política e uma política da pedagogia. Se a insurreição dos conhecimentos subordinados já existe entre os oprimidos, não cabe aos intelectuais da cultura dominante a teorização sobre tais saberes visando convertê-los em existência curricular. Não será o professor de Educação Física o porta-voz que descreverá e relatará as práticas corporais dos subordinados, atribuindo-lhes, conforme lhe pareça, os seus significados para que os alunos os assimilem. Uma prática fundamentada em um entendimento da história do conhecimento subordinado começaria pela denúncia das formas pelas quais as escolas se estruturam em torno de determinados silêncios e omissões. Basta, para isso, observar a arquitetura escolar e constatar o silenciamento forçado de certas práticas corporais, pela ausência total de espaços e condições para o desenvolvimento de manifestações para além das conhecidas brincadeiras, danças e modalidades esportivas dominantes. Quais escolas tornam disponível mais que uma quadra ou pátio para as aulas? Quais adquirem outros artefatos além das bolas e redes? Como reagem os diversos sujeitos escolares quando o professor busca promover atividades de ensino na sala de aula, sala de vídeo, biblioteca, laboratório, sala de informática ou outros ambientes "menos convencionais"? Que empecilhos surgem quando o currículo quer contemplar bocha, jogo de damas, maculelê, lutas, danças indígenas ou de origem africana?

Na perspectiva pós-crítica, o corpo docente terá, por conseguinte, de estabelecer vínculos com as comunidades marginalizadas, a fim de incorporar o conhecimento subordinado, mas não com os elementos exitosos dessas comunidades tal como são definidos pela cultura dominante e, sim, com uma variedade de grupos e subgrupos que convivem no seu interior. A valorização dos saberes de representantes dos diversos grupos que habitam cada comunidade proporcionará ao currículo escolar uma diversidade de tradições, particularidades históricas, práticas sociais e culturas comunitárias, por vezes, desacreditadas pela escola.

Os educadores que atuam inspirados pelo valor dos conhecimentos subordinados reescrevem diariamente e durante as aulas uma nova prática pedagógica de cunho democrático. McLaren (1997) ensina que essa redação inovadora leva à inclusão dos conhecimentos das manifestações da cultura corporal dos grupos subordinados e a uma nova perspectiva dos olhares dos alunos sobre si próprios e sobre seu grupo, possibilitando uma prática em constante fluxo entre o local e o global, entre a comunidade e a globalização. Os educadores pós-críticos devem mediar o processo e fazer que os alunos percebam esse trânsito, hibridismos e mestiçagens, tornando-se, eles próprios, pesquisadores do cotidiano. Que percebam como ele é construído e assumam a responsabilidade pelos seus desejos e ações.

A investigação para a transformação é essencial à pedagogia pós-crítica e pode ser empregada para promover o debate entre uma variedade de grupos sobre os temas mais diversos. Quando se estuda o modo pelo qual os indivíduos e os grupos recebem o conhecimento e qual o conhecimento que está sendo veiculado, os participantes sentem-se envolvidos no processo de análise da sua própria aprendizagem social. Chega a ser infinita a diversidade de situações bem próximas aos alunos com as quais tais atividades podem ser desenvolvidas: o discurso dos "especialistas" do esporte ou da atividade física, a fala dos comentaristas esportivos, os depoimentos dos modelos e manequins sobre seus hábitos, as reportagens das revistas sobre alimentação saudável e estilos de vida, as biografias dos atletas e das personalidades do esporte, os filmes realizados para o grande circuito sobre aspectos relativos à cultura corporal (copas, atletas, olimpíadas etc.), tudo o que se vê ou ouve na televisão, nos jornais, nas rodas de conversa, nas histórias familiares e dos amigos, o que se faz nos momentos de lazer, as viagens, os passatempos e *hobbys* etc. A análise desses produtos culturais, mediante questões previamente elaboradas, observações *in loco,* gravações ou depoimentos, permitirá descobrir uma infinidade de preconceitos relacionados à classe social, dimensão corporal, hábitos de vida, religião, profissão, orientação sexual, aos níveis de habilidade motora etc., implícitos nas manifestações corporais.

Aqui, o que se põe em tela é o exame das ramificações e inter-relações sofridas pelas manifestações da cultura corporal com base na produção dominante do conhecimento. Se, por um lado, os paradigmas monológicos da modernidade afirmam que o conhecimento que emerge das crenças epistemológicas (táticas, dietas, desempenho físico, treinamento etc.) é universal, neutro e objetivo, por outro, uma indagação mais apurada provavelmente denunciará por qual prisma os produtos foram elaborados e de que forma atuam no sentido de justificar o *status quo*. Claro está que a epistemologia que os sustentam foi construída pelos poderes dominantes de uma sociedade que vê o mundo sob a ótica de uma posição estratégica vantajosa. Nessa perspectiva, os grupos marginalizados comumente são vistos como pertencentes a culturas que possuem valores "estranhos". Os modos elitistas de ver as coisas produzem um poder epistemológico que induz os indivíduos a acatar o critério moderno de julgar o que possui e o que não possui valor na experiência humana, consolidando identidades e diferenças. No entendimento de Apple (2003), o colonialismo epistemológico fez que os pertencentes aos grupos dominantes se vissem ao longo dos séculos como produtores e provedores da verdade. Graças à sua ciência e racionalidade, chegaram a sentir-se donos de soluções para todos os problemas mundanos e, às vezes, não mundanos. Como agentes da verdade, os representantes dos setores dominantes, do alto de suas posições, justificaram uma enorme variedade de crimes contra a humanidade, sobretudo contra aquela formada pelos grupos dominados (Kincheloe e Steinberg, 1999). São os efeitos do paradigma dominante de verdade única que o currículo pós-crítico quer analisar e sob essa análise fundamentar suas bases.

O currículo pós-crítico da Educação Física não tem a intenção de trocar o centralismo da cultura corporal dominante por um centralismo das culturas dominadas. Não se trata de uma política Robin Hood, como diria McLaren (2000), que tira dos ricos para dar aos pobres. O que se defende é que diversos temas relativos à cultura corporal subordinada sejam incluídos na agenda dos debates escolares, por terem sido ao longo dos séculos desdenhados ou tergiversados. Também se defende que a cultura corporal dominante seja analisada sob outros ângulos, isto é, tomando como base as crenças epistemológicas não dominantes. Essa análise não significa que tal patrimônio tenha um caráter demoníaco ou se constitua em artimanha arquitetada pela elite contra os desfavorecidos, ao estilo da Teoria da Conspiração. O que se pretende simplesmente é a atribuição de valor aos saberes subordinados sobre as manifestações culturais e uma cuidadosa investigação tanto dos aspectos que caracterizam as práticas corporais dominantes, quanto dos fatores que interferiram para consolidar seus privilégios. Em suma, o que se tenciona é elucidar as relações de poder intrínsecas ao patrimônio cultural corporal hegemônico. Para tanto, poder-se-á recorrer à etnografia, à hibridização discursiva, à análise dos discursos ou dos conteúdos que o caracterizam. Se forem aceitas as assertivas de Kincheloe e Steinberg (1999), ver-se-á que a análise discursiva dos processos sócio-histórico-políticos que configuraram a hierarquização das práticas corporais, bem como as crônicas subordinadas, convertem-se em valiosos recursos para a construção de um futuro melhor a indivíduos de diversos grupos, o que significa um futuro coletivo baseado nos princípios do comunitarismo, poder compartilhado e justiça social.

Nesse sentido, uma abordagem pós-crítica da temática "brincadeiras infantis" poderia começar com algumas vivências das práticas que constituem o patrimônio cultural corporal dos estudantes de uma turma em específico ou da escola. Mediante alguns conflitos quanto às diferentes interpretações que os alunos fazem acerca da brincadeira objeto de análise naquele momento, o professor poderia questionar o porquê das diferenças e se sempre foi assim. As diversas hipóteses relatadas nas respostas poderiam conduzir à elaboração de atividades de ensino pautadas em pesquisas acerca da brincadeira em outros tempos e lugares e promover relações entre as diferenças constatadas e a vida social no passado ou em locais distintos, as formas coletivas de moradia, trabalho e lazer e, quem sabe, proporcionar aos alunos, por meio da investigação, a análise do atual pensamento que atribui unicamente à infância o tempo adequado para os jogos e brincadeiras. Os alunos poderão descobrir que em outros contextos sócio-históricos os adultos participavam de brincadeiras, hoje vinculadas ao repertório da cultura infantil, e, assim, investigar o que e quando jogam ou brincam os adultos da sua comunidade e, finalmente, propor formas alternativas de lazer para essa população.

Um currículo pós-crítico, como se nota, além de valorizar as perspectivas marginais, busca novas formas de ver as coisas em uma variedade de espaços pedagógicos e promove o ativismo social. Parte do princípio de que a instituição escolar deve responder à sociedade e propor alternativas para uma vida comunitária mais solidária. Uma premissa básica é que a análise histórica do passado ou de outros contextos possa colaborar para a compreensão das transformações sociais ocorridas e alentar para a viabilidade da modificação do atual quadro social. Não se trata, portanto, de uma atividade desconectada com a temática de estudo, mas, sim, de tornar disponível aos alunos outra ferramenta para a análise das diferentes formas de brincar.

Um professor pós-crítico aprende mais pelo diálogo sobre a cultura subordinada dos jovens amantes do *rap* e de muitas outras vozes marginais do que por meio de textos estereotipados e dissimulados divulgados por sujeitos não pertencentes a essas culturas (Neira, 2007). Dessas vozes, adquirem o conhecimento necessário para iniciar um projeto educacional para os estudantes que, cotidianamente, exercem um poder de resistência. Exemplo disso é o esforço prazeroso dos grupos de voluntários da comunidade, que, tomando de empréstimo espaços públicos e privados, mantêm por meio de pedagogias populares seu patrimônio cultural corporal. Parafraseando Kincheloe e Steinberg (1999), esse conhecimento subordinado configura a base para a formação de agentes culturais que retiram do marasmo os sistemas econômicos, políticos e educativos comodamente instalados, apesar da indigna presença de desigualdades.

Um currículo pós-crítico não pode deixar passar despercebidas as representações atuais das práticas corporais da população com menor poder presentes nos meios de comunicação de massa, tampouco dos efeitos psicológicos que essas representações desencadeiam nos próprios oprimidos. Um fato digno de nota pode ser observado nos comentários e nas inúmeras repetições televisivas sobre as brigas de torcidas nos estádios de futebol. Comumente, determinados grupos, quase sempre oprimidos, terminam por ser responsabilizados pelos acontecimentos que geram atitudes favoráveis à majoração dos preços dos ingressos. Como decorrência, essas pessoas acabam excluídas cenário esportivo. Neira (2007) atribuiu a fenômenos como esse a expressão "contragolpe social".

As injustas realidades políticas e econômicas com as quais se deparam os jovens pertencentes aos estratos desprivilegiados das sociedades ocidentais na contemporaneidade não podem desvincular-se da violência, raiva e destruição que, normalmente, revertem sobre eles próprios. O mesmo poderá ser citado sobre as dançarinas que atuam como figurantes nos programas de auditório ou nos momentos que antecedem alguns espetáculos esportivos. Aqui, cabe questionar quais são as representações da dança e da condição da mulher veiculadas nessas situações. O currículo pós-crítico aborda a segurança e o futuro dos rapazes e moças pertencentes aos grupos subordinados e vitimados pelo contragolpe social, contribuindo para que os alunos desconstruam os preconceitos que, por vezes, acompanham suas interpretações com relação a esses grupos.

Após uma semana de exploração em subempregos, oportunidades de diversão e lazer inacessíveis financeira e geograficamente, dificuldades de transporte até o local do evento futebolístico, batidas policiais à chegada ou saída do estádio, seguidas de maus-tratos aos torcedores, qualquer explosão de conflitos nos quais o igual é transformado em adversário pode ser consequência de uma vida opressora em uma sociedade cuja posse de certos bens é ponto de comparação entre indivíduos e grupos. Investigando o tema, Lippi, Souza e Neira (2008) identificaram o desserviço prestado pela mídia ao discriminar os frequentadores dos campos de futebol que pertencem às camadas populares, objetivando angariar um número maior de telespectadores. Ao ampliar discursivamente a violência nos estádios, os meios de comunicação comercializam a transmissão dos jogos e produzem o "torcedor de poltrona".

No segundo caso, as jovens mulheres que, ao apresentar-se graciosa e de forma ritmada para que sua imagem seja consumida por aqueles que se encontram em momento de lazer, também são transformadas em vítimas do sistema e alvo da gula dos seus semelhantes. Eis o contragolpe social. A própria cultura hegemônica e voraz que tudo transforma em fetiche abre uma pequena fresta de esperança, para que os grupos marginalizados possam beneficiar-se com as migalhas que vêm do andar de cima. Contudo, a ausência das condições necessárias para superação das dificuldades iniciais impede que os sonhos prometidos se concretizem, desencadeando resultados indesejados aos olhares dos setores dominantes que terminam por culpar as vítimas, atribuindo seu "fracasso" à falta de esforço, civilidade ou a características essencialistas de identidade.

Em uma época em que os jovens pertencentes aos grupos oprimidos dispõem do dobro de probabilidades de terminar nas prisões ao invés de em uma instituição escolar, a sobrevivência se converte em uma questão importantíssima. Para Kincheloe e Steinberg (1999), um currículo que ensine a natureza do preconceito e proporcione uma visão ampla das relações sociais é muito mais valioso para os ameaçados filhos dos grupos socialmente alijados do que uma pedagogia da negação.

Quando um currículo pós-crítico da Educação Física analisa como os meios de comunicação contribuem para a degradação do corpo, das práticas corporais e dos sujeitos nelas envolvidos, todos rebaixados a objetos de compra e venda na sociedade de consumo e, simultaneamente, exalta as manifestações da cultura corporal popular que persistem aos ataques neoliberais, está a proporcionar não apenas experiências afirmativas para os estudantes pertencentes à cultura subordinada, mas a oportunidade de análise e desconstrução das situações nas quais foram posicionados por atos e discursos.

Essa prática pedagógica atua de modo a proporcionar condições para que crianças e jovens pertencentes a grupos minoritários conheçam sua história, filosofia e cultura. Na espiritualidade e comunitarismo expressados pela sua arte, música, dança e cultura (vivencial e de transmissão oral), a tradição africana, por exemplo, afirma a individualidade e coletividade. A capacidade de mulheres e homens negros para não cair no niilismo, apesar da sua desesperadora condição de escravizados, contribuiu para o brilhantismo de sua tradição diaspórica. Como parte de uma estratégia maior de transformação social, seu poder psicológico lhes permitiu enfrentar condições extremas de desigualdade e opressão (Kincheloe e Steinberg, 1999). O Brasil, inversamente ao que vigorou nas narrativas hegemônicas da cultura eurocêntrica que atribuíram ao povo africano uma condição malemolente e submissa, assistiu a inúmeros movimentos de resistência, como a formação de quilombos em várias regiões do País, revoltas como a dos Malês na Bahia e da Chibata no Rio de Janeiro, a criação de uma imprensa negra em São Paulo – responsável pela edição e circulação de jornais como o *Xauter*, o *Bandeirante*, o *Menelik*, o *Alfinete*, o *Tamoio* e outros mais –, a criação de uma importante entidade de luta, a Frente Negra, além das resistências religiosas como as irmandades, o candomblé e a umbanda e uma infinidade de danças e jogos.

Nesse sentido, um currículo pós-crítico da Educação Física que tematize os artefatos culturais corporais afro-brasileiros estabelecerá conexões entre as esferas acadêmica e a vida cotidiana dos afrodescendentes pela via da sua produção cultural. Valendo-se da experiência coletiva na vida e nas práticas corporais dessa população, esse currículo estimula tanto os estudantes negros como seus colegas de outras etnias a analisar suas experiências de uma perspectiva diferente.

Não resta dúvida de que a utilização das manifestações corporais afro-brasileiras no currículo da Educação Física estimulará os professores a abordar também suas dimensões estéticas, convertendo os elementos da vida cotidiana em objetos estéticos de percepção. Por essa via, as expressões corporais, a música e a dança podem ser visualizadas de um marco ético, político e étnico.

Qualquer pessoa que conheça a cidade de Salvador na Bahia identificará em seu povo, em cada rua ou esquina, fortes e marcantes traços da estética negra. Uma caminhada pelas suas ruas fará o observador atento mergulhar na dança, no ritmo, na batida, no jogo e na luta. A transmissão desse patrimônio não se dá em salas de aula por meio da pedagogia formal. Tudo acontece nas praças e largos. Ali, em meio ao cheiro e ao barulho da cidade, o povo aprende a dançar timbalada, axé, afoxé e a jogar capoeira. Alguns artistas/jogadores/bailarinos misturam a dança com a luta, criando e recriando passos e golpes. A capoeira, com a flexibilidade do improviso e a resistência aos métodos de ensino e treinamento da ciência positivista, não é só uma manifestação lúdica, é também uma forma de ler, interpretar e enfrentar o mundo. O capoeirista, pelo gingado, atua individual e harmoniosamente com seu adversário/companheiro de jogo e aprendizagem, ambos embalados pela música. A individualidade cataliza a tensão criativa do grupo que canta e batuca mais forte, estimulando-o a realizar movimentos novos, jamais imaginados. Qualquer um pode jogar/dançar/lutar capoeira ao seu modo. É produção e produto coletivo com conotações e aspectos individuais.

O currículo pós-crítico deve aprender com o capoeirista. Quando a "metáfora da capoeira"[8] se introduz como preocupação metodológica, os estudantes e professores se inserem no modo capoeira de ver e ser. Como metáfora, a capoeira inspira a pedagogia pós-crítica no desenvolvimento da ação didática e nas estratégias de pesquisa. Da mesma forma que o bom capoeirista se antecipa ao adversário e, prevendo seus golpes, o surpreende, os professores conseguem avançar sobre antigas crenças e trabalhar temas e conteúdos baseados nas respostas dos estudantes fundadas em suas experiências. Ao contrário das propostas conservadoras ou assimilacionistas, o educador pós-crítico compreende que não é suficiente para a busca da afirmação identitária fazer que os estudantes simplesmente aprendam os conhecimentos acadêmicos programados meticulosamente. O curriculista comprometido une-se à dor e ao sofrimento do povo, estimulando crianças e jovens a identificar e encontrar sentido nas próprias vivências. Quando compreendem os motivos da sua condição subalternizada, os estudantes

---

[8] Conceito inspirado nas alusões que Kincheloe Steinberg (1999) fizeram com relação ao *jazz* estadunidense.

oprimidos sentem-se revigorados no seu empenho por expressar seus conhecimentos de uma forma cada vez mais criativa.

Um ponto em comum na maior parte das manifestações da cultura corporal dos grupos oprimidos reside na sua capacidade para construir campos de interesse associados a dinâmicas afetivas como o desejo e a raiva. A pedagogia pós-crítica procura conhecer o procedimento que essas expressões da cultura popular utilizam para construir os caminhos de aproximação. O professor de Educação Física deve conhecer as histórias das práticas corporais populares, transformando-as em temas e conteúdos a serem abordados em muitos momentos e de múltiplas formas.

Infelizmente existem educadores que negam a cultura popular e, consequentemente, sua importância cultural e pedagógica; esses profissionais da docência são quase sempre os que manifestam pouca identificação visceral com a dor e a falta de esperança que se apossam das crianças e jovens pertencentes às parcelas mais humildes da sociedade e se identificam com a lógica da superação e da vitória anunciada pelo discurso neoliberal. Essas premissas não pretendem negar o aluno bem-sucedido, mas abrir espaços para a construção da tomada de posição para uma prática de transformação, embora ela sozinha não garanta sucesso na empreitada pedagógica.

Vale ressaltar que o papel desempenhado por uma prática escolar amparada na metáfora da capoeira desencadeará outra visão de mundo, fundada na imaginação pedagógica e no compromisso social com a democracia e a justiça, pressupostos na elaboração de um currículo em sincronia com os novos e perigosos tempos vividos pela sociedade contemporânea.

OS CONTEÚDOS DE ENSINO NA PERSPECTIVA PÓS-CRÍTICA

A escrita-currículo aqui vislumbrada amplia as possibilidades da didática moderna. A "metáfora da capoeira" abre portas para uma pedagogia nunca imaginada, sempre em construção. Tomada como forma de planejar as aulas, a "metáfora da capoeira" faz do planejamento um espaço participativo e imanente. Não há processo prescritivo. O que existe é um constante borramento de fronteiras das pedagogias engessadas por métodos preconcebidos em condições controladas.

A "escrita-currículo" e a "metáfora da capoeira" impossibilitam qualquer referência à inerência ou naturalidade do processo educativo. Uma condição naturalizada fará que a prática pedagógica se apresente de maneira inescapável, ou seja, "é assim e assim deve ser feito". Como se viu, a educação tem uma história, processos de rupturas e descontinuidades. A história mostra que os sentidos atribuídos à educação diversificaram-se ao longo dos tempos. Conceitos como escola, ensino, currículo, classe, disciplina e conteúdo são construções sociais e, como tal, são práticas de significação. Chegar a uma conclusão do que venha a ser qualquer um dos conceitos citados passa por um conflituoso processo de posicionamentos e definições que refletem os diversos enfoques, perspectivas e abordagens que compõem a prática pedagógica. Entre eles, é interessante constatar as controvérsias envolvidas com relação aos "conteúdos de ensino". Afinal, tudo o que envolve a sua definição denuncia uma visão de aluno, de cultura e a própria função social da escola.

A definição dos conteúdos de ensino da educação e, particularmente, da Educação Física, vive uma constante transição. O que outrora foi considerado conteúdo legítimo e necessário para ser ensinado e compor a formação dos sujeitos da educação, em outros momentos foi contestado e retirado do currículo. O conteúdo suprimido torna-se desnecessário, esquecido e é sobreposto por outro. O exercício do tiro, por exemplo, fez parte das aulas de Educação Física no currículo ginástico. Em tempos de guerras e revoltas, da aplicação dos métodos ginásticos e da influência das concepções militaristas na educação, sem dúvida, tal conteúdo foi considerado adequado à formação dos valores da época. Em tempos mais recentes, o exercício do tiro tornou-se obsoleto e toda carga valorativa recaiu sobre os fundamentos esportivos. O mesmo se pode dizer da substituição das técnicas esportivas pelos jogos e assim sucessivamente.

Seguindo o movimento de ruptura e continuidade, a definição do que vai ser ensinado e supostamente aprendido não envolve uma simples escolha baseada unicamente nos aspectos psicológicos do educando (níveis de desenvolvimento já alcançados) ou pedagógicos (quais as estratégias mais adequadas para se promover a aprendizagem). A decisão, conforme Gimeno Sacristán (2000), implica abordar, discutir e refletir a respeito de todas as determinações que recaem sobre a escola em geral e o currículo em específico.

Via de regra, os conteúdos de ensino são concebidos como conhecimentos retirados da cultura acadêmica, distribuídos em disciplinas e transpostos de modo didático para a assimilação dos estudantes. Mas como isso ocorre? Existem aqueles que detêm o poder de selecionar o que será ensinado (órgãos centrais, materiais didáticos, agentes externos ou professores, conforme o caso) e determinar o que se espera que os alunos aprendam. Por conta disso, o autor pontua graus diferenciados entre essas intenções e "os conteúdos reais implícitos nos resultados que os alunos obtêm" (p. 150). Essa afirmativa encontra eco na pedagogia crítica, cujos conteúdos de ensino, salienta Apple (1999), divulgam aspectos preconceituosos acerca das minorias silenciadas ou ausentes do currículo e contribuem para a manutenção da hegemonia dos grupos empoderados.

O ensino vai além da transmissão de certos conhecimentos e sua assimilação por meio da aprendizagem. O ensino não apenas informa ou produz coisas para serem comparadas, analisadas ou contempladas. O ensino produz efeitos com base naquilo que foi ensinado. Se cultura é produção de significados e currículo é entendido como prática de significação, a questão central é o que os alunos fazem e produzem com os conteúdos que lhes são transmitidos? Mais que isso, é preciso verificar também o que os conteúdos de ensino fazem às pessoas.

A ideia de transmissão do saber acadêmico é ampliada para concepções mais imprecisas e difusas. Acompanhando o pensamento de Bernstein (1998), o conteúdo de ensino é tudo aquilo que ocupa o tempo escolar. São todas as aprendizagens e os efeitos que derivam das atividades vivenciadas no âmbito da escola. Não há dúvida de que o aceite dessa posição direcionará a uma função social escolar mais totalizante. Como citado anteriormente, uma escola que prepara para o exercício da cidadania difere daquela que prepara para o mercado de trabalho. Em ambas, o significado academicista de conteúdo de ensino não dá conta das questões da escola de hoje. Além disso, o fluxo do saber e a explosão de novos conhecimentos e novas tecnologias implicam a renovação do conhecimento adquirido, obrigando os professores à busca por novos elementos que possibilitem aos alunos relacionarem campos do conhecimento separados e distintos, a fim de aproximá-los de novas interpretações acerca da realidade que os constitui. Relacionar a aprendizagem com outras esferas sociais requer fomentar nos estudantes rituais, práticas, desejos, valores e comportamentos que transcendam o espaço escolar para uma atuação concreta na sociedade. Vale ressaltar que a projeção esperada ocorre inicialmente no trânsito da sala de aula.

Por estar diretamente relacionado ao contexto de atuação dos alunos e das alunas, cabe ao coletivo docente a seleção, a organização, a distribuição, a sistematização dos conteúdos de ensino, bem como a avaliação dos "efeitos" desses conteúdos sobre os discentes. A escolha não é arbitrária tampouco fica à mercê do interesse do grupo. A decisão do conteúdo a ser ensinado em dado período letivo deve ser permeada pela leitura e interpretação da realidade, dos elementos que constituem a sociedade e promover articulações nos diferentes níveis de discussão.

Nessa perspectiva, certamente surgirão dificuldades dado que os conteúdos do ensino não se encontram obrigatoriamente atrelados às áreas ou disciplinas mais tradicionais e, geralmente, a formação docente insiste na transmissão de conteúdos aos futuros professores que, por sua vez, deverão ensiná-los aos seus alunos. Tem-se, portanto, uma visão de cultura como produto, de forma estática. Na lógica da transmissão e assimilação, ao futuro professor basta dominar um rol de conhecimentos eleitos, certas técnicas de controle, ser capaz de identificar os estágios de aprendizagem e executar estratégias adequadas para que os discentes aprendam o desejado. A ênfase nos conteúdos academicistas que permeiam a formação de professores reproduz a crença de que sua assimilação potencializará os sujeitos da educação para a compreensão do real. Essa é a lógica da concepção universal de conhecimento carregada pelo enfoque disciplinar. Afinal, as disciplinas foram pensadas com esse fim. Há de se destacar também que o processo democrático de tomada de decisões está ausente da formação inicial.

A experiência da aprendizagem em si é o que configura os conteúdos do ensino. O coletivo docente deve cuidar para a integração da própria cultura experiencial e da cultura dos alunos, com as vivências nas aulas e os conhecimentos que se pretende ensinar. É no bojo dessa triangulação que se dá a produção de novos sentidos para a prática educativa e para a vida. É aqui que o currículo se torna prática de significação. Assim sendo, não existem degraus que organizem os conteúdos no currículo. Qualquer assunto, desde que se considere a articulação supracitada, pode configurar em qualquer etapa, nível ou ciclo de ensino. Ou seja, não existe um determinante para que o ensino das brincadeiras fique restrito às mais tenras idades, ou que a temática da relação entre ginástica e saúde seja alocada no Ensino Médio, como costumeiramente se observa. Do mesmo modo, não há razões para que se façam distinções hierárquicas, como bem mostrou Sousa Santos, entre os saberes acadêmicos[9] e os saberes populares. Um conteúdo de ensino é legítimo e valioso quando emana de uma sociedade, a qual serve e por ela é legitimado. Significa que todo e qualquer conhecimento pode ser denominado "oficial". Além disso, a centralidade dos saberes do corpo docente e discente não pode ser vista apenas como percepção sincrética do mundo, fato que lhes atribui uma visão ingênua do real. É necessário superar aquela visão de escola cujo objetivo final é o domínio ou o acesso à cultura científica ou universal, ou seja, a instância em que os saberes tidos como simples seriam substituídos por saberes mais elaborados. Em tal circunstância, é improvável que se pensem os saberes presentes no currículo de forma relacional. Como resultado, o que se vê é o privilégio dos saberes da cultura hegemônica em detrimento daqueles que provêm da cultura de pertencimento dos alunos e professores. Basta a lembrança do caráter deslizante da linguagem, para que qualquer ação que hierarquize um conhecimento em detrimento de outro seja contestada.

A SELEÇÃO DAS MANIFESTAÇÕES CORPORAIS A SEREM TEMATIZADAS NO CURRÍCULO

O currículo pós-crítico da Educação Física traz para o interior da cultura escolar as diversas produções sistematizadas nas mais variadas formas de expressão corporal, o que realça seu foco na diversidade. Cada uma das manifestações possibilita um trabalho pedagógico que, ao serem tematizadas pelas atividades de ensino, proporcionarão um processo permanente de reflexão acerca dos problemas sociais que as envolvem ou envolveram no seu contínuo processo de construção e o modo como são representadas pelos outros grupos sociais.

Mas, afinal, o que significa tematizar? Seguindo o raciocínio de Freire (1980) e Corazza (2003), tematizar significa abordar algumas das infinitas

---

[9] Tradicionalmente, os saberes acadêmicos privilegiados como conteúdos de ensino no campo da Educação Física dependem das suas abordagens pedagógicas. Em resumo, destacam-se as técnicas esportivas, os padrões de movimento, os conceitos alusivos à promoção da saúde, entre outros.

possibilidades que podem emergir das leituras e interpretações da prática social de dada manifestação. Tematizar implica procurar o maior compromisso possível do objeto de estudo em uma realidade de fato, social, cultural e política. O que se pretende com a tematização é uma compreensão profunda da realidade em foco e o desenvolvimento da capacidade crítica dos alunos como sujeitos de conhecimento, desafiados pelo objeto a ser conhecido.

No currículo pós-crítico da Educação Física, os conteúdos a serem aprendidos (conhecimentos relacionados à manifestação corporal como objeto de estudo) emergirão da problematização apresentada pelas atividades de ensino, desde que se leve em conta o esforço do grupo para sanar as dúvidas que possam surgir diante de um fenômeno ainda não compreendido. Aqui se está a afirmar uma concepção metodológica dialética nos mesmos moldes da pedagogia freireana. Se em um primeiro momento, o conhecimento social se mostra sincrético, disperso e confuso, é a problematização que fomentará análises cada vez mais profundas e permitirá a construção de sínteses pessoais e coletivas.

A leitura da manifestação ginástica poderá fazer emergir temáticas como feminilização, competições, academias de ginástica etc. Nada impede que, com base nas questões do grupo, o professor articule uma temática à outra. Assim, a temática ginástica de academia poderá frutificar em novos temas, como musculação e anabolizantes, ginástica e estética, mundo *fitness,* entre outros. Já no caso da leitura da manifestação futebol, poderá abordar temáticas, como mercado de trabalho, treinamento, marketing, variações do futebol, o futebol em outros países, brinquedos que abordam o futebol etc. Talvez a tematização dos brinquedos do futebol leve os alunos a discutir o videogame e, mais adiante, os ciberatletas ou os equipamentos de alta tecnologia que invadem a modalidade. Tematizar, portanto, implica destrinchar, analisar, abordar inúmeros conteúdos que, por meio de uma etnografia rigorosa, permitirão compreender melhor não só a manifestação em si, como também aqueles que a produziram e reproduziram.

Essa postura colide frontalmente com o relativismo. O fato é que pensar de forma relativista pode gerar perturbações à certeza de que a escolarização deve alcançar uma meta definida e imprescindível. No pensamento pós-crítico é impraticável qualquer concepção que compreenda as culturas como algo fechado que não entram em contato umas com as outras, como advoga o relativismo. Aliás, ratificando o que anuncia Hall (2003), relativismo não é oposição a universalismo, tal como sugerem os Parâmetros Curriculares Nacionais (Brasil, 1997). Universal é o oposto de particular. Hall explica que as culturas particulares se estabelecem por um sistema diferencial. A negociação e participação de qualquer reivindicação de uma cultura particular implicam na aceitação do sistema de diferenças.

A partir daí, os critérios de seleção das manifestações corporais que serão abordadas no currículo pós-crítico da Educação Física, sua distribuição e a elaboração das atividades de ensino, deverão atender a alguns princípios básicos, visando proporcionar a aprendizagem dos conteúdos que contribuam para a construção de uma sociedade mais democrática e equitativa. São eles: "Reconhecer nossas identidades culturais"; proporcionar a "justiça curricular", tanto na distribuição das temáticas de estudo tomando como referência os grupos culturais onde se originaram quanto a possibilidade de se fazer justiça no transcorrer das aulas; atentar ao processo de "descolonização do currículo", para que outras práticas culturais possam ocupar, mesmo que temporariamente, a condição hegemônica; evitar o "daltonismo cultural", tendo em vista o entendimento de que as diferenças entre grupos e pessoas são culturalmente construídas e a "ancoragem social dos conteúdos", isto é, contextualizar as práticas corporais no seu espaço/tempo de produção e reprodução, identificando os modos como são afirmadas ou silenciadas.

Candau (2008) aponta a relevância de proporcionar aos alunos espaços para que percebam a construção da própria identidade cultural, relacionando-a com seus processos socioculturais constituintes e com a história do país. A autora enfatiza a posse de uma visão homogeneizadora e estereotipada pelos próprios sujeitos. Por conta disso, a escola deve promover o entendimento dos enraizamentos culturais, bem como dos processos de negação e silenciamento de determinados pertencimentos culturais, a fim de reconhecê-los e trabalhá-los no âmbito curricular. Somente assim, acredita, é possível valorizar as diferentes características das "raízes" culturais das famílias de cada um, do próprio contexto de vida, do bairro etc.

Para colocar esse projeto em ação, é fundamental que algumas das manifestações culturais tematizadas durante as aulas se relacionem aos grupos de origem e pertencimento cultural dos alunos, pois a passageira apreciação desse patrimônio "a distância" também caracteriza certo aspecto identitário. Todavia, torna-se relevante enfatizar que não se trata de marcar fronteiras, a fim de garantir a pureza da cultura de origem ou dos modos de identificação com os quais as manifestações interpelam seus sujeitos. O que se está a afirmar é uma investigação que possibilite o reconhecimento dos modos discursivos que atravessam as "raízes" e a forma com a qual são mencionadas.

A justiça curricular, por sua vez, é concebida em semelhança à justiça social. Ou seja, é fundamental atentar ao modo como o currículo privilegia certos conhecimentos, certas identidades, certas vozes e certos discursos em detrimento de outros e atuar no sentido de modificar as condições de minimização e desqualificação das práticas corporais ou temáticas pertencentes aos grupos não hegemônicos. Além disso, o referido princípio age na efetivação da justiça no ato da vivência curricular. Com base no alerta de Connell (1993) acerca da sua importância, é possível inferir que uma distribuição equilibrada das diversas manifestações da cultura corporal baseada no seu grupo social de origem prestigiará, pela valorização daquele patrimônio cultural corporal tradicionalmente excluído, a pluralidade dos grupos presentes na escola e na sociedade. Ao focalizar a manifestação cultural "brincadeiras", por exemplo, o professor poderá atentar para uma distribuição curricular equilibrada entre aquelas costumeiramente presentes nos universos vivenciais masculinos e femininos, brincadeiras pertencentes às diversas etnias, subculturas etc. Ao estudar as ginásticas, o docente poderá garantir uma adequada distribuição entre atividades que solicitam valências físicas, como força, flexibilidade e resistência, ou investigar práticas ginásticas pertencentes a grupos diferentes, como as culturas profissionais, orientais ou dos idosos. No trabalho com os esportes, deverá equilibrar a vivência daqueles praticados com as mãos e com os pés ou aqueles mais próximos e mais distantes dos alunos. No tocante às danças, as atividades de ensino deverão tematizar as urbanas e rurais, as atuais e tradicionais, as folclóricas e ressignificadas e assim por diante. Pela atenta seleção, diria Torres Santomé (1998), poder-se-ão valorizar no currículo diversos saberes culturais e, em razão disso, possibilitar aos alunos o entendimento da heterogeneidade social mediante a democratização das políticas de identidade e a valorização da diversidade da cultura corporal.

Como está sendo proposto, a justiça curricular aponta para um aspecto primordial do processo de escolarização, a fim da construção de sociedades democráticas. Deve-se priorizar o questionamento quanto à forma pela qual são construídas as representações acerca do Outro, do diferente. As relações na sociedade e, por conseguinte, na sala de aula, são repletas de ambiguidades e conflitos. Muitas vezes, o trabalho com o diferente tem sido abordado na perspectiva da tolerância, adotada como caminho de superação das dificuldades de relacionamento entre as pessoas. Em geral, o resultado, apesar das boas intenções, tem sido a formação do dominante tolerante e do diferente submisso, que muitas vezes se vê diante da imposição da aceitação da benevolência por parte daquele que já é valorizado pela sociedade. Outro modo para lidar com a diferença tem sido a apreciação de costumes e modos de ser de grupos culturais de maneira folclórica (Canen e Oliveira, 2002) e turística (Torres Santomé, 1998). Ocasião em que o diferente e suas características são incorporados ao currículo por meio de festejos escolares ou vivências de suas manifestações, desprovidos de uma análise das relações que os tornaram diferentes por imposição dos grupos dominantes no emaranhado das relações de poder que marcam as práticas sociais. É crucial que os alunos reconheçam que, na composição das suas identidades, misturam aspectos que podem ser alvo de discriminação e opressão com aqueles que levam a atitudes dominantes e opressoras.

Para superar essas questões, ao trabalhar com uma dança folclórica, jogos de cartas, tabuleiro ou brincadeiras regionais, os alunos devem, por meio da investigação etnográfica mediada pelo professor, trazer à tona os elementos que identifiquem as raízes culturais dos grupos nos quais as manifestações ocorrem. A fim de alcançar a meta, é preciso ter garantido um espaço para que alguns alunos descrevam o modo como tiveram acesso, aprenderam e vivenciam os conhecimentos relativos à manifestação investigada, a forma com que é transmitida no seu grupo de origem, quem a pratica, como são as pessoas, os locais ou os eventos, o linguajar, as vestimentas, o grau de importância para o grupo, os sentimentos de seus participantes em relação à presença de representantes de outros grupos etc. Assim, os alunos ver-se-ão reconhecidos como legítimos representantes desses grupos, valorizarão as raízes que os identificam como grupos culturais e compreenderão as razões da construção do processo de rejeição aos diferentes. Para tanto, é importante também que a ação didática privilegie as diversas formas da comunicação humana, como a oral, a gráfica, a corporal, a pictórica e a musical.

Como mediador do processo de construção de sociedades democráticas e valorização do espaço público, o educador deve enfrentar o desafio da pedagogia do dissenso (McLaren, 2000). Ao invés de romantizá-los ou silenciá-los coercitivamente, entende-se que os conflitos presentes nas aulas se expressam também em diferentes espaços sociais e são decorrentes da dificuldade de relações que o processo de reconhecimento das identidades culturais promove, o que os tornam importantes para a aprendizagem do reconhecimento mútuo. É necessário promover debates para a construção coletiva em que os alunos possam ser capazes de analisar os diversos sentimentos e impressões pessoais presentes nos momentos de divergência. O professor deve ajudar os alunos a reconhecerem vestígios de preconceitos referentes às questões de gênero que envolvem classe social, raça, orientação sexual, habilidade motora, local de origem ou moradia, subculturas etc., com a ajuda de conceitos mais elaborados da Sociologia, da Filosofia, da História, da Semiótica etc. De início, como em qualquer atividade inédita, o estudante apresentará dificuldades (o docente também) em aceitar essa situação, reagindo agressivamente à proposta, atribuindo ao professor o papel de "juiz" e classificando-a como perda de tempo em detrimento de uma vivência prática, para, de maneira sistemática, tornar-se elemento preponderante para a ação crítica. Para encaminhar as discussões, algumas questões que orientam o processo podem ser apresentadas aos alunos, tais como: Quem incluímos em nossos grupos? Como caracterizamos as pessoas que não fazem parte das nossas relações? Por que não aceitamos a opiniões de alguns e valorizamos as de outros? Por que rejeitamos a presença de alguns? Essas questões se modificam conforme a manifestação tematizada, pois, em determinados momentos e conforme o tema, alguns são aceitos, mas, em outras circunstâncias, os preconceitos e resistências transparecem. Veja-se, por exemplo, como, por ocasião de trabalhos em grupo, alguns são convidados e outros não.

Outro princípio recomendado diz respeito à descolonização do currículo. Trata-se de uma postura político-pedagógica sugerida por Silva (1995), quando defende que os conteúdos que compõem o currículo sejam permeados com as manifestações culturais dos grupos historicamente ausentes no cenário escolar. A trajetória da educação e da Educação Física reforçou os valores da cultura eurocêntrica mediante a apresentação e afirmação dos saberes que as constituíram. É visível a ênfase em obras literárias, teorias, cientistas, filósofos, artistas e manifestações culturais que divulgam a identidade cultural dos povos colonizadores, afirmando sua superioridade, em detrimento dos povos colonizados, cujas narrativas submetem o Outro cultural à condição de inferior, bárbaro ou primitivo. Um currículo descolonizado destaca não só os conhecimentos e as práticas sociais dos grupos dominados, em especial, indígenas, negros e povos da América Latina, como também suas histórias de luta. Valoriza e reconhece a diversidade identitária da população e proporciona o ambiente necessário para que as narrativas de todos os povos sejam efetuadas com base na própria cultura, de forma a relatar suas condições de opressão, resistência e superação.

Ao articular a descolonização e a justiça, o currículo tratará com a mesma dignidade tanto as experiências relacionadas ao futebol, handebol e basquete (práticas corporais euro-estadunidenses, brancas, masculinas e oriundas da elite econômica) como as provenientes de outros povos e segmentos sociais: peteca, *skate*, *street ball,* capoeira, maculelê, batuque de umbigada, ioga, jogos de cartas ou eletrônicos, *le parkour*, *tangran*, dama, *ma-me-maqui*[10], jiu-jítsu, vale-tudo, determinadas brincadeiras populares e uma infinidade de manifestações culturais que caracterizam os grupos sociais que frequentam a escola, possibilitando aos alunos o questionamento de algumas experiências corporais divulgadas como as únicas válidas para a aprendizagem social.

Na eleição das manifestações corporais que serão priorizadas pelas ações educativas, o coletivo docente deverá cuidar para não incorrer um daltonismo cultural. Stoer e Cortesão (1999) destacam tal preocupação com a intenção de evitar-se a homogeneização ou uniformização da diversidade cultural apresentada pelos alunos e alunas, bem como, dos resultados das aprendizagens. Muitas vezes, a intervenção pedagógica, ao amparar-se em uma ideia distorcida de igualdade, tende a tratar todos da mesma forma, com o objetivo de alcançar resultados semelhantes. Com esse propósito, frequentemente, são legitimadas apenas as práticas corporais pertencentes a uma cultura dominante no mesmo formato da sua ocorrência no ambiente extraescolar, cabendo aos alunos adaptarem-se para que possam participar. É o caso, por exemplo, de

---

[10] Jogo tradicional da cultura nipônica, que representa a mudança de estação.

reproduzir nas aulas de Educação Física escolar os procedimentos característicos das escolinhas de esporte das diversas modalidades ou das aulas de dança, capoeira e ginástica, tal qual os clubes, centros esportivos e academias. Como resultado, tem-se o privilégio atribuído àqueles que dispõem de condições culturais anteriores correspondentes a essas práticas, decorrendo na exclusão dos demais, ampliando as diferenças. Por outro lado, a desconsideração da existência de práticas corporais não hegemônicas transformará seus representantes em figuras estereotipadas ou exóticas. Outro reflexo dessa postura daltônica pode ser identificado quando os docentes aguardam desempenhos semelhantes por parte da coletividade discente ou assumem como referência para avaliação o grau de proximidade com um ideal objetivado.

Para evitar o daltonismo cultural e suas consequências, o professor poderá, por exemplo, após a vivência corporal em íntima consonância com o entendimento que os alunos possuem sobre a prática corporal tematizada, promover coletivamente situações didáticas, como debates, *blogs*, redações, análises de imagens e mídias etc., visando reconhecer as leituras e interpretações dos alunos acerca da manifestação objeto de estudo, estimular, ouvir e discutir todos os posicionamentos com relação a ela, apresentar sugestões, oferecer novos conhecimentos oriundos de pesquisas nas diversas fontes de informação sobre o assunto e reconstruí-la corporalmente, com a intenção de elevar os diferentes grupos à condição de sujeitos da transformação e construção da manifestação em foco. Após vivenciarem a prática corporal no seu formato conhecido, os estudantes poderão transformá-la, tencionando adequá-la às características do grupo – quantidade de participantes, diferentes funções que assumirão, presença ou não de alunos com dificuldades de locomoção ou adaptativas, atenção às diferenças individuais, respeito pelos limites pessoais etc.

Por último, mas não menos importante, outro princípio básico para construção e desenvolvimento do currículo pós-crítico da Educação Física trata da ancoragem social dos conteúdos. Nos dizeres de Grant e Wieczorek (2000), isso significa tomar como objeto de estudo e ponto de partida a "prática social" das manifestações da cultura corporal, para, a partir daí, proferir uma séria e compromissada análise sócio-histórica e política das práticas corporais que serão tematizadas.

Espera-se, com essa postura, que os alunos compreendam e se posicionem criticamente com relação ao contexto social, histórico e político de produção e reprodução das práticas culturais, ou seja, devem interpelar as próprias experiências corporais e conhecimentos ao seu respeito obtidos na cultura paralela à escola por meio das vivências pessoais ou pelos conhecimentos veiculados na sociedade. A condução de atividades de ensino pautadas por esse princípio permitirá desconstruir as representações provocadas pela disseminação de informações distorcidas ou fantasiosas pela mídia ou por outras formas de comunicação e reconhecer ou adquirir uma nova visão sobre os saberes corporais disponíveis e socialmente valorizados ou marginalizados. Para a satisfação desse princípio é fundamental que a professora ou o professor faça por si e proporcione aos alunos uma genealogia arqueológica[11] das manifestações da cultura corporal investigadas.

Caso sejam atendidos esses princípios, os docentes poderão propor um leque de oportunidades "diferentes", proporcionando a participação equitativa das múltiplas identidades, aspecto central de uma escola comprometida com a apropriação crítica da cultura corporal por parte de todos os seus frequentadores. O que se quer, mediante a ancoragem social dos conteúdos, é empreender a possibilidade de diálogo entre culturas, de convivência e partilha coletiva com o diferente, rompendo com a ideia de que existam culturas particulares autênticas.

O discurso da presença da diferença exige, como coloca Bhabha (1998), não apenas a mudança de conteúdos e símbolos culturais, mas a rearticulação dos signos nos quais se inscrevem as identidades sociais. Identidades híbridas como alternativa aos projetos totalizantes e universais. A partir daí, o currículo passa a ser a escrita de novas possibilidades. Não basta desvelar, escancarar, desfetichizar. É preciso criar novos fetiches, novas formas de fazer, de modo coletivo, democrático e participativo. Essa é a possibilidade da transformação.

---

[11] O filósofo alemão Nietzsche referia-se à genealogia como sua forma de estudo: analisar a evolução dos conceitos morais, suas origens e os modos como eles evoluíram. A Arqueologia é o termo utilizado por Foucault (1981) na obra *As palavras e as coisas*. Nela, o autor desenvolve um método próprio de investigação e análise exaustiva dos documentos de época que procuram as regras do pensamento e as suas limitações. Para o filósofo francês, cada momento histórico produz o seu conjunto de verdades e falsidades que se materializam nos discursos e nas relações sociais. Aquele que fala é quem determina o que é. A proposta citada forneceria aos envolvidos a possibilidade da análise dos contextos de pensamento e do conjunto de verdades que validam ou negam as manifestações culturais.

Considerações

Enfim,

O que é Educação Física? O que é currículo? O que é cultura?

Volta e meia, essas questões assolam qualquer docente. Ao tamanho da dúvida corresponde a ânsia por respostas inequívocas. Se o leitor percorreu as páginas até aqui com essa intenção, desiludiu-se ao verificar que suas dúvidas não foram, nem jamais serão sanadas. No máximo, o que se pôde fazer foi ampliar a variedade de respostas e, com isso, aumentar as incertezas. Parafraseando Paulo Freire, melhor seria perguntar "o que vem sendo" e, com base no cabedal dos Estudos Culturais, ampliar a questão para "o que pode ser ou vir a ser" Educação Física, currículo e cultura. Qualquer explicação ou definição apresentada sempre será um rastro daquilo do que possa vir a ser. Enfim, Educação Física, currículo e cultura serão aquilo que fizermos deles.

No atual momento da sociedade globalizada, em um mundo conflagrado pelos choques entre as culturas, nos limiares do contemporâneo marcado pela alteridade e pelo(s) multiculturalismo(s), pensar a Educação Física e o currículo sem o reconhecimento da escola como espaço operacional de conflito e luta, em que se busca promover identidades para o interesse público, consistiria uma postura, no mínimo, irresponsável. Em tempos em que, cada vez mais, cresce a necessidade do diálogo entre culturas, são impensáveis a Educação Física e o currículo como meios de promoção de interesses privados que monopolizam as identidades em torno de seus objetivos, em que a cultura é essencializada como produto e enquadrada nesses interesses.

Pensar a Educação Física e o currículo é pensar a cultura como campo de luta pelo poder de definir, de significar. A Educação Física e o currículo são arenas contestadas de política cultural que instituem sentidos, determinam modos de ser, articulam relações específicas, são "tecnologias" que respondem a uma "vontade de saber" inseparável da "vontade de poder". Como campos de política cultural, nessas arenas circulam narrativas que subjetivam os sujeitos e que constituem as identidades que compõem a sociedade. Assim, pensar o currículo da Educação Física em tempos pós-modernos é partir da noção "pós", amplamente debatida no corpo desta obra, para superar as proposições do pensamento moderno.

Como campo de luta pela significação e afirmação de identidades, o currículo da Educação Física foi amplamente criticado como espaço genderizado, classizado e racializado. Ao afirmar a ginástica, o esporte, um modelo de saúde, os padrões de movimento e as funções perceptivas como formas corretas de ser, os currículos que compuseram a trajetória da Educação Física não apenas validaram seus pressupostos como instituíram identidades e diferenças. Os discursos presentes nesses currículos afirmaram a feminilidade desejada, a masculinidade adequada, a classe social digna e a etnia verdadeira, renegando qualquer outra possibilidade de jogar, dançar, brincar, ser mulher, ser homem, de classe e etnia.

Nos tempos atuais, o "grito" dos diferentes, ecoado em decorrência do paulatino processo de democratização que nutriu as lutas estratégicas dos grupos subalternizados pelo acesso aos bens sociais, tem sido veiculado e interpretado de diversas maneiras. Em geral, a integração das conquistas sociais dos desprovidos de poder conferiu aos grupos empoderados, de modo asséptico, o símbolo da tolerância. Não se presencia um mero conflito cultural como nos tempos da colonização forçada, o que se percebe é um conflito de/por poder de definir, de atribuir significados. Tolerar apresenta-se como a nova ordem social. Tolerar é possível porque, de fato, para quem tolera, os diferentes são indiferentes.

Tolerar é o símbolo atual da indiferença social. Ser tolerante é ser progressista, não preconceituoso. Tolerar significa deixar que os outros façam o que quiserem desde que não interfiram na vida de quem tolera. A tolerância é a produção marcante da sociedade contemporânea que legitima novos mecanismos de poder. O poder de tolerar. Salve o trabalho voluntário para com os diferentes!

Tolerar carrega consigo outros signos complementares, como o respeito. O respeito na perspectiva de quem tolera pode significar deixar o diferente onde está. Não interessa questionar as estruturas de poder que marcaram o diferente e tentam fixar as fronteiras que os separam dos tolerantes e construir alternativas mais democráticas. Por meio dos diversos mecanismos de fixação de identidades, do qual o currículo da Educação Física faz parte, camuflam-se os conflitos e as relações de poder e legitimam-se as desigualdades como se fossem naturais e originárias de cada grupo cultural. É por meio dessa lógica que a solução passa a ser a aceitação tolerante da diversidade dos princípios universais fixados pela cultura hegemônica, que se considera insuperável e inquestionável. Tolera-se a diversidade das identidades culturais, mas privilegiam-se aquelas que têm o poder de definir.

Como campo de luta e estratégia de política cultural, o currículo da Educação Física pode tanto atender aos interesses dos tolerantes como às necessidades da vida em comunhão, nesse caso, todos são diferentes. Quando corresponde aos que advogam os tolerantes, o currículo da Educação Física concretiza o espaço da conformação e mesmice e legitima a existência do diferente do mesmo modo que valida a uniformização das identidades, mediante discursos próprios da racionalidade moderna que visam aos interesses pessoais, ao sucesso e à acumulação. Nesse caso, todos são tolerados no sistema, porém somente alguns alcançarão as vantagens e os privilégios consagrados por aqueles poucos que os traduzem como direito inalienável de todos. O que esse currículo da Educação Física não divulga é o lado obscuro da sujeição – a negação da dignidade de ser.

Apropriando-se do discurso da cultura, da comunidade e do local, esse multiculturalismo benigno, ou melhor, inócuo, ao conclamar a tolerância, reafirma o sistema, encobrindo e apagando as políticas culturais que estabelecem os mecanismos de poder que divulgam como irrefutáveis certos modos de ser, ou seja, o melhor já produzido em termos de estrutura social. O currículo asséptico da Educação Física corrobora com os ditames dos novos tempos. Ele ajuda a promover a legitimação simbólica da lógica da universalidade, porque incentiva a tolerância como sinal de respeito e liberdade com relação à variedade das formas de ser. Ao oferecer o que há de "melhor na sociedade", o currículo da Educação Física justifica o sofrimento daqueles que são sujeitados, como decorrência dos modos e comportamentos dos diversos frequentadores da escola.

Todavia, caso o currículo da Educação Física seja concebido como campo de luta e estratégia de política cultural, atenderá aos princípios da vida em comunhão, transformando-se em cenário de resistência e luta, de afirmação da diversidade cultural, da diferença e da imperiosa necessidade da dignidade de ser. Nessa perspectiva, o currículo da Educação Física poderá ser um espaço de comprometimento, de compromisso com o Outro. Ao superar a indiferença característica das práticas individualistas que vitimizam os que não se adaptam – os inadequados, os inoportunos, os anormais – à aprendizagem do gesto técnico, dos padrões de movimento, dos princípios da saúde, dos esportes, das danças, brincadeiras e lutas hegemônicas etc., o currículo da Educação Física configurará um espaço de responsabilidade pelo Outro.

Tanto a responsabilidade quanto o comprometimento com o Outro exigem mudanças nas estruturas sociais, por conseguinte na escola, no currículo da Educação Física. A escolarização passa a ser vista como instrumento a serviço do sujeito, da coletividade, da vida. Nesse plano, a escolarização finca-se em um terreno que afirma a crise do sentido histórico que constituiu e tenta perpetuar a modernidade e seus pressupostos – o sentido do pensamento ocidental, masculino, heterossexual, cristão e branco – e abre-se para a riqueza da diversidade cultural e da democratização das relações de poder. Para tanto, são necessárias educação e ética interculturais.

É inegável que a época atual acolhe intensas transformações nas formas de relacionamentos entre os seres humanos. Seja no campo da política internacional ou no âmbito dos lares, evidenciam-se, cada vez mais, conflitos e demonstrações de prepotência e fundamentalismos que incidem na organização social, vivem-se tempos de agonia das grandes utopias (Sidekum, 2003). Pensar a escolarização e o currículo da Educação Física na perspectiva intercultural significa não estabelecer valores com base nos princípios religiosos ou dos costumes da moral conservadora ou da hegemônica. A tese central é que ambos (a escolarização e o currículo da Educação Física) atuam no sentido da convergência e da divergência de ideias dependentes do contexto cultural nos quais se situam seus frequentadores e sua comunidade e a relação que estes estabelecem com o global. A educação intercultural expõe e confronta sentimentos e desejos, desestabiliza o acomodado e desconstrói as certezas. Por meio de um currículo sempre em movimento, um currículo pós-crítico, a educação intercultural não apenas denuncia e escancara as relações de opressão, mas, como propõe Silva (2007), fetichiza novas formas de ser e de viver, ou seja, experimenta o prazer de construir novos conhecimentos e formas de relação entre os seres humanos. A educação intercultural pressupõe a consideração de todas as ideias, independente de quem as emite, para a construção do desejado, do possível e da satisfação das necessidades que possibilitam a vida em comum. A educação e a ética intercultural incitam a pensar outras condições para conviver, transformar, hibridizar e interagir com a hegemonia cultural das formas dominantes, como o individualismo, o consumismo e a concorrência e combate às estratégias complexas de resistência, como o xenofobismo, o senefobismo, o homofobismo, entre outras.

Tomando como referência as análises pós-estruturalistas é possível expor os mecanismos de subordinação e de controle que produzem vítimas e efeitos cruéis nos diversos campos sociais, inclusive no currículo da Educação Física. Quando sujeitos ou grupos emitem suas narrativas, os discursos ali presentes produzem uma realidade que determina o modo como as coisas são. O que isso quer dizer é que quem tem o poder de narrar as pessoas, dizendo quem elas são, como as coisas funcionam, são aqueles que determinam as representações, que afirmam as verdades e descrevem a realidade. Todo objeto, artefato ou sujeito narrado é guiado pelo desejo de definir, de atribuir sentido. As coisas não existem sem que passem pela significação. Nas análises promovidas pelos Estudos Culturais, toda a teorização sobre a escola constitui um conjunto de discursos que, ao explicar o que as coisas são, as institui. As narrativas tencionam tornar administráveis os objetos sobre os quais se fala. Nessa lógica, o currículo da Educação Física funciona como narrativa que permite regular, controlar seus sujeitos e suas práticas, instituindo verdades sobre as coisas às quais se refere. Corpos, jogos e movimentos, por exemplo, são o que são, porque as narrativas emitidas assim o determinaram.

Uma educação intercultural apropria-se dessa perspectiva e promove outras narrativas nas quais as vozes que nunca tiveram o poder de narrar possam ocupar, mesmo que temporariamente, uma condição de hegemonia cultural. Possam descrever a si mesmas e o modo como elas veem a si e ao Outro na representação. Possam afirmar suas identidades e validar o direito à diferença. Estas linhas quiseram caminhar nessa direção.

Referências

ALTHUSSER, L. **Aparelhos ideológicos de Estado**. Rio de Janeiro: Graal, 1983.

APPLE, M. W. **Ideologia e currículo**. São Paulo: Brasiliense, 1982.

_____. **Poder, significado e identidade**: ensaio de estudos educacionais críticos. Porto: Porto, 1999.

_____. **Educando à direita**: mercado, padrões, Deus e desigualdade. São Paulo: Cortez, 2003.

_____. Repensando ideologia e currículo. In: MOREIRA, A. F. B.; SILVA, T. T. (Org.). **Currículo, cultura e sociedade**. São Paulo: Cortez, 2005.

ARANHA, M. L. A. **História de educação**: Geral e Brasil. São Paulo: Moderna, 2006.

BAUDELOT, C.; ESTABLET, R. **Escuela capitalista**. México: Siglo XXI, 1990.

BAUMAN, Z. **Globalização**: as consequências humanas. Rio de Janeiro: Jorge Zahar, 1999.

BERNSTEIN, B. **Pedagogia, control simbólico e identidad**. Madrid: Morata, 1998.

BHABHA, H. **O local da cultura**. Belo Horizonte: Editora UFMG, 1998.

BOURDIEU, P. **Questões de Sociologia**. Rio de Janeiro: Marco Zero, 1983.

_____. **Razões práticas**: sobre a teoria e a ação. Campinas: Papirus, 1996.

BOURDIEU, P.; PASSERON, J. **A reprodução**. Rio de Janeiro: Francisco Alvez, 1975.

BOWLES, S.; GINTIS, H. **Schooling in capitalist America**: educational reform and the contradictions of economic life. New York: Basic Books, 1977.

BRACHT, V. A constituição das teorias pedagógicas da Educação Física. **Cadernos Cedes**, Campinas, ano XIX, n. 48, p. 69-88, 1999.

_____. Identidade e crise da Educação Física: um enfoque epistemológico. In: BRACHT, V.; CRISÓRIO, R. (Coord.). **A Educação Física no Brasil e na Argentina**: identidade, desafios e perspectivas. Campinas: Autores Associados; Rio de Janeiro: PROSUL, 2003a.

_____. **Sociologia crítica do esporte**: uma introdução. Ijuí: Editora Unijuí, 2003b.

BRASIL. Secretaria do Ensino Fundamental. **Parâmetros Curriculares Nacionais**. Temas Transversais – Pluralidade Cultural. Brasília: MEC/SEF, 1997.

_____. Secretaria da Educação Média e Tecnológica. **PCN+ ensino médio**: linguagens, códigos e suas tecnologias. Brasília: MEC/SEMTEC, 2002.

BRASIL. Conselho Nacional de Educação. Resolução CNE/CES n° 7, de 31 de março de 2004. **Diretrizes Curriculares Nacionais para os Cursos de Graduação em Educação Física**. Brasília, 2004.

CANDAU, V. M. Multiculturalismo e educação: desafios para a prática pedagógica. In: MOREIRA, A. F.; CANDAU, V. M. (Org.). **Multiculturalismo**: diferenças culturais e práticas pedagógicas. Petrópolis: Vozes, 2008.

CANEN, A.; OLIVEIRA, A. M. A. Multiculturalismo e currículo em ação: um estudo de caso. **Revista Brasileira de Educação**, Rio de Janeiro, n. 21, p. 61-74, 2002.

CHAIM, C. I. **Cultura corporal juvenil da periferia paulistana**: subsídios para construção de um currículo de Educação Física. 2007. Dissertação (Mestrado) – Faculdade de Educação da Universidade de São Paulo, São Paulo, 2007.

CONNELL, R. W. **Schools and social justice**. Montréal: Our Schools/Our Selves Education Foundation, 1993.

CORAZZA, S. M. Planejamento de ensino como estratégia de política cultural. In: MOREIRA, A. F. **Currículo**: questões atuais. Campinas: Papirus, 1997.

_____. **Tema Gerador**: concepções e práticas. Ijuí: Editora Unijuí, 2003.

_____. **Artistagens**: filosofia da diferença e educação: Belo Horizonte: Autêntica, 2006.

DERRIDA, J. **Posições**. Belo Horizonte: Autêntica, 2001.

_____. **A escritura e a diferença**. São Paulo: Perspectiva, 2002.

DOLL Jr., W. E. **Currículo**: uma perspectiva pós-moderna. Porto Alegre: Artmed, 1997.

ELIAS, N.; DUNNING, E. **Deporte y ocio en el proceso de la civilización**. México: Fondo de Cultura Económica,1992.

ESCOSTEGUY, A. C. **Cartografia dos Estudos Culturais**: uma versão latino-americana. Belo Horizonte: Autêntica, 2001.

ESTEVE, J. M. **A terceira revolução educacional**: a educação na sociedade do conhecimento. São Paulo: Moderna, 2004.

FANON, F. **Pele negra, máscaras brancas**. Rio de Janeiro: Fator, 1983.

FEATHERSTONE, M. **O desmanche da cultura**: globalização, pós-modernismo e identidade. São Paulo: Studio Nobel, Sesc, 1997.

FOUCAULT, M. **As palavras e as coisas**. São Paulo: Martins Fontes, 1981.

_____. **Microfísica do poder**. Rio de Janeiro: Graal, 1992.

_____. **Vigiar e punir**: história da violência nas prisões. Petrópolis: Vozes, 1999.

FREIRE, P. **Pedagogia do oprimido**. Rio de Janeiro: Paz e Terra, 1970.

_____. **Conscientização**: teoria e prática da libertação – uma introdução ao pensamento de Paulo Freire. São Paulo: Moraes, 1980.

GARCIA CANCLINI, N. **Culturas híbridas**: estratégias para entrar e sair da modernidade. São Paulo: Edusp, 1998.

GHIRALDELLI Jr., P. **Educação Física progressista**: a pedagogia crítico-social dos conteúdos e a Educação Física brasileira. São Paulo: Loyola, 1988.

GIDDENS, A. **As consequências da modernidade**. São Paulo: Unesp, 1991.

_____. **Política, Sociologia e Teoria Social**. São Paulo: Unesp, 1998.

GIMENO SACRISTÁN, J. O que são os conteúdos de ensino. In: GIMENO SACRISTÁN, J.; PÉREZ GÓMEZ, A. I. **Compreender e transformar o ensino**. Porto Alegre: Artmed, 2000.

GIROUX, H. **Teoria crítica e resistência em educação**. Petrópolis: Vozes, 1986.

_____. Praticando Estudos Culturais nas Faculdades de Educação. In: SILVA, T. T. (Org.). **Alienígenas na sala de aula**: uma introdução aos estudos culturais em educação. Rio de Janeiro: Vozes, 1995.

_____. **Atos impuros:** a prática política dos estudos culturais. Porto Alegre: Artmed, 2003.

GOMES, N. L. A questão racial na escola: desafios colocados pela implementação da Lei 10.639/03. In: MOREIRA, A. F.; CANDAU, V. M. (Org.). **Multiculturalismo**: diferenças culturais e práticas pedagógicas. Petrópolis: Vozes, 2008.

GOODSON, I. F. **Currículo**: teoria e história. Petrópolis: Vozes, 2002.

GRANT, C. A.; WIECZOREK, K. Teacher Education and Knowledge in the "Knowledge Society": the need for social moorings in our multicultural schools. **Teachers College Record**, New York, v. 102, n. 5, p. 913-935, 2000.

GRAMSCI, A. **Os intelectuais e a organização da cultura.** Rio de Janeiro: Civilização Brasileira, 1991.

HALL, S. A centralidade da cultura: notas sobre as revoluções de nosso tempo. In: **Educação e realidade**. Porto Alegre, v. 22, n. 2, p. 15-46, jul./dez. 1997.

_____. **A identidade cultural na pós-modernidade**. Rio de Janeiro: DP&A, 1998.

_____. Quem precisa de identidade? In: SILVA, T. T. (Org.). **Identidade e diferença**: a perspectiva dos Estudos Culturais. Petropólis: Vozes, 2000.

_____. **Da diáspora**: identidade e mediações culturais. Belo Horizonte: UFMG; Brasília: Representação da Unesco no Brasil, 2003.

HICKLING-HUDSON, A. **Multicultural Education and the Postcolonial Turn**. Policy Features in Education, v. 1, n. 2, p. 381-401, 2003.

HILDEBRANDT, R.; LAGING, R. **Concepções abertas no ensino da Educação Física**. Rio de Janeiro: Ao Livro Técnico, 1986.

HOBSBAWM, E. **A Era do Capital**. Rio de Janeiro: Paz e Terra, 1979.

_____. **A Era das Revoluções**. Rio de Janeiro: Paz e Terra, 1982.

HUIZINGA, J. **Homo Ludens**: o jogo como elemento da cultura. São Paulo: Perspectiva, 1971

IANNI, O. **A sociedade global**. Rio de Janeiro: Civilização Brasileira, 2005.

KUHN, T. S. **A estrutura das revoluções científicas.** São Paulo: Perspectiva, 2003.

KINCHELOE, J. L.; STEINBERG, S. R. **Repensar el multiculturalismo**. Barcelona: Octaedro, 1999.

LÉVI-STRAUSS, C. **O pensamento selvagem**. São Paulo: Companhia. Editora Nacional, 1976.

LIBÂNEO, J. C. **Democratização da escola pública**: a pedagogia crítico-social dos conteúdos. São Paulo: Loyola, 1996.

LIPPI, B. G.; SOUZA, D. A.; NEIRA, M. G. Mídia e futebol: contribuições para a construção de uma pedagogia crítica. **Revista Brasileira de Ciências do Esporte**, Campinas, v. 30, n. 1, p. 91-106, 2008.

LOURO, G. L. **Gênero, sexualidade e educação**. Petrópolis: Vozes, 1997.

LYOTARD, J. F. **A condição pós-moderna**. Rio de Janeiro: José Olympio, 1989

McLAREN, P. **Critical pedagogy and predatory culture**: oppositional politics in a pos-modern culture. New York: Potledge, 1995.

McLAREN, P. **Multiculturalismo crítico**. São Paulo: Cortez, 1997.

_____. **Multiculturalismo revolucionário**: pedagogia do dissenso para novo milênio. Porto Alegre: Artmed, 2000.

McLAREN, P.; FARAHMANDPUR, R. **Pedagogia revolucionária na globalização**. Rio de Janeiro: DP&A, 2002.

MEDINA, J. P. S. **A Educação Física cuida do corpo... e "mente"**: bases para a renovação e transformação da Educação Física. Campinas: Papirus, 1983.

MOREIRA, A. F. B. (Org.). **Currículo**: questões atuais. Campinas: Papirus, 1997.

_____. A crise da teoria curricular crítica. In: COSTA, M. V. (Org.). **O currículo nos limiares do contemporâneo**. Rio de Janeiro: DP&A, 2005.

MOREIRA, A. F. B.; CANDAU, V. M. Educação escolar e cultura(s): construindo caminhos. In: **Revista Brasileira de Educação**, n. 23, p.156-168, maio/jun./jul./ago., 2003.

_____. **Indagações sobre currículo**: currículo, conhecimento e cultura. Brasília: MEC/SEB, 2007.

NEIRA, M. G. **Ensino de Educação Física**. São Paulo: Thomson Learning, 2007.

_____. A cultura corporal popular como conteúdo do currículo multicultural da Educação Física. **Pensar a prática**, Goiânia, v. 11, n. 1, p. 81-90, jan./mar., 2008a.

_____. Formação para a docência: o lugar da Educação Física na Educação Básica. In: SCHNEIDER, O.; et al. **Educação Física, esporte e sociedade**: temas emergentes. São Cristóvão: Editora da UFS, 2008b. p. 17-50.

NEIRA, M. G.; NUNES, M. L. F. **Pedagogia da cultura corporal**: crítica e alternativas. São Paulo: Phorte, 2006.

_____. Pedagogia da cultura corporal: motricidade, cultura e linguagem. In: NEIRA, M. G. **Ensino de Educação Física**. São Paulo: Thomson Learning, 2007a.

_____. Linguagem e cultura: subsídios para uma reflexão sobre a educação do corpo. Caligrama. **Revista de Estudos e Pesquisas em Linguagem e Mídia**, v. 3, n. 3, set./dez., 2007b.

NELSON, C.; TREICHLER, P. A.; GROSSBERG, L. Estudos Culturais: uma introdução. In: SILVA, T. C. T. (Org.). **Alienígenas na sala de aula**: uma introdução aos Estudos Culturais em educação. Rio de Janeiro: Vozes, 1995.

NUNES, M. L. F. **Educação Física e esporte escolar**: poder, identidade e diferença. 2006. Dissertação (Mestrado) – Faculdade de Educação da Universidade de São Paulo, São Paulo, 2006.

_____. Educação Física: currículo, identidade e diferença. In: NEIRA, M. G. **Ensino de Educação Física**. São Paulo: Thomson Learning, 2007.

PARAISO, M. A. Pesquisas pós-críticas em educação no Brasil: esboço de um mapa. **Cadernos de Pesquisa**, São Paulo, v. 34, n. 122, p. 283-303, 2004.

PARO, V. H. **Educação como exercício do poder**: crítica ao senso comum em educação. São Paulo: Cortez, 2008.

PATTO, M. H. S. **A produção do fracasso escolar**. São Paulo: T. A. Queiroz, 1996.

PÉREZ GÓMEZ, A. I. As funções sociais da escola: da reprodução à reconstrução crítica do conhecimento e da experiência. In: GIMENO SACRISTÁN, J.; PÉREZ GÓMEZ, A. I. **Compreender e transformar o ensino**. Porto Alegre: Artmed, 2000.

_____. **A cultura escolar na sociedade neoliberal**. Porto Alegre: Artmed, 2001.

POPKEWITZ, T. **The Formation of School Subjects**: the Struggle for Creating an American Institution. London: Falmer Press, 1987.

SANT'ANNA, D. B. É possível realizar uma história do corpo? In: SOARES, C. L. (Org.). **Corpo e história**. Campinas: Autores Associados, 2001.

SANTIN, S. **Educação Física**: uma abordagem filosófica da corporeidade. Ijuí: Editora Unijuí, 1987.

SAUSSURE, F. **Curso de linguística geral**. São Paulo: Cultrix, 1977.

SAVIANI, D. **Escola e democracia**. Campinas: Autores Associados, 1992.

SCHWARZ, B. Onde estão os *cultural studies*? **Revista de Comunicação e Linguagens**, Lisboa, Relógio D'Água, n. 28, p. 42-64, out. 2000.

SHOR, I e FREIRE, P. **Medo e ousadia**: o cotidiano do professor. Rio de Janeiro: Paz e Terra, 1986.

SIDEKUM, A. (Org.). **Alteridade e multiculturalismo**. Ijuí: Editora Unijuí, 2003.

SILVA, T. T. (Org.). **Alienígenas na sala de aula:** uma introdução aos Estudos Culturais em educação. Rio de Janeiro: Vozes, 1995.

_____. **Identidades terminais**: as transformações na política da pedagogia e na pedagogia da política. Petrópolis: Vozes, 1996.

_____. **Teoria cultural da educação**: Um vocabulário crítico. Belo Horizonte: Autêntica, 2000.

SILVA, T. T. (Org.). **Nunca fomos humanos**: nos rastros do sujeito. Belo Horizonte: Autêntica, 2001.

_____. **O currículo como fetiche**: a política e a poética do texto curricular. Belo Horizonte: Autêntica, 2003.

_____. (Org.). **O que é, afinal, Estudos Culturais?** Belo Horizonte: Autêntica, 2006.

_____. **Documentos de identidade**: uma introdução às teorias do currículo. Belo Horizonte: Autêntica, 2007.

SOARES, C. L. **Educação Física**: raízes europeias e Brasil. Campinas: Autores Associados, 1994.

SOARES, C. L. et. al. **Metodologia do ensino de Educação Física**. São Paulo: Cortez, 1992.

SOUSA SANTOS, B. Dilemas do nosso tempo: globalização, multiculturalismo e conhecimento, entrevista concedida a L. A. Gandin & A. M. Hypolito, **Educação e Realidade**, v. 26, n. 1, p. 13-32, 2001.

_____. **A crítica da razão indolente**: contra o desperdício da experiência. São Paulo: Cortez, 2002.

_____. **Pela mão de Alice**: o social e o político na pós-modernidade. São Paulo: Cortez, 2003.

STEINBERG, S.; KINCHELOE, J. L. (Orgs.). **Cultura infantil**: a construção corporativa da infância. Rio de Janeiro: Civilização Brasileira, 2001.

STOER, S. R.; CORTESÃO, L. **Levantando a pedra**: da pedagogia inter/multicultural às políticas educativas numa época de transnacionalização. Porto: Afrontamento, 1999.

TORRES SANTOMÉ, J. **Globalização e interdisciplinaridade**: o currículo integrado. Porto Alegre: Artmed, 1998.

TORRES, C. A. Teoria crítica e sociologia política da educação. In: TORRES, C. A (Org.). **Teoria Crítica e Sociologia Política da Educação**. São Paulo: Cortez, 2003.

VEIGA-NETO, A. (Org.). **Crítica pós-estruturalista e educação**. Porto Alegre: Sulina, 1995.

_____. **Foucault e a educação**. Belo Horizonte: Autêntica, 2003.

WILLINSKY, J. O ensino médio pós-colonial: os alunos se adiantaram. In: MOREIRA, A. F. B; PACHECO, J. A.; GARCIA, R. L. **Currículo**: pensar, sentir e diferir. Rio de Janeiro: DP&A, 2004.

YOUNG, P. A propósito de uma sociologia crítica da educação. **Revista brasileira de estudos pedagógicos**, v. 67, n. 157, p. 532-537, 1986.

SOBRE O LIVRO

Formato: 16 x 23 cm

Mancha: 11,3 x 17,5 cm

Tipologia: Garamond, Futura e Franklin Gothic

Papel: Offset 75g

Nº de páginas: 288

1ª edição: 2009

EQUIPE DE REALIZAÇÃO

Edição de Texto

Talita Gnidarchichi (Assistente editorial)

Ana Paula Ribeiro (Preparação e copidesque)

Jaqueline Lima (Revisão)

Editoração Eletrônica

Deborah Mattos (Projeto gráfico e diagramação)

Renata Tavares (Capa)

Impressão

Intergraf Ind. Gráfica Eireli